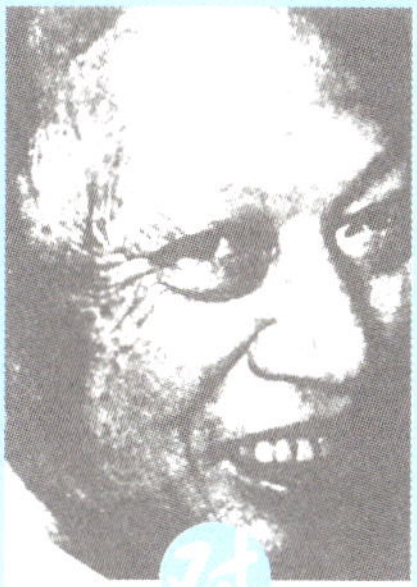

对包蕾先生的念想与敬意

包蕾纪念文集

主　编　张锦江
副主编　任哥舒

上海文艺出版社

青年包蕾　|　中年包蕾

1956年5月在政协开文代会时的合影。前排右三为包蕾。

“文革”后在庐山开会。右三为包蕾。

包蕾画像

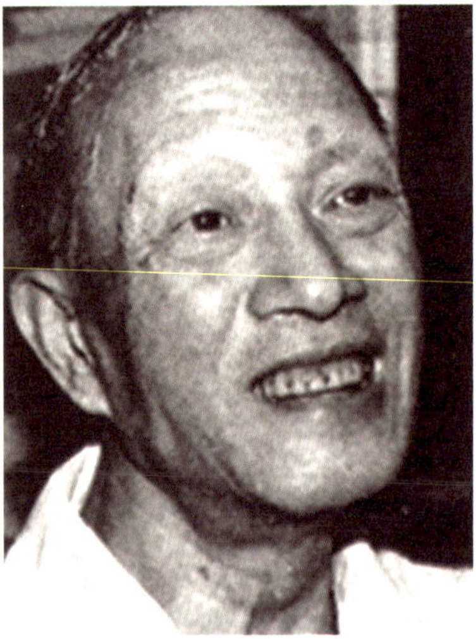

渐入老年的包蕾

在上海市作协举行研讨会。前排右三为包蕾。

著名动画专家、原上海美影厂厂长特伟在包蕾创作研讨会上宣读贺词。

致贺

著名动画专家、原上海美影厂厂长特伟向包蕾颁发证书。

伟哉，包蕾。

《小金鱼拔牙齿》少年儿童出版社 1957 年版。

《猪八戒新传》少年儿童出版社 1962 年版。

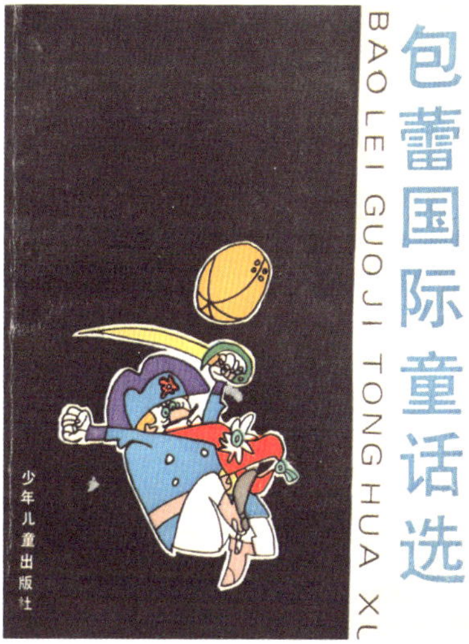

《包蕾国际童话选》少年儿童出版社 1989 年版。

《包蕾作品选》中国少年儿童出版社1989年版。

《包蕾文集》少年儿童出版社1991年版。

《猪八戒吃西瓜》少年儿童出版社2008年版。

对包蕾先生的念想与敬意(序言)

张锦江

“包蕾”这名字实在是一个奇葩,这是花的萌动,或者是少女的萌动。实在是,他是一个大男人。著名儿童文学前辈作家、童话泰斗贺宜在《我所认识的包蕾》一文中写1939年某天初见包蕾的印象,“他西服革履,服装整洁,翩翩一佳公子也”。他的真实的姓名是没有多少人知道的,他叫倪庆秩。我与他素未谋面,还是在一本《童话十家》中见到过他一张照片,他戴一顶贝雷软帽,胖乎乎的开朗地笑着。但我在大学的研究和授课中曾多次说到包蕾的创作。我在《童话美学》第二章童话的创造过程的第一节童话与儿童审美心理的第三部分,童话与儿童审美情趣中说到“1963年童话作家包蕾曾随同上海美影厂去川沙等地,对男生女生的观赏爱好作了调查。在一次小学六年级的座谈会上,要求孩子们把美术片排排队,分别第一第二第三……孩子们高兴地去办了,在哪一部作品该列为第一名时发生了争论。女生提出《人参娃娃》,理由是《人参娃娃》很可爱,那个孩子受到地主欺侮的描写很使人激愤,并举出许多动人场面,作为‘论证’。男生提出《大闹天宫》,理由是‘孙行者’的‘开打’有劲。可见,男孩与女孩的文学要求不一样”。第二节童话与童话作家的第三部分,童话作家及其作品的美学分类中说道:“其二作家只不过受到一句民谚的启发而演绎为一篇童话。如包蕾的《三个和尚》，就来自一句‘三个和尚没水吃’的民谚。”我在讲课讲到童话与生活时，还曾举例说到包蕾创作童话《猪八戒吃西瓜》的过程，并非仅仅借鉴了古典小说《西游记》的人物原型，更重要的生活的启示，就来自一个孩子吃了他留着夜晚写作时吃的饼干，孩子一次一次控制不住自己把他的饼干“贪吃”光了。还来自于偶然看见一张“不要乱抛瓜皮”的图画的触发，才写出这个纯朴、天真，却又好吃、懒做的猪八戒童话故事。

我与包蕾的文缘似乎总是存在的。我担任了上海教育出版社《中国童话绘本》的总主编，其中选了包蕾的两篇童话代表作《猪八戒吃西瓜》《三个和尚》，前一本已经出版，获得了今天孩子的青睐，后一本也即将出版。又是一个偶然的机遇，上海作协的杨斌华找到我说要为包蕾编一本纪念册，准备在包蕾诞生一百周年纪念会上用。我承接了这个任务，担任这本纪念集的主编，并邀请了我曾经的学生任哥舒做助手任副主编，哥舒是少儿社资深编辑，又是儿童文学作家，他对儿童文学界老一辈作家很是熟悉，是再好不过的帮手。我尽力给他提供了一些如方仁工主编的《童话十家》以及刘崇善编辑的《童话十二家》等资料。哥舒的工作很出色，在少儿社的资料库中找到了许多珍贵的包蕾资料，其中有包蕾在1952年担任少儿社编辑部主任期间，于1957年1月20日创办了我国第一本儿童文学理论刊物《儿童文学研究》，当时还属内刊，是他写了《发刊词》。他对这时的儿童文学说了自己的感慨：“今天儿童文学园地，还是一片荒芜似也未必尽然”，“然而，回首四顾，这里还是留下了一大片未经开拓的荒原，有待耕耘。即以成长起来的花木来看，也还是品种不繁，干株不坚，既无参天古木，也少奇花异草”，他说了61年前的儿童文学现状。但他信心满满地说道：“希望来日，春光明媚之时，儿童文学园地上万紫千红，鸟语花香，呈现一片欣欣向荣的气象。”这三段话可见包蕾对儿童文学的赤子之心。在这些资料中，我还看到了詹同、贺宜、鲁兵、孙毅、薛才康、盛如梅、郑马等对包蕾的作品与人的评议文章。还有包蕾多篇发表在《儿童文学研究》上的创作谈文章，如《闲话童话》《德国的吹牛大王》等。这些资料丰富了我们编集的内容和视野。

因此，我们就看到了现在编选的这本纪念集。这本纪念集分为五个部分，第一部分是包蕾的作品。展示包蕾的主要创作成就，他是一个儿童剧作家，剧作很多，最突出的还是美术片剧本，其中根据阮章竞童话诗改编的《金色的海螺》获亚洲电影节卢蒙巴奖，《三个和尚》获丹麦第四届欧登塞国际童话影展银质奖、第一届中国金鸡奖最佳美术片奖。他又是一个出色的童话家，与陈伯吹、贺宜、严文井、叶圣陶、张天翼、叶君健、洪汛涛、葛翠琳、金近等被喻为中国童话十家。最著名的是《猪八戒新传》《三个和尚》。第二部分是包蕾的创作谈。第三四部分是包蕾的生平年表与作品年表。第五部分是对包蕾创作的评论文章。其中有任溶溶、洪汛涛、贺宜、鲁兵、方卫平、方仁工等的对包蕾的评价文字。

包蕾生于1918年，编完这本纪念集正是包蕾诞辰一百周年。包蕾似苞蕾，这朵花蕾仍然傲然待放，他的作品依然生命盎然。

写下此序，以示对包蕾先生的念想与敬意。

2018年11月20日上午草于坤阳大厦墨海居

目　录

contents

一、包蕾童话作品

猪八戒吃西瓜

且说三藏、沙僧、八戒、行者四人前去西天取经，一路行来，不一日来到一个所在，只见前面一座高山挡路，山上黄土乱石，并无一棵树木；山下也是一片荒凉，不见人烟。三藏心慌，叫道："如何是好？"行者举手齐眉，瞪眼一望，说道："前面有座古庙，正好安身。"

这时，正是六月天气，赤日当头，晒得人嘴干舌焦。师徒四众过了晌午还未曾打尖，更是又饥又渴，巴不得进了庙找上一桶冷水，吃上几个馒头。于是催马加鞭，赶到庙前。谁知推门一看，不见一个人影，连那老槐树上的乌鸦也没一个。眼看门塌墙倒，竟是个久断了香火的荒庙。

三藏在大雄宝殿忏拜一番，就在蒲团上盘膝坐下，开口说道："此处打不到斋饭，就有点水喝也罢。"行者抢前一步，道："师父莫慌，待老孙前去找水，若有甜枣水果，顺便捎来。"说罢束紧虎皮裙，就待起程。

八戒在旁听了，心想："留此陪伴师父，不如随猴子同去，找点东西，好歹先吃些个！"急忙上前拱手说道："老猪也去。"三藏道："早去早回！"两人应诺一声，转身出了庙门。

那八戒何尝真的愿去到处寻找，只是不愿在庙里干等罢了。一出庙门，脚踩在晒热的干土上，烫得难受，不免后悔起来。可是话已出口，不得缩回，只得一步换着一步，勉强随在行者后面。

行者心中明白，也不明说，却口口声声催促快走，八戒无奈，暗暗叫苦。

看看走了十几里地，在那荒田陌间，竟有一株孤零零的大槐树，八戒一见，心中喜欢，自忖："造化，造化！待我在这儿休息一会，强似跟着猴子奔跑。"一边却装出一副苦脸，捧着肚子喊痛，说道："哥啊！我确是行不得也，你自己去吧，我就在这里等你，若是找到鲜美果枣快些回来，可莫要自吃了。"行者心知八戒躲懒，也不道破，冷笑道："也罢！你在此等候，莫要走开，待我找得东西回来，同去拜见师父，好分果子吃也。"八戒连声答应："师兄尽管前去。"行者点头，将身一纵，一个斤斗，翻上了九霄云外，八戒看了，嘴里嘀咕着："原说猴子有本领，不消老猪多费心……"说着就在大槐树旁，倒身躺下。只觉清风阵阵，绿叶轻摆，好不凉爽。

八戒坐在树下，虽没甚吃喝，却也闲适自在，胜似在庙里听候师父使唤。正待闭目养神，打个盹儿，忽然眼前一亮，定睛看去，只见近处山崖之下，枯藤乱草之中，露出个绿油油的东西，阳光照得闪闪发亮，十分可爱，八戒赶忙起身，迎上前去，仔细一看，却是个斗大的西瓜。不知是哪个急性的庄稼汉它忘了收摘，也许原就是野生野长。且不管怎样，这无主的瓜儿，像是天上掉下来一般。八戒双手抱起，掂掂倒有百来斤重，心里好生喜欢。一口气把它搬到树下，顺手从腰边摸出戒刀，正待要切，却又放下手来，嘴里自言自语道："师父、沙僧在庙里等候吃的，如今找到这么个大西瓜，若让我老猪一人吃了，师父面前还好支吾，猴子回来定然不依，这可怎办？"欲待不吃，却又实在口馋，眼望着油绿的瓜儿，口水直淌。一横心，举刀便切，可又唠叨着："师父！师父！我把这瓜儿，一切四份，我老猪就先吃了自己这份，也说得过去。"说着果然把瓜切成四块，捧起一块，坐在地上大嚼起来。

且说行者一个斤斗十万八千里，一瞬间，来到了南海边上，只见此光景，又是不同：风和日丽，鸟语花香，芳草遍地，鲜果满树，真是好一派胜景。行者也无心赏玩，急忙爬上树去，采了些蜜桃、甜枣、香蕉、苹果之类，解下虎皮裙，满满的打了个包袱，往身上一背，驾起斤斗云，回转原处。正待落地，忽然一想："且慢！让我先看看这呆子在干些什么勾当？"便立定脚跟站在空中，拨开云雾一看，正巧看见八戒手捧一块大西瓜在那儿大嚼。

行者心想："这夯货！找到吃的，躲在这里独自偷吃，把师父和弟兄全都忘了！"欲待下去，却见八戒吃完一块，嘴里又唠叨起来。行者便停住细听，只听见八戒说道："一块瓜解不得渴，我再把猴子这块吃了吧，留下两块给师父和沙僧，也好交代。"行者听了好笑，心想："难得这呆子还记得师父和沙僧，就吃了我的这份，也不和他计较了。"只见八戒几口就把这块西瓜啃完了，却又自言自语道："可越吃越想吃了，嗨，我把沙僧的这份也消受了吧，给师父留下一份，谅猴子也没说的。"说着又捧起一块嚼了起来。行者看了心想："这呆子真是贪吃，全忘了弟兄相好，也罢！难得他还记得师父，也就算了！"这边行者在天空中思量，那边八戒又把一块西瓜啃光了，竟然捧起最后一块西瓜说道："师父！师父！不是老猪不留给你吃，一则老猪实在口渴，二则一块西瓜也交不了账，就让老猪代你吃了吧！"说着就把西瓜往口里送，行者看得又气又好笑，心里骂声："夯货！有了吃的，把什么都忘了！"就在空中叫了声："八戒！"

八戒一听有人叫唤，先慌了手脚，手捧西瓜，不知如何是好。行者又故意叫了一声："八戒何在？"八戒更是着慌，嘴里不敢答应，心里盘算："若让猴子知道，面上很不光彩。"亏他情急智生，急忙把手里半块西瓜，向着远处一掷，又急忙捡起地上三块瓜皮,使出吃奶的力气掷去,眼看掷得无影无踪,这才把心放下,在直裰上抹了抹手,压着嗓子问道:“是谁叫我,敢是师兄回来了?”行者在半空中看得明白,慢慢落下云头,站住了脚。八戒一见赶紧迎上前来,眼望着行者背上的包袱,说道:“师兄辛苦了!”行者也不发作,装作没事般道:“你久等了,这半天作何贵干?”八戒忙说:“啥也没干,就在树下打个盹。”说着伸出舌头舔了舔嘴唇,行者看在眼里,笑着说:“敢是梦见好吃的果子了?”八戒连声说:“没有,没有,至今嘴还干着呢。”行者道:“我倒是采了些果子来,你方才肚子痛,不敢胡乱给你吃!”八戒才吃了个大西瓜,肚子正胀着,嘴里倒作起人情来,说道:“不忙,不忙,先带回去送上师父和沙僧,我老猪不在乎!”行者暗地好笑,说声:“那就走吧!”八戒哪敢怠慢,紧跟着行者走去。

才走几步,八戒就踩上一块瓜皮,合扑一跤,跌得鼻青脸肿,行者连忙回身把他扶起,问他怎的不小心。八戒站起一看,见是自己掷的瓜皮,就没敢做声。行者倒骂起来了:“是哪个瘟猪懒汉,把瓜皮乱掷?害得我师弟摔这一跤!”一边却又安慰起八戒来:“八戒!八戒!你这就算是跟师父多叩一个头吧!”八成怕行者查问瓜皮,忙说:“不碍事,不碍事,没摔痛什么。”说着赶忙就走。

谁知走不了十来步,却又踩上一块瓜皮,身子一晃,侧身跌倒,差点闪坏了腰。行者赶上一步扶起八戒,叫声:“哎呀!又是哪个瘟猪,竟是偷吃了西瓜,就那样随地乱抛?”八戒看了一下瓜皮,叫了声:“晦气!”行者忙说:“师弟且莫生气,就算是给沙僧行礼吧!”八戒也不敢多言语,一瘸一瘸向前走去。

这会八戒倒是小心了,眼看地下,踩稳了脚步走,偏是行者跟他并肩而行,一路上谈些南海风景,说到南海的果子好吃,八戒又分了心,才想打听一下去南海的路程,忽地脚下一滑,竟然倒在行者身旁。行者笑着把他扶起，叫声："八戒何必行此大礼，我不过是你师兄，又不是南海观音，向我叩起头来。"八戒低头细看，又是一块瓜皮，心里着实纳闷。

看看来到庙前，八戒心想："总算是到了，待我老猪进庙，多去祷念祷念，解解这晦气。"心里一急，脚步加快，一不留神，仰面一跤，跌得屁股两爿；勉强伸手在地上一摸，摸出件东西来，定睛一看，叫声："怪也！"原来不是别的，又是块瓜皮。行者在旁笑道："快起来吧！你今儿是交上个西瓜运了！"

行者扶着八戒进了庙门，三藏、沙僧见行者带回大包果子，好生喜欢，说："这回可解得饥渴。"又见八戒脸上一块青一块红的，肿起了一大半，越发显得胖了，忙问是何道理。八戒呻吟着说："莫要提起，是我不该独个儿吃了个大西瓜，这猴子一路上倒请我吃了四块西皮！"说得行者笑痛了肚皮。

猪八戒探山

唐僧四众，风餐露宿，一路西去，看看又是岁尾冬残时节。这一日，瑞雪初晴，唐僧放马缓缓而行，猛抬头一看，叫声："苦也！"原来当前一峰兀立，高插云天，而处处都是悬崖峭壁，无从攀登；回首四望，但见那重峦叠嶂，层层环绕，竟也是石骨嶙峋，难以容足。

唐僧问行者道："这般奇险山势如何得过？"行者还未回答，八戒开口叫道："没法走，没法走，趁早分了包袱、卖了马，师父找个寺院安身，大哥回花果山称王，沙僧回流沙河作怪，我自回那高家庄做女婿去也！"行者叱道："呆子休要胡说！"又对唐僧道："师父不必烦恼，常言道：不见高山，哪知平地，既是一心取经，就要不怕艰苦，受得辛劳，方得功成。"唐僧点头称是。

沙僧在旁问道："哥啊，只是眼前这座高山难过，如何是好？"行者叫声："莫慌，待老孙看来！"说罢纵身跳起，在半空中手搭凉棚，看了一周，果见这山确是高得稀罕，山巅之上，积雪不融，山岭之下，荆棘丛生，就是那皑皑白云，也只系得山腰。

行者看了做声不得，降下身来，将那金箍棒对着山石猛敲三下，喝声："山神何在？"只见那石壁应声开裂，走出个龙钟老汉来，见了行者，慌忙行礼道："不知大圣驾到，小神有失远迎，恕罪，恕罪！"行者也不与多说，即便问道："我且问你，这里是什么地方？这山是何名称？有几多高？怎么过去？"山神躬身答道：

“大圣有所不知,此处唤作龙盘虎踞鹰回岭,但言这里山势既高且险,连那冲天高飞的苍鹰到此也只得回头。要问究竟有多高,小神无知,也不曾测得,只记得去年秋间,山风吹落一块石头,从山顶滚下,直滚到今年春间才落到山脚下。”八戒在旁听了不住咋舌。

沙僧问道:“既是这山高难以翻越,可有便道绕过山去?”山神道:“难绕,难绕,这山脉连绵八万四千五百余里,大小七千九百多个山峰,一般都是跌得下、爬不上的去处,若是循山脚而绕,少说也得走七八个年头,才能绕过。”沙僧道:“这般说来,竟是没法过得了!”山神道:“确是没法,圣僧早日回马!”行者听得焦躁,举棒喝道:“住嘴!”吓得山神连忙跪下。唐僧叫住行者:“休得无礼,山神好意指点,打他怎的?”行者道:“这瘟老头只图吃喝,开口尽说些丧气话,待我打他一顿,振振师父的精神,好走路也!”唐僧叱道:“不要乱讲!”一旁扶起山神道:“请起,请起,只因我等取经心切,此山高险,不易攀登,绕道而过,又费时日,不知别有什么途径可寻? 还望指点!”那山神战战兢兢答道:“有便是有,却也没有!”八戒听了笑道:“这老头被大哥吓糊涂了,说话这般颠倒。”山神拱手道:“不是小神颠倒,其实有个缘故。小神初来此地时,原曾听说:这山岭之中,有个古奇洞,若是穿洞而行,不消半天,便到了山背。”行者道:“既有此洞,何不早说?”山神道:“只因此洞年久湮没,已经无处可找,故此小神不敢乱讲。”行者道:“不用废话,好歹找到它便是。”于是喝退山神。

唐僧心急,问行者道:“徒弟啊! 你说好歹找到山洞,但不知洞在何处?”行者笑道:“师父问得蹊跷,老孙若是知道洞在何处,也就不消去找了!”八戒在旁道:“师父好不明白,大哥方才说那话,原是在老头面前装装面子的,哪真的去找。”行者叱道:“胡说,老孙不像你这般惫懒!”唐僧道:“休得吵闹,到底是如何过山?”行者道:“师父若要过山,也不甚难,但须依得老孙的计谋。”唐僧道:“这猴子噜苏,快说,快说!”行者道:“师父啊,这一路上但凡探山寻路,都是老孙去来,这回找洞,须得八戒前去方好!”八戒听得大声叫道:“不要攀我,不要攀我,你自己夸下海口,却拿老猪顶缸!”唐僧也道:“八戒笨拙,无知无能,难以应付。”行者道:“若说八戒笨拙,正该让他多去练练,常言道:多练多乖,不练就呆!且教八戒前去,留老孙在这里保护师父。”唐僧见行者说得有理,也便点头道:“既如此说,八戒就去走一趟。”八戒叫道:“师父的耳朵敢是棉花做的?”唐僧道:“此话怎讲?”八戒道:“要不,怎的这般耳软!”唐僧道:“休要胡说,快去快回!”行者道:“若是此去成功,今后把你封作先锋!”八戒道:“先锋,先锋,劳而无功。”唐僧道:“只要找到古奇洞,便算你立一大功!”八戒这才拖起钉耙,找路上山去了。

那呆子一路行来,心中自忖:“师父常说老猪愚笨,这一番若能找到古奇洞,也显一显老猪的才能,不让猴子说嘴。”想着就举起钉耙,到处乱扒。扒了半晌,连窟窿也没见一个,哪里有什么山洞!倒把八戒累得头昏眼花,手酸脚麻。

八戒仔细寻思,忽然叫道:“有了,有了,想当年,我在福陵山为怪,那洞洞就在山岙间,如今也只要到那山岙中去寻找,定然能够找到。”想罢,也就不再四处察看,背起钉耙直奔东南山岙。

八戒来到山岙下,抬头一望,叫声:“造化,造化!”原来就在十几步之外,有个不大不小的洞洞。洞口虽是光秃秃的一片,洞里却是黑沉沉的,不知有多少深远。呆子看了喜欢,心想:说我老猪呆,却也不呆,轻易就把这洞洞找到了。正待闯进去,偏又心怯起来,停住脚步,对着山洞,大叫一声:“里面可有人吗?”话声未了,只听得传来声音,答道:“有人,有人。”八戒心慌,忙问:

"里边是妖怪，还是人？"那声音回答得快，说道："是人，是人！"八戒想道："是人就好，谅来是什么无家可归的穷汉，在这里躲风避寒，怕他怎的。"迈开大步，走到洞口，又问一声："这里可是古奇洞？"那声音立即答道："古奇洞，古奇洞！"八戒听了，更加高兴，心想："这就是了！待老猪进去看来。"想着径自走进洞去。

这山洞洞口虽不甚大，里边倒很是开阔，再进去又很曲折崎岖。八戒摸索走来，不见有半个人影，原来方才答话的，是八戒自己说话的回声，何尝真的有人！那呆子在山林中长大，理应知道，只因此时满心喜欢，便就不加细辨，却还大声吆喝："说话的，你躲在什么地方？"那回声也说："躲在什么地方？躲在什么地方？"八戒诧异，放下钉耙，双手摸黑，向前走去，一边又问："这里怎的这么黑？"那声音也问："怎的这么黑？怎的这么黑？"八戒气恼，骂道："好没长进，弄嘴学舌的！"那声音也骂："弄嘴学舌的，弄嘴学舌的！"

八戒更是生气，伸开两手，到处抓瞎，不料这山洞里，有个积水深潭，八戒在黑头里，不曾看见，一脚踩了进去，身子一斜，叫声："哎呀！"已经不由自主，往下直掉。但听得"扑通"一声，落在水中。亏得八戒识得水性，不曾没顶，喝了两口清水，早把头露出水面，四下一摸，只觉得潭边满生青苔，又冷又滑；往上看，料想也有几丈深浅，难以爬得上去。那呆子不怪自己冒失，只道是被人推下来的，口中嚷嚷："休开玩笑，休开玩笑，快救老猪上来！"上面传来声音，依然学舌道："老猪上来，老猪上来！"

且说唐僧久候八戒不回，心中焦躁，责怪行者道："都是这猴头多事，自己不去找，叫那八戒怎能找得到。"行者笑道："瞧师父说的，拉不出屎怪茅坑，八戒不回来，怪起老孙来了，也罢，也罢！沙僧，你去走一趟，看看八戒可曾躲懒，也察访察访那个宝贝洞洞。”沙僧应声掣杖走去。

沙僧一路寻访，未见动静。信步行经东南山岙，忽然看见一个山洞，洞里传出哼哼之声。沙僧听得诧异，向洞内探头张望，却是漆黑的看不分明。沙僧仔细，且不入内，返身寻了一株松枝，打火燃了，一手持杖轻轻挨了进去。行不多久，便见一把钉耙，横在地上，认得是八戒之物。料想八戒定在洞中，再听那哼声从地下传来，低头细看，照见那个深潭。赶向前去，俯身探望，果见呆子在水里泡着呢。

沙僧看得好笑，开口说道：“师兄好不快活，不去探山找洞，倒在这里游水洗澡。”八戒抬头一看，见是沙僧，忙叫道：“快想法拉我上来，快想法拉我上来。”沙僧道：“既是洗了，就洗得干净些，免得猪臊气！”八戒急道：“孙子才洗澡呢，我在这儿泡着。”沙僧道：“泡着也好，泡烂了好煮。”八戒叫道：“老猪已经泡了两个时辰。”沙僧道：“想当年，我在流沙河里住个三年五载，也没嫌烦。”八戒更加气恼，骂道：“呆沙鳅，你少叙家常，倒是先把我救上来再说。”沙僧道：“你下去的时候，怎的不想到上来。”八戒嚷道：“废话，废话，谁存心跳到潭里来玩耍！”沙僧这才道：“既如此，你且等着。”说罢，把松明插在一边，走出洞来，在山崖旁扯下几条粗藤，搓成一根绳索，回转潭边，把藤索一头系在石上，一头放下潭去，叫声：“师兄，拉牢了，我救你上来！”八戒答应着，双手紧握藤索，沙僧使力往上拉，那呆子浸了水，分外沉重，沙僧拉了半晌，才到中间，不禁叫道：“难办，难办，我力气使完，只拉得一半，待我回去吃了饭，再来救你。”八戒听得急叫道：“好兄弟，送佛送到西天，救人也要救到底，总不成让老猪在这儿荡秋千耍子。”沙僧笑道：“你不愿荡秋千，就顺着绳子往上爬吧！”八戒嚷道：“不成，不成，那是猴子玩的把戏，我老猪可没那个本事。”沙僧道：“这般说，还是要我拉你。”八戒道：“拉吧，拉吧，再不拉老猪成了半吊子啦！”沙僧笑着，使劲把那呆子拉了上来。八戒爬出潭口，坐在地上喘气。

沙僧到洞外收拾些枯枝来，就那松明烧了一堆火，八戒脱下直裰烘了，又把前后之事说了一遍。沙僧听得大笑道：“你把回声当作人声，难怪扑空。”又举火向四壁察看一番，说道：“这哪是什么古奇洞，似这般洞洞，山里有的是，也太容易找了。”八戒听了懊恼，叹了口气道：“如此说来，老猪在水里泡了半天，竟是白费。”沙僧笑道：“不是白费，不是白费，泡得胖了，看来更加体面。”八戒道：“体面，体面，差点不能见面。少在这里闲话，回去交了差，睡觉去也。”说着穿起直裰要走，沙僧连忙叫住，说道：“古奇洞未曾找到，你拿什么交差？”八戒道：“难找，难找，老猪没这大能耐，叫猴子自己来。”沙僧道：“师兄休得躲懒，只要仔细察访，早晚总能找到。”八戒道：“我也曾找了半天，只是不见。”沙僧道：“似你这般瞎摸乱闯，怎能找到！”八戒道：“依你说，怎么个找法？”沙僧道：“想那古奇洞既是穿山透谷，定然宽广深远，若在洞口敲打起来，里面必有空洞之声，自与别处不同。如今你我二人，各掣钉耙宝杖，到处敲打山石，遇有异声，再加辨认，或许就能找到。”八戒听了欢喜，说道：“妙，妙，看来呆沙鳅倒比老猪聪明。”顿时跳起身来，拉起沙僧就走。

沙僧、八戒就在那鹰回岭下，到处敲打山石，不多时，沙僧来到一处地方，只见山麓旁古树参天，荆棘遍地，沙僧不肯放过，纵身上去，举起宝杖，使力就打。忽听得一声巨响，经久不息，山谷回声，震动四方。沙僧大喜，叫道：“在这里了，在这里了！”八戒急忙赶来，一同努力，斩荆披棘，细细察看。果见石壁之中，隐隐露出一座洞门来。门上还挂着一把斗大石锁。又见洞旁有石碑一方，上面刻着甲骨古文。沙僧认得，正是“古奇洞”三个大字。二人看了欢喜不尽。

沙僧道："洞门便找到了，只是上了锁的。"八戒道："管它，管它，筑了它，也不犯法！"说着举起钉耙对准大门就筑。沙僧抡起宝杖也来相助。只听得乒乒乓乓一阵，满心以为：即使没把洞门粉碎，也会漏出个斗大窟窿。谁知定睛一看，两人齐声叫道："怪也！"原来这洞门也不知是用什么造的，尽管钉耙筑，宝杖敲，它却是破了又合，碎了即长，敲打得快，长合得快，敲打得慢，长合得慢。任凭花了多大力气，却依然门是门，锁是锁，不曾动得分毫。这下恼得沙僧生气，八戒动火，使出平生力气，动手乱敲。敲了半晌，累得两人满头大汗，气息喘喘，仍然无法把门打开。

正无奈时，忽听得半空中一声大叫："你二人在此做甚？"沙僧、八戒抬头一看，见行者已跳将下来。沙僧欢喜道："哥啊，你怎的也来了？"行者道："只因你等久去不回，我放心不下，又听得山谷震响，料想有事，故此安排好师父，特来探望。"八戒笑道："来得好，来得好，挖墙钻洞的祖宗来了，这门一定破得！"行者叱问："这呆子胡嚷些什么？"沙僧道："说来话长！"便把救出八戒，找得山洞之事一一告知。行者听说石门难开，也自不信，说道："你等让开，待老孙来试试！"说罢从耳朵里摸出金箍棒，迎风一晃，碗来粗细，只见那金光一闪，直向石锁敲去，顿时火星飞迸，红光万道，光消时，仔细看来，那石锁却早已长好，依然完好无缺。行者大惊，说道："我这金箍棒非同寻常，乃是天河神铁所化，重一万二千五百斤，如今竟打不烂这个石锁，是何道理？"八戒道："罢了，罢了，既然大哥也奈何它不得，看来没指望了，趁早回去吧！"行者道："慢着，现今洞已找到，若不能把洞门打开，岂不给人笑话。"定心一想，忽然明白过来，说道："天地万物，变化无穷，我等三人，怎能尽知其中奥妙。何不到各处去求教，找到那识货的人，问那开门的诀窍，只要有那开锁的钥匙，就省得白费力气了。”沙僧道：“师兄到哪里去找人求教？”八戒笑道：“那还不明白，只要到那三街六巷，去找那铜店铁铺，打上一把灵巧钥匙，也就把门开了！”行者道：“休得胡说，这般神锁，岂是随便开得！记得千里之外，有座蓬莱仙岛，岛上广智祖师，最是见多识广，我今带同八戒前去拜访。沙僧回去，小心保护师父便了。”八戒听说忙道：“哥啊，你自己去吧，老猪方才泡得水肿，如今行动不便。”行者明知八戒打诳，却道．“你不去也罢，倒是那岛上有碗大的枣子，斗大的甜瓜，任凭吃得。”八戒口馋，忙问：“这话是真是假？”行者笑道：“不信你自去看来，若是行动不便，我也不敢劳驾。”八戒叫到：“去也，去也，走动走动，也消得肿胀。”行者听得好笑，也不与计较，两人径自驾云去了。沙僧自去陪伴师父。

行者斤斗云去得快，不消一筒烟的工夫，已来到蓬莱仙岛之上，候了半晌，八戒才喘着气赶来，一边口中唠叨：“若是这般紧赶，可要多吃十斤米饭。”行者叱道：“休要多说，待过了山，找到好去处，有你吃的。”说着拉住八戒，一同俯身观看，但见烟波浩渺，绿洲一片，风光又是不同，两人喜欢。并肩降下，四处探望，果见一座洞府，门前老柏带雨，修竹含烟，瑶草凝露，奇花喷香，十分清幽。八戒也无心观赏，只拣那果树茂盛之处走去，却被行者一把拉回，说道：“拜见祖师要紧。”八戒无奈，只得随同前去。

行者性急，不待通报，径自闯进洞府，见那祖师正在翻阅经典。行者上前拱手叫道：“祖师请了！”祖师抬头看见二人，慌忙起身答礼，说道：“二位何时降临？失迎，失迎！”便请坐下说话，一边叫童儿捧上清茶、鲜果、米糕、麦饼之类相待。茶罢，祖师开口问道：“大圣不远千里而来，不知有何见教？”行者便将被阻鹰回岭，难进古奇洞之事说了，拱手请问：“这石门石锁究竟是用什么造的？如何方能打来？请祖师多多指点。”祖师听说，口称:"善哉!"伸着两只指头,说出一番道理:"这古奇洞,乃是大禹治水时,为了便利人夫通行所开,石门石锁是用'息壤'所造。那'息壤',古书上说得明白:它本是一种神土,被大禹之父鲧偷下人间,用以堙治洪水。这土善能自己生长,破而复合,因此无法打碎。大禹功成之后,留下此洞无用,遂将石门锁了,几千年来,未曾有人开过。"行者听了连连点头,八戒在旁却呵呵大笑。行者道:"你笑怎的?"八戒道:"哥啊,你是造屋请了箍桶匠,找错人了。"行者忙问:"怎是找错人了?"八戒道:"这祖师原是个做古董买卖的!"行者道:"何以见得?"八戒道:"你听他说得出这些旧货的来历!"行者叱道:"休得乱讲!"又回头请教祖师道:"这古典是明白了,但不知石锁怎样打开?钥匙又在什么地方?"祖师微笑说道:"小神只知翻书查典,却不会开锁。"八戒听了叫道:"如何,如何,他要是会开锁,早就改行了。"行者喝住八戒,心中也自烦躁,便起身告辞。八戒趁二人说话时,早把糕饼鲜果吞了,拱手说了一声:"叨光,叨光!"一同走出。祖师送至洞外,忽然说道:"大圣岂不听说:要知山中事,须问山里人。"行者道:"也曾问过山神。"祖师笑道:"山神土地,只知受人供养,好吃懒做,知道些什么。须是问那些手勤脚快之人,方始有益。"行者听了,猛然省悟,向前唱了个大喏,道:"多谢祖师指点!"

二人别了祖师出来,八戒道:"这老头说了一通废话,还谢他做甚?"行者道:"你一心只想吃的,所以听不出他话中之因。如今快回鹰回岭,去找那开锁的人。"八戒诧异道:"鹰回岭哪来开锁的人?"行者道:"不用多问,到时便知。"拉起八戒,驾云而去。

不多时,来到鹰回岭上,行者扯住八戒就在那山腰间降下,吩咐八戒道:"你我二人分头去找,凡是遇到采药的、砍柴的、打猎的、种地的、烧炭的、放牛的，都得虚心请教，仔细打探。”八戒道：“神仙尚且不知，问这等人如何知道？”行者笑道：“常言说是神不知，鬼不觉，可见神鬼不知不觉之事多着呢。你且依言问来，只是把你的大嘴收起来，切莫吓坏了人。”八戒只得答应，独自走去。

那呆子走不多远，就听得一阵叮咚之声，循声寻去，即见一个樵夫，骑在大树丫上，手持利斧，砍伐树枝。八戒心想，这是该问的了。走到树下，仰头叫了声：“樵哥！”那人依然不睬。八戒连叫三声，樵夫竟不看他一眼，只管伐木。八戒喃喃说道：“好不晦气，见面就碰上个哑巴。”不料那樵夫忽然开口说道：“谁是哑巴？”八戒听得欢喜，叫道：“爹娘生你一张嘴，难道只会吃饭不成。”八戒道：“那你一定是个聋子！”樵夫听得生气道：“这和尚没分晓，我不蹭惹你，如何尽管咒我？”八戒道：“为何我连叫你三声，全不答理？”樵夫道：“你没见我比你还忙哩。”八戒道：“下来！下来！我有话问你。”樵夫道：“有话就说，下来做甚？”八戒叫道：“你在上边，我在下面，脖子都拾得酸了。下来才好说话。”那樵夫问道：“你有多少话说？”八戒道：“多哩，多哩，有兴致时，说个三年五载也不算多。”樵夫听得叫道：“可好！似你这般噜苏，叫我不要干活了。”八戒道：“砍些柴火，又值得什么？”樵夫气道：“这话说得没理，我不砍柴火，靠什么养家糊口？”八戒道：“小家子相，小家子相，你且下来，陪老猪说话，说得好，老猪帮你砍些树木回去。”樵夫摇头道：“我也不要你相帮，我也不陪你说话，你还是找别人去吧。”八戒道：“一客不烦二主，我可是认定你啦。”樵夫更加生气道：“看来是个强讨硬化的癞和尚，这般我越发不下来了。”八戒听得着急道：“我把这大树拱倒，看你下来不下来。”说着伸出长嘴，就树旁轻轻一拱，拱得树干摇摇晃晃，那樵夫亏得紧抱树枝，不曾摔下。只是一个失手，斧头掉将下来，正巧砍在八戒的长嘴上，划了一道口子，鲜血直流。那呆子大吃一惊，捂着嘴，返身就跑。一边嚷着："有妖怪，有妖怪！"

行者走不多远，听得叫声，连忙赶回，迎面遇到，叫声："八戒！妖怪何在？"八戒抬头见是行者，才放心，说道："后边，后边，哥啊，妖怪厉害！"行者问道："是个什么样的妖怪？使的什么兵器？"八戒道："躲在树上，樵哥打扮，是老猪叫他下来，他不肯下来，老猪拱了一下树干，他就放出一件宝物，只见银光一闪，差点把老猪的长嘴切掉一半。"行者道："待我看来。"说着持棒与八戒赶去。

那樵夫已爬下树来，正在地上收拾树枝。行者上前喝道："你是何处来的妖怪？"那樵夫抬头看见行者雷公毛脸，吓了一跳，再看那八戒，也是丑陋可怕，只因先前在树上不曾看得真切，如今一见，不免心惊胆战，口中喃喃道："到底谁是妖怪？"行者道："你若不是妖怪，为何伤害我那师弟？"樵夫叫声："冤枉！适才我在树上砍柴，这位长嘴师父摇晃树干，逼我下来说话，是我一失手，掉下斧头，伤了他也。"行者听得明白，埋怨八戒道："这就是你的不是了。"八戒叫道："也罢，也罢，只要他不是妖怪，就好说话。"行者转身向樵夫行了一礼，道："这般说来，错怪你了，我那师弟生来鲁莽，说话有不当之处，不要见罪！"樵夫忙道："不敢，不敢！"行者又叫八戒帮着捆扎柴火，那樵哥甚是过意不去，说道："两位师父请到舍下坐坐，虽是家贫，粗茶淡饭，也是有的。"行者笑道："我们不是游荡的头陀、骗嘴的和尚，其实有事请教。"樵夫道："既是有事，但说不妨。"行者道："只是请问一声，那古奇洞如何得过？"樵哥道："这倒难了，什么古七洞、古八洞，实在未曾听说。"八戒在旁道："如何，如何，我早说他不会知道。"行者又拱手道："樵哥不知，可有知道的人？"樵夫把脑袋直晃，说道："没人知道，没人知道。"行者听了，也自烦恼，只得起身告别。那樵夫忽地叫住道："二位慢走，容我仔细想想。"行者喜欢道："敢是想起来了。"樵夫道："说来好笑，倒是小时候学得一首歌儿，里边有这么个古怪名字，因为顺口好唱，至今还背得几句。"八戒听得，拍手笑道："有趣，有趣，唱首歌儿听听，解解闷也好。"樵夫听说，开口唱道："古奇洞，真奇怪，出不去，进不来，石门石锁打不开，若问锁钥何处去，青青石箱山里埋。"行者听了大喜，叫道："正是这话儿，正是这话儿。"樵夫道："原来二位喜欢这歌。"行者道："喜欢，喜欢，只是这青石箱又埋在哪座山里？"樵夫道："我只会唱这首歌，别的就不知道了。"行者无奈，谢了樵夫，与八戒找箱子去也。

行走多时，八戒又埋怨道："那樵哥唱了一首歌，就唱出个箱子来，叫人好找；要是再唱下去，连那柜子、桌子、凳子、椅子都唱出来，可不把人的腿都跑断！"行者道："休要乱讲，仔细察看才是。"八戒叫道："难，难，谁知道这箱子埋在哪儿。"行者道："常言道，天下无难事，只怕有心人，有心寻找，早晚找到。"正说话时，忽听得山脚下传来一阵歌声，唱道："青石箱，青石箱，千年宝物地下藏，打开石箱开开锁，快快活活去天堂。"行者精神一振，飞步奔到崖边，俯身下望，原来是一些放羊小娃在那里唱歌。八戒也过来看了。行者道："这歌儿唱得巧，八戒前去打探一番。"八戒道："不成，不成，我这般嘴脸，早把他们吓跑了。"行者道："你变化了去。"八戒问："变个什么？"行者一想，教道如此如此。八戒依言，摇身一变，变成胖女人。只见她身穿红袄绿裤，油头上插一枝鲜花，粉脸上抹几层胭脂，走路一摇一摆，说话细声细气，煞是可笑。行者乐道："难得，难得，就缺一顶花花轿子抬你下山了。"八戒道："将就点吧，看老猪去走这一趟。"说着，忸忸怩怩去到山下，行者自在山上观看。

小娃们一见八戒变的模样，都呵呵大笑，赶上前来问道："胖嫂子，到哪里去？"八戒道："回娘家去。"小娃娃又问："你娘家住在哪里？"八戒答不出，说道："正迷路啦。"小娃子笑道："迷了路，你还不哭？"那呆子听说，果真坐在树边，一声爹一声娘的哭将起来。有那心软的娃子，见她哭得可怜，劝道："别哭了，别哭了，你且说说娘家住在哪个村、哪个乡？我们给你指路！"八戒这才擦干眼泪，说道："我没记性，自从出了嫁，娘家的地名都给忘了。"小娃们笑道："这胖嫂子真是糊涂。你且说说，娘家门前是个什么样？我们帮你找去。"八戒道："别的全不记得，只知道有个大青石箱。"小娃们又笑起来道："村里哪有什么大青石箱？除非是西北山坳里，倒有个天生的青石箱，我们常在那边玩耍。"八戒道："正是那个去处。"小娃们道："那里没有人家。"八戒道："是我妈搬了家。"小娃们问："搬到哪去了？"八戒随口答道："搬到我妹子的姐姐家去了。"小娃们又问："你姐姐几个？"八戒又随便答道："我妈就生咱姊妹俩。"小娃们听得都笑道："这么说，你妈就搬到你家住去了，你还回什么娘家？快回去吧，快回去吧！"八戒自知说漏了话，连忙起身走了。娃子们还在背后哄笑。

行者在山上早已听得清楚，见八戒回来，笑得直不起腰来，说道："呆子这回变得聪明了。"八戒道："我本来就不呆。"行者道："好，好，回去告诉师父，记你一功，现今快到西北山坳去也。"八戒也是高兴，复了原形，二人驾起云雾，直奔西北。

转眼来到那山坳间，只见那溪水远流冲石壁，山泉细滴漫沙堤，枯藤斜挂，古柏半悬，在那乱石之中，有个大青石箱，半埋半露。二人看了十分欢喜，八戒急不可待，举起钉耙，对着石箱就筑。只听得一声巨响，犹如天崩地裂，一霎时，烟雾弥漫，不见天日。八戒、行者也不禁吃了一惊，待烟消云散，低头一看，却见黄土碎石间，红光耀眼，正是一把赤石打成的钥匙。

行者急忙拾起，八戒抢前来看，二人把玩一番，一同驾云回转岭下，望见唐僧还坐在山石上闷闷不乐，沙僧在一旁劝慰。行者跳下身来，喊道："师父不要烦恼，钥匙已取来也！"唐僧、沙僧闻听，喜出望外，上前探问，行者取出钥匙递与二人观赏，果然是霞光万道，令人目眩。四众欢喜不尽。

行者又将访祖师、遇樵哥、闻儿歌等事，诉说一番。沙僧道："毕竟是师兄本领高强。"行者道："说，莫说，若不是仙师指点，樵哥相助，小娃们唱歌，老孙有天大本事，也找不到这把钥匙。可见凡事向人请教，多查，多问，多思，多想，总有好处。"沙僧笑道："若是自以为是，瞎摸乱闯，只怕至今还泡在水里。"八戒听了嚷道："不要提起，不要提起，老猪的脚也跑烂了。"行者笑道："到底是跑烂的，还是在水里泡烂的？"说得唐僧、沙僧都笑起来。

四众来到鹰回岭下，古奇洞边，行者取出钥匙，打开石锁，只听见叮当一声，石门自开，现出一条洞道来。行者持棒进洞，唐僧策马后随，沙僧护持，八戒挑担，一起走去。行不多时，眼前忽然一亮，原来已出了古洞。但见洞外绿水青山，四野油碧，好鸟轻唱，花香扑鼻，竟然另是一番气象。

师徒欣然上路，迤逦西行。

猪八戒学本领

孙行者保护唐僧去西天取经，在那波月洞收了黄袍怪，平顶山灭了金角、银角大王，车迟国除了虎力、鹿力、羊力三仙，从此威名远震，西方路上，大小魔头闻得行者本领高强，轻易不敢来犯，故而走了千里之路，却还平安无事。行够多时，又是夏尽秋来，但见平林木落，远山含烟，金风扫落叶，四野少人迹。四众来到一座茅亭之下，已是人疲马乏。行者道："看来前去难找歇脚之处，这里还蔽得风雨，师父就在这里将息吧！"唐僧点头下马道："在此暂歇也好，只是肚中饿了，谁去化些斋饭来充饥？"八戒听得连忙上前道："老猪没甚坐性，待我去来！"沙僧道："师兄今天倒是勤快。"行者一旁冷笑道："你有所不知，但凡巡山擒妖、寻洞除怪的勾当，他都推三阻四，要是化缘打斋，他几曾落在后面？"八戒听了生气道："嘴脸！你和妖怪打斗，老猪也时常出力，似这般说，我不去也罢！"唐僧叱道："休得吵闹。八戒早去早回！"行者笑道："去吧！要能遇上个大施主，尽你去受用一顿。只要不忘记给师父带些剩菜冷饭回来，也记你这一功！"八戒这才收拾钵盂，拖着钉耙嘟囔着去了。

那呆子出了茅亭，也不四处打探，径奔大路而行，看看走了十几里路，只闻鸦噪雀喧，却不曾见着半个人影。八戒肚里作响，心里慌张，加紧脚步，一口气爬上一座山头，俯首四望，看看可有什么吃饭化斋的去处。正找寻时，忽见那南山脚下，松林后面，隐隐露出一带粉墙。粉墙里面，青砖红瓦，屋舍重重，分明是个大户人家。屋顶上炊烟袅袅，或许是蒸着上好的白面馒头。八戒看了，心里欢喜，也顾不得山路崎岖，撩起直裰，大踏步冲下山去，径自来到南山山麓，抬头一望，果见一座院落：门外野树参天，墙内丹桂送香，朱漆大门，却紧紧关着。八戒正要上前叩门，猛见门上贴着一副红纸黑字的对联，写得十分古怪，上联是“得道高僧，布施三千”，下联是“无能头陀，不舍一文”。门上又有一张横批，上写“善门难开”四个大字。八戒也不细认，莽莽撞撞把门环敲得震天响。不多时，大门“呀”的一声开了，走出一位老汉来，只见他头戴乌绫巾，身穿葱白衫，足蹬糙皮靴，腰系墨绿绦，开口骂道：“什么人发了猪癫疯，在这里乱敲大门？”八戒听了忙上前拱手说道：“正是老猪，却不曾发疯，只是肚里饥荒，来打扰一顿斋饭。”老汉把八戒上下打量了一番，叫声：“好丑的和尚！”八戒应道：“丑便丑，倒是耐看！”老汉喝道：“你是何人？从何而来？去到哪里？一行几人？现在何处？一一说来！”

八戒笑道：“这老头原来是衙门里当差的！”老汉道：“何以见得？”八戒道：“听你口气倒像是审问犯人一般。”老汉也不禁笑道：“这和尚倒会耍嘴，你且说来，如果有些来历，我老汉决不吝啬，要没点能耐，趁早走路。”八戒道：“你听清楚，我是东土大唐钦差往西天取经的唐三藏……”老汉连连摇头道：“出家人休打诳语。那唐僧我听说过，是个白净和尚，不是你这等模样。”八戒道：“你这老头也太性急，我话还没说完。我原说是唐三藏的徒弟猪八戒。”老汉点头道：“这就是了！”八戒道：“我师兄孙行者，师弟沙和尚，连同白马，共计五口，现在后面等着。以上所说，句句是实。”老汉听了笑道：“这猪八戒确是老实，只是我门上这副对联你可曾看到？”八戒叫道：“老头也太啰唆，有那素品果菜，米面馒头，油炒面筋，闲食粉汤，都搬出来与我吃了，就好上路。没事干，念什么对联？我老猪又不是个秀才。”老汉道：“不行，不行，我这里就是这个规矩，但凡有本领的和尚，上得门来，奉献斋饭一席，素酒鲜果相待，临走还送白布一幅，铜钱三千。若是那不济的头陀，脓包的法师，还是免开尊口，别处化斋去吧。我看你身胖腰粗，手脚不灵，一定没甚本事，不如回去唤你师兄师弟来。”八戒听得生气道：“这老头是门缝里看人，把人看扁了。原来你还不曾知道我老猪的手段。”老汉笑道：“猪八戒有甚手段，说来听听。”八戒挺了挺肚子，摆了摆耳朵道：“我原是上界天蓬元帅，也曾统领水兵八万，如今保护师父取经，一路上斩魔除怪，你看我这九齿钉耙，一筑就是九个窟窿，任凭那天兵天将，见我都要害怕。”老汉道：“好大的口气，只是口说无凭，做出便见。猪八戒！你可敢打斗？”八戒问道：“与谁打斗？”老汉道：“与我小孙儿打斗。”八戒道：“你孙儿在哪里？”老汉回身向门里叫声：“孙儿出来！”门内应声跳出个孩儿，但见他身穿一件花袄，头梳两角小辫，圆脸红唇，十分伶俐，手里拿着个“摇古冬儿”耍子。八戒看了诧异，问道：“你有几个孙儿？”老汉道：“就此一个。”八戒道：“老头想是吃喝太多，迷糊了心眼，像这般小子，连老猪半个指头也消受不起，吹口气也叫他不见踪影，如何让他来和我老猪打斗？”老汉未及回答，那孩儿却丢了摇古冬儿，挺身上前，双手叉腰，尖声尖气叫道：“八戒休要吹大气，剥了你一身老猪皮，还嫌有点猪臊气！”八戒生气道：“这小子没爹娘管教，开口就伤人。”孩儿也不答话，竟对准八戒的大肚子一头撞来，别看他身矮头小，却像个铜锤一般。八戒不曾提防，一个踉跄，跌个仰面朝天，手脚乱动，翻不过身来。只听得那老汉和孩儿放声大笑，说道：“八戒！八戒！称什么天蓬元帅，倒像个酒囊饭袋，还不如回家躺躺，少在这西方路上受灾！”八戒十分气恼，挣扎爬起来嚷道：“没羞！没羞！趁人不在意，算不得稀奇!”说着拾起钉耙,对着孩儿,当头筑去。那孩儿很是灵巧,转身一闪,窜到八戒身后,八戒用力过猛,那钉耙陷在地里,拔不起来,正往后使力,不料那孩儿在后边,纵身跳起,扳住八戒后脖就扯,八戒又是往后一跤,跌个背心着地。八戒心慌,急忙侧身爬起,谁知那孩儿不等八戒起身,一个虎跳,跨在八戒背上,直把个老猪当做马骑。八戒思量摔开孩儿,却也作怪,背上像是压上个千斤重担,休想翻得过来。那孩儿使起一双小拳,擂着八戒后脑,口里唱着:“八戒本领大,老猪变作马,驮我上西天,你要快点爬!”引得那老汉笑得仰头哈腰。

正在此时,忽听得空中有人一声大喊:“妖怪休得逞强,老孙来也!”只见金光一闪,行者手持棒子,跳将下来,对着孩儿便打,慌得那孩儿叫声:“不好!”急忙从八戒背上爬下,也不敢招架,往门里就窜。行者追上,老汉已从门后拿出一把长枪,迎面抵住。行者喝问:“你是哪方妖怪?怎敢这等大胆,在这里戏弄我师弟?”那老妖冷笑道:“原来你认不得我西方汪汪大仙,我却早已听到你孙行者本领高强,特地在半路等待,要试一试你的手段,谁知来了个不中用的猪八戒,是他自讨苦吃。与我何干?”行者道:“既是你要试试老孙的手段,看棒来。”说着举棒便打,老妖持枪相斗,两个就在山麓下大战起来。

八戒见行者来救,心中欢喜,急忙爬起身来,拉过钉耙,前来相助。那孩儿原是个小妖怪,在门内看见,恐老妖有失,拿过一把钢刀,跳出门来挡住八戒,八戒一见分外眼红,恨不得把小妖一耙筑死,偏那小妖本领高强,八戒取胜不得。

老妖与行者战了十几个回合,渐渐不支,心中思忖:“这猴子确有本事,看来不济,不如早些逃命。”便使个解数,虚晃一枪,纵身跳起,化阵狂风而逃。行者腿快,叫声:“妖怪休走!”一扭腰就跳到空中,拦在老妖面前。老妖更是心慌,不敢迎敌,又转身要走，却被行者赶上一步，举起金箍棒，当头一下，只打得老妖头破血流，跌下地来，已是死了。

八戒苦战小妖，那小妖手段敏捷，刀法熟练，直逼得八戒气息喘喘，难顾前后，正危急时，小妖回头不见了老妖，又听得空中吆喝之声，跌下个人来，心想不好，叫声："八戒住手！"八戒一愣，小妖趁机脱身，回头就逃。事有凑巧，行者正从空中降下，小妖低头奔来，不偏不倚，撞在行者身上，倒像是撞在石头上一般，叫声："哎呀！"眼冒金星，跌倒在地。行者喝道："这小子，好不懂事，冲撞起你外公来了！"一棒打下，结果了性命。

八戒在后面看了大叫道："打得好，打得好！"行者拖过那老妖和小妖的尸首来看，原来是一大一小两条癞皮黄狗。行者道："怪不得这般弄玄，原是些欺软怕硬的家伙，在这里摆下圈套唬人。若没有本事胜他，只怕师父又要遭殃。"八戒道："这么说，你就该早点来，也免得老猪在这儿出丑。"行者笑道："这夯货，不怪自己没本事，倒怪老孙来得迟！该让妖怪多骑你一会，也省得你耍嘴。"八戒道："不提，不提，人人知道我猪八戒是你师弟，师弟丢丑，说不得师兄脸上光彩。"行者听了也没甚说的，叫声："休要噜苏！且去找找看有甚留下的买卖，一并销账！"

两人回转山麓，回首四望，只见老藤绕枯树，野草杂荆棘，哪还有什么庄院屋舍。八戒拨开草丛寻时，果见山坡下有个斗大的狗洞，不禁叫道："在这里了！"使起钉耙一顿乱筑，一霎时，把个狗洞筑得稀烂，却不曾见半个小妖逃出。行者笑道："看来是个单身独户的主子，也罢，不要在这里枉费力气掏狗洞了！八戒，你且回去将息，待我去化点斋饭来与师父充饥。"八戒这才住手，返身回转，找得钵盂，递与行者，叫声："哥啊，有劳了！千万多找些吃的来，老猪也饿得慌。"行者应道："是了！"拿起钵盂，一个斤斗，不知翻到哪里去也。那呆子拖着钉耙，蹒跚走回茅亭，见了师父，行了个礼。唐僧问道：“八戒何以去了这多时候？可是遇见了妖怪？”八戒道：“便有一两个妖怪，怎经得住老猪一顿打，早都完事了。”沙僧在旁听了笑道：“这般说师兄真有点手段。”八戒道：“也花不了多大力气。”沙僧道：“若是给妖怪当马骑，倒是花不了多大力气。”八戒一听，吃了一惊，思忖：“这沙鳅如何知道。”心中盘算，口中做声不得。唐僧看了，问沙僧道：“此话怎讲？”沙僧道：“方才等八戒不回，我和大哥跳上云端寻找，看见八戒正受妖怪欺侮，是大哥前去相救，叫我回来保护师父，恐师父受惊，没敢早说……”因将前后之事细讲了一遍。唐僧听得叹道：“八戒！八戒！枉为你有这般力气，却受那妖怪戏弄！只怪你生性懒惰，不肯勤学苦练，今日若不是你师兄搭救，岂不遭那妖怪毒手。”说得八戒满脸惭愧，做声不得。唐僧又道：“八戒啊！等行者回来，你何不向他诚心讨教，跟他学点本领，一则可为取经大事多立功劳，二则也与你自己有益。”八戒唯唯答应。

不多时，行者化得满满一盂米饭回来，分与唐僧、八戒、沙僧等吃了。那呆子虽不曾吃饱，却也长了精神，抹了抹嘴唇，整了整直裰，走到行者面前，恭恭敬敬唱个大喏，道声：“师兄请了！”行者好生奇怪，问道：“今儿是什么日子？猪八戒也学会礼数了！”八戒道：“有道是礼多人不怪，其实有事相求。”行者道：“原来如此，好吧，你且说来，若能相助，定然依你。”八戒开言道：“只因八戒少学无才，故此常受妖魔欺侮，如今想跟师兄学点本领，一则可为取经大事多立功劳，二则也与自己有益，望师兄看在兄弟情分，多多指点，万分感激！”行者笑道：“难得八戒肯发奋立志，只是今天说话，怎的掉起文来？”沙僧在旁捂着嘴笑，向行者道：“这原是师父教他的。”行者道：“怪不得也，既是师父教的，那就非出八戒自愿，这样也难以学好本领。常言道，按着牛头喝水，勉强不得，何况这么大个猪头，我还按不动呢。”八戒听说，直向沙僧瞪眼，一边叫道：“哥啊，你休听那沙鳅撺掇，虽是师父说过，可也是我老猪自己要学，你若不信，我起个誓来你听，若有半句虚言，叫我嘴上生疔！”唐僧见八戒发急，劝行者道：“既是八戒想学好，你就不要难为他吧。”行者道：“师父，不是我有意为难，实在我怕这呆子学那小和尚念经，有口无心。”八戒连忙嚷道：“有心，有心！”行者笑道：“你说有心有心，有几个心来？”八戒指着自己胸膛道：“不曾打开数过，看来十七八个是放得下的。”行者笑道：“也不要太多心，我只要你存下三颗心也就是了！”呆子拱了拱手道：“不知是怎样三颗心？又怎么个存法？”行者板下脸，正经地说道：“你听我说来：要学好本领，先得有颗虚心。凡事不可自作聪明，自以为是，要踏踏实实，虚心求教，最可恼的是那不懂装懂，到头来，害人害己。”八戒道：“这个老猪理会！”行者道：“那以后就少吹大气了！”八戒应着：“不消说得。”行者又道：“这第二，还得有颗恒心。学问本来不是轻易得来的，要专心一致，勤学苦练，日久天长，才能学到；要是畏难怕苦，半途而废，休想学得好。”八戒道：“这个当然，没有恒心不行！”行者笑道：“就算你能存下这两颗心，只怕这第三颗难存也。”八戒道：“瞧师兄说的，像老猪这般的人，还怕难不成？”行者道：“这第三颗乃是巧心。叫你念书，不可死抱书本，要多思多想，一窍通，百窍通，聆音察理，随机应变，这才能学以致用。”八戒道：“别看老猪笨拙，原先也打着一颗七巧玲珑心，只为吃得太多，把心眼给塞住了。今后一定打开心窍，包管聪明！”行者道：“你若能存下这三颗心，我把这全身本领都教会你！”八戒道：“师兄把你的心也放宽了，老猪说到做到。”行者点头道：“这就是了，但不知你要先学哪些本领？”八戒思忖一下道：“哥啊，我常见你善于变化，七十二样，样样都像。还有那吹毛变猴，十分有趣:更有那斤斗云,一翻十万八千里,又快又稳当,省得多少力气。这几件,我都要学。”行者听得笑道:“看来呆子是也不呆,把老孙这点看家本领都要去了。也罢,难为你诚心相求,我这都教给你吧。”说着站起身来,右手揣进直裰,在那系着虎皮裙的腰间,摸出三本书来,双手交付八戒,慎重叮咛道:“八戒啊!这三卷天书,是老孙历尽千辛万苦,求仙访道得来,今天交付与你,可要仔细阅读,钻研修炼,日后自见功效!”八戒满心欢喜,接过书来,谢了行者。

八戒得了天书,心中思量:“快些把这三本破书念完,我这本事就和孙行者一般。到明天,不单师父夸我,就连那诸神天将,也要另眼相看。”想得得意,也不等师父安息,径自迈步出了凉亭,拣个僻静所在,背靠吉松,坐在块石头上,借着月光,看起书来。行者、沙僧见八戒真在用功,也不去打扰,服侍师父睡了。

那八戒专心致志,翻读书本,初时静思默想,倒还明白,口中讷讷道:“似这般天书,看来容易得很,那猴子编排唬人,说得艰难,早知如此,该问他多要几本来,也越发多学他点。”心里一松,再往下看时,就觉得书中道理越来越深,连那不识的字也越来越多了。呆子不怪自己懈怠,嘴里却埋怨起来:“天书,天书,十分难读,看来这编书的一定糊涂。”也就不加细看,随手翻阅,只觉得双眼迷糊,精神困倦,举手伸个懒腰,张嘴打个哈欠,又自言自语道:“八戒!八戒!好不聪明,何必如此,读书费心。只要把天书揣在怀里,等到要用的时候,再看也来得及。”说完自觉有理,眼睛一闭,就打起呼噜。

次日天明,唐僧等醒来,便欲收拾上路,行者过去叫醒八戒道:“昨晚念书辛苦了!”八戒揉着眼起身道:“好说,好说。念书原怕不得辛苦!”说着就来见过唐僧。唐僧道:“前去又是高山峻岭,只怕山高多怪,岭峻兴妖,有谁先去察看一番才好。”八戒见行者、沙僧不应，自忖那山上的妖怪，昨日已被打死，未见得还有这多妖怪，何况有天书在身，临时也可应付，去走一趟回来，又能在师父面前讨功，沙僧前露脸，想着就挺身上前道："今天老猪去来！"唐僧摇头道："不行，不行，八戒没甚本领，要是遇上会法术的魔头，有能耐的妖精，又吃亏也。"八戒道："瞧师父说的，有道是：士别三日，刮目相看。我老猪自读天书，已经不比从前，凭他妖怪本领多大，见了老猪也要叩头下拜。"沙僧在旁道："师兄学得好快！"八戒晃晃脑袋道："这就叫会的不难。"唐僧又问："八戒真的去得？"八戒嚷道："去得去得，等着看老猪得意回来。"唐僧这才点头允诺。

那呆子揣好了天书，抖擞精神，束一束皂锦直裰，舞一下九齿钉耙，径奔山路而去。行者看在眼里，也不做声。沙僧问道："师兄，你看八戒果真已学好了本领？"行者不住冷笑，说道："真人不露相，露相不真人。真有本事的，能像他那等模样，自吹自擂。"沙僧道："他方才还说得嘴响。"行者道："不忙，不忙，待我变化前去试他一番，看他究竟学到了多少。"说罢纵身翻起斤斗，追赶八戒而去。

八戒身背钉耙，口唱小曲，迈步登山，一路玩赏风景，好不逍遥自在。忽听得背后有人叫唤："八弟慢行！"猛回头一看，不禁愣住，原来山岙里忽然走来一个和尚，长得就和自己一个模样，同是长嘴獠牙，刚鬃扇耳，身粗肚大，行动生风，只是个儿比自己略微矮小些。八戒傻眼看了半天，心里叫声："奇怪，天底下也有老猪一般丑的。"开口问道："你个何人？一向少见，如何叫我八弟？怎又长得跟我一个模子印出来似的？"那和尚听得呵呵大笑："八弟，八弟，连你大哥都忘记了？"八戒更是摸不着头脑，自己唠叨着："却也稀奇，原来我还有个大哥，怎的我从来不曾知道？"和尚接口道："也怪不得你，一来你年幼无知，二来你素性多忘，故此连自己家人都不记得了。”八戒放下钉耙道：“既如此说，就请大哥谈谈咱的家世。”和尚扳着指头说道：“八弟听好，我与你都是一胎所生，兄弟共计八人，数我最大，名唤大戒，挨次下来，就有那二戒、三戒、四戒、五戒……轮到你最小，是第八个，所以叫做八戒。”八戒听得点头道：“原来有这么个来由。”和尚接着说道：“只因我等兄弟，从小喜欢吵架，母亲死后，散伙分家，我搬来这里深山修炼，因此一向没有会面。”那呆子信以为真，连忙上前唱喏道：“只怪八戒糊涂，从来没背过自己家谱，又从小出门在外，其实不知还有你这么个大哥，请不要见罪。”那大戒笑道：“八弟说哪里话，我自听说你保护唐僧去那西天取经，算来必然要从这里经过，早晚盼着你来，今天幸得相见，就请到敝处歇歇。山野小地，没甚吃的，只备下一桌素斋，无非为了叙叙兄弟之情。”八戒口说：“不敢打扰，不敢打扰。”脚下却早已移动。大戒拱手相请道：“你我兄弟，说甚打扰，就此请吧。”那八戒他乡遇亲人，已是高兴，又听说有得吃的，更是心花怒放，上前一把扯住大戒，背起钉耙，兴冲冲，迈开大步，乐呵呵，一路同行。

这假和尚真呆子携手走去。行不多时，但见路随峰转，林依山回，在那悬崖峭壁之下，金桂红枫之中，露出一座洞府来。行近看时，更有那小桥临涧水，奇石傍山门，青苔如毯，花香袭人，真个是洞天福地所在。八戒不知是点化出来的幻境，只道是神仙居处的宅第，开口赞声：“好个清幽洞府！”大戒谦逊道：“胡乱住得就是。”八戒道：“大哥好生省俭，也没用个人侍候使唤！”大戒道：“也是我生来怪僻，只贪清静，添了人，倒嫌烦躁。”八戒进得洞去，早见那大青石方桌上放满热腾腾的丰美菜肴，旁边水晶壶里是清香的素酒，玉瓷盘中，是雪白的馒头。八戒看得口馋，恨不得扑上前去，一口一个。那大戒拱手让座，八戒性急，也不推让，放下钉耙，就居中面南坐定，只等大戒一声有请，便好动筷，偏那大戒絮聒，唠唠叨叨叙起家常来。八戒只得咽下口水，闭眼不看饭菜，来个眼不见嘴不馋，回头应付说话。

大戒道："八弟一路辛苦。"八戒摇头道："那还用说，逢山开路，遇水搭桥，吃不饱，睡不好，已经多少日子不长膘了。"大戒又问："路上曾碰上妖魔鬼怪？"八戒嚷道："多着，多着，老的，小的，男的，女的，高的，矮的，丑的，俊的，青面獠牙的，油头粉脸的，耍刀舞枪的，喷火吐水的，什么样的都有！"大戒听了咋舌道："险哪，这一路可怎么过来？"八戒信口就说："若不是小弟有点手段，其实难行。"大戒道："原来兄弟本领高强。"八戒得意道："还看得过，那些大小妖怪，男女魔头，只消听说'猪八戒'三字，藏的藏，躲的躲，上山的上山，窜洞的窜洞，有那跑不了走不及的，禁不起小弟一顿钉耙，个个成了肉酱。即使遇上个胆大妄为的，敢来招架，也怎比得我神通广大，管叫打得他喊爹叫娘！"大戒听得喜欢，说道："兄弟这般威风，做大哥的，也有光彩，只是听说你还有个师兄师弟，怎的未见提起？"八戒道："有个师弟沙僧，只管挑担牵马，生火烧饭。"大戒又问："那孙行者怎样？"八戒见提起行者，不免口软，却还支吾道："那猴子惯会耍棍舞棒。"大戒听得摇头道："听说孙行者五百年前曾大闹天宫，玉皇大帝都奈何他不得，说那变化腾挪的本领，更是远近闻名，提起齐天大圣，人人胆战心惊，不知八弟比起他来如何？"八戒勉强答道："也差不多，也差不多！"那大戒偏要相逼，说道："久闻孙行者他能拔根毫毛，吹一口气，就变成小猴，个个眼乖会跳，不知八弟会也不会？"八戒随口敷衍道："那也没甚稀罕。"大戒一听，十分高兴，站起身来请道："这等本领，大哥还不曾眼见，既然兄弟也会，就请耍一回看看，也让大哥多点见识。"八戒不料大戒真个要他变化，倒是慌了手脚，嘴里只管说："没甚好看的，没甚好看的!”大戒再三劝说:“八弟不要推辞,要完了好吃饭也。”八戒心中无奈,却又变不出来,亏他情急智生,说道:“大哥且慢,待我先念一卷经,定一定心,才好变来!”说着,忙摸出天书,笼在袖内,慌忙翻找,偷眼阅读,嘴里还念念有词,背着口诀。幸好大戒容他温习,不来相催。好一会儿,才读得半生半熟,不能再拖延,只得站起身来,叫声:“大哥请看!”伸手就去拔自己脖上的鬃毛,谁知八戒的鬃毛刚硬,不比行者的猴毛细软,连拔几次,不曾拔下,倒疼得两眼发黑,满头冒汗,又不好说出口来,低头叹了口气道:“大哥不看也罢,这几根鬃毛太短,等它长得长点再来戏耍。”大戒听了,作色道:“我这里酒宴相待,想不到你这般吝啬。”八戒道:“我怎的吝啬了?”大戒道:“你这样一毛不拔,还不吝啬?”说得八戒无言可对,便就狠下心肠,使出力气,果然一下拔了两根鬃毛下来,但已疼得双眼流泪,满腮通红。那呆子急于显神通,也不及嚼碎,就念动口诀,鼓起腮帮,对准鬃毛,使劲吹出一口大气,叫了声:“变!”随手把鬃毛望空掷去。真道是法力无边,只见那鬃毛落处,忽地一声响动,蓦然出现两只牲畜,看来都有尺把长短,长得一身细皮黄毛,扇着两只大耳,走动四条矮腿,摇着尾,张着嘴,嗷嗷叫着,满地乱跑,却原来是两只圆圆胖胖的小肉猪。八戒看了,心中喜欢,说道:“不错,不错,长得比我俊得多!”大戒在旁却连连摇头道:“不像话,不像话!”八戒问道:“怎的不像话?”大戒皱眉道:“听说孙行者毫毛变的小猴,个个都有本领,刀来砍不着,枪来不能伤,还能上阵打仗,聪明精干,武艺高强,抵得上一队兵将。像你这般的子孙,倒像是宰场里的主顾,厨房里的货色,下得锅,上得碗,白煮红烧,吃得口鲜,腌藏过冬,省得油盐,其实并不体面。”八戒抱起小猪,放在怀里,抚摸着道:“大哥说哪里话,谁家的儿子不像父亲,管他体面不体面,我疼着呢。”大戒笑道:“倒真是自己骨肉自己怜,也罢,且不问他俩的长相，要是多少能要些玩意，也总算有个交代。”八戒听得，低下头来，对着两只小猪，大声叫道：“我的儿啊！也争口气，使点本领出来，让你大伯看看！”

这两只小猪倒像是懂话，一声大叫，猛地从八戒怀里跳上了桌面，见着菜就吃，见着汤就喝，见着馒头就吞，别看他俩身矮嘴小，倒像是长着磨砖砌的喉咙，进口就滑进肚去，还互相挤着抢着，叫着打着，一霎时，就像天降一阵冰雹似的，只听得乒乒乓乓、叮叮当当之声，把那杯儿、碗儿、瓶儿、盘儿，打得滚的滚，飞的飞，裂的裂，碎的碎，转眼之间，把一桌丰美酒席，变成了一堆烂摊。他俩还心有不甘，各自捧着盘儿在那儿舔呢。

八戒看傻了眼，半晌出不得声，只听得大戒呵呵大笑道：“耍得好，耍得好！你说是谁家的儿子不像父亲，我看来，他俩这点的本领，比他父亲还强呢！”八戒闻听，这才醒了过来，大叫一声：“我的娘啊！”直羞得红了脖子。大戒上前拍了一下八戒，说道：“先别把儿子叫娘，你倒是把他俩收回去吧！”那呆子果真抖动身体，想把鬃毛收上身来，却不想那收毫毛的口诀，原就没有背熟，眼前更是记不起来，只见他吸鼻子，瞪眼睛，耸肩膀，摇耳朵，竟像是得了惊风病一般，两只小猪却依然在那里咂嘴伸舌。

八戒又是气恼又是惭愧，一时兴起，不再作法，从身后提过钉耙，竟奔向小猪使力筑去。那两只小猪，叫了一声，躲过钉耙，一起跳下桌子，逃出洞门，窜进草堆里睡觉去了。八戒筑了个空，倒把个大青石桌打得粉碎，拉过钉耙，欲待追赶，却被大戒一把扯住。大戒劝道：“也罢，也罢，日后再加管教，今天看在大哥脸上，饶了他们吧。”八戒这才放下钉耙。

大戒拉着八戒，来到后院花厅坐下，这花厅更比前面宽敞，院外盆菊盛开，厅内陈设精致。大戒捧过一盆鲜果，为八戒消烦解躁,一边开口言道:“八弟休得气恼!想那两根鬃毛,也算不得什么,让它去吧!今天你我兄弟难得相会,虽吃不成酒席,总不成没个消遣。听说那孙行者善于七十二变,这点本事,谅来八弟也一定精通。大哥我,没甚手段,倒也学得会变几样,眼下无事,咱俩来赌赛变化耍子如何?”八戒心忖:“若说变山,变树,变石头,变癞象,变胖女人,变大肚子汉,自己也会几样,可就是比不上行老变得多样、灵巧。如今大哥相邀,要是不答应,更显得自己无能,要是答应,还不知大哥本事怎样。”犹豫半晌,问道:“但不知怎样个赌赛?”大戒道:“这个容易,不管你我,先变个什么,后来的打量着变个相应的,比个输赢就是。”八戒心想:“方才拔毛变猪的事,灭了自己威风,这回若能赌赢,多少也留下点面子。既然如此,不如抢先变个凶猛大物,把大哥吓唬住了,也许就能取胜。”主意打定,拱手说道:“那小弟就占先了!”说着出了花厅,走下台阶,念动真言,摇身一变,变成个斑斓猛虎,一眼看去,果然是眼若铜铃,嘴似血盆,张牙舞爪,十分怕人。八戒心想这番大哥定然吃惊。岂知大戒见了,反倒哈哈大笑,用手向老虎的屁股后面一指,说道:“八弟如何露出这等破绽?”八戒回头一望,暗暗叫声:“惭愧!”原来八戒平素不善变虎,如今虽是头上变了,那后半截却变不过来,还留着一条短短猪尾,在那里摇晃打圈,越发显得似虎非虎,似猪非猪,成了个虎头猪尾的怪物。欲待再变,又思量无计,只得搪塞道:“大哥有所不知,那老虎尾巴,笨重难使,不如我自己的轻巧管事。”大戒笑道:“原来如此,且待我也变来。”说罢忽然不见了人影。八戒看得心慌,张开虎嘴,忙问:“大哥,你到哪里去了?”忽听得刷的一声,眼前飞来个红铜嘴、黑铁脚、钢钉爪的啄木虫儿。八戒看得面熟,心里更是害怕,问声:“大哥你待怎的?”那虫儿应道:“我来试试这条尾巴。”只见它猛地飞到猪尾上,狠狠地啄了起来。别看这虫儿称称只有二三钱重，啄起来却煞是厉害。但听得“喀嚓”一下，疼得老虎猛地一跳，又一下，翻身卧倒，再一下，四脚乱舞，倒似那小猫戏耍一般。八戒忍疼不住，大声叫道：“啊呀，啊呀，大哥住了吧，住了吧，小弟认输啦！”那虫儿这才飞去，变成了大戒，笑眯眯站在面前。八戒也复了原形，还捂着屁股叫痛呢。大戒拱手笑道：“得罪，得罪，八弟吃亏了？”

那呆子不知变化之道，不懂相生相克之理，反倒是大戒后变，故而占了便宜，心中不服，开口说道：“下回让大哥先变，我自有计较！”大戒打个哈哈道：“使得，使得，现今正是金风起、菊花黄的时节，我且来变个应景的，让八弟观赏。”说罢，一扭身变成了一只茶盅大的螃蟹，正伸着八条腿儿横爬，舞着两只螯儿逞强，双目怒睁，口吐白沫，另有一番功架。八戒看了暗暗笑道：“大哥变成这等没出息的家伙，煮来下酒，还用得着，却如何能赢得了我。”再一想：“那螃蟹原是水边地里出生的，我来变个翻田犁地的主子，必然得胜。”想罢，摇身一变，变成个身肥体大，四蹄粗壮，两角锋利的大黄牛，只是那嘴唇分外厚大，依然猪相。

那黄牛迈开大步，唉着鼻子，张着大嘴，直向螃蟹踱去，恨不得一脚踏住蟹背，也显显自己威风。偏那螃蟹机灵，在那牛蹄边上，左右乱撞，一意横行，毫不畏惧，黄牛身材臃肿转动不便，只得把那双蹄乱蹬，牛头乱摆。不消多时，已累得大叹牛气，正无奈时，见那螃蟹，急忙向前爬去。八戒心想：“谅来大哥赢不得我，想逃走了。”赶上一步，也顾不得利害，伸头张嘴来咬，不料那螃蟹举起两只大螯，一下钳住了黄牛鼻子，那黄牛甩又甩不掉，咬又咬不着，直疼得大声呼叫：“罢了，罢了，小弟认输啦！把鼻子给我留下吧！”一言未了，螃蟹忽然不见，转眼大戒已在身后，拍着牛背笑道：“八戒，八戒！回过头来！黄牛吃蟹，何苦来哉！”八戒闻听复了原形，低头暗自叫声：“晦气！”

大戒搀着八戒，回进花厅，重新坐下。大戒举上一杯清茶，说道："兄弟戏耍，论不得什么高下，八弟好好修炼，日后定能胜我。"八戒偏还张嘴遮丑道："不提，不提，小弟原有些法力，只因为今天出门不利，一时全都忘记，并非小弟不济。"大戒道："八弟还想赌赛？"八戒惟恐再比，连忙立起身来谢道："现在天色不早，师父尚在等待，就此告辞了！"说罢背起钉耙匆匆就走。大戒也不强留，送出洞门来。八戒拱手道别，转身上路，却被大戒一把拉住道："既然师父久等，理该快些回去，八弟如何步行？"八戒道："我自会腾云。"大戒道："想那孙行者善驾斤斗云，扭腰千里，点头八百，又高又快，远胜腾云，不知八弟可曾学得？"可怜八戒看过半个时辰的天书，几曾懂得斤斗云的玄妙。嘴里却不肯明说，只图打诳推托说道："斤斗云其实不难，只是近来天气转凉，小弟原有个关节酸痛的毛病，如今受冷复发，因此翻不得斤斗。"大戒听了，故作惊讶道："八弟何不早说，实不相瞒，我还学过几年的医道，专攻那推拿之术，要说是腰酸背痛的毛病，无不立见功效。兄弟既有这等毛病，不替你治好，我怎能放心。"说着硬扯八戒过来，叫他放下钉耙，安坐山石上，替他解开直裰，按摩起来。八戒暗暗叫苦，也做声不得，只好听任摆布，却被那大戒东搔西抓，奇痒难熬，偏是搔到腰上，不禁痒得呵呵大笑，忸怩躲闪，连忙叫道："好了，好了。"大戒这才停手，说道："如何，果真是立见功效，医好了你那酸痛毛病，便可驾斤斗云了。"

八戒十分无奈，苦着脸，拖过钉耙，弯着腰，装腔作势，只见他摇头摆脑，身子乱晃，半晌也不曾翻过身来。大戒在旁看了笑道："想是兄弟又忘却了。也罢，待我来助你一臂之力。"说罢走来，托起八戒身子，吹了口气，望空掷去，眼看八戒在空中翻了个斤斗，就不见了。

那呆子在空中，初时，觉得头昏目眩，再定神一看，见已翻在云端之上，离地有千仞之遥，抬头四望，但见彩霞飘荡，白鹤飞舞，海外仙山，绰绰可见。心中得意起来，自言自语道："福气！福气！人道是一跤跌在青云里，我老猪难得尝到了这等滋味。"再想来："这斤斗云，确是不错，而且不难学得，你看大哥将我一托，不就翻上天了。"正当称心满意之时，忽然觉得脚下一滑，叫声："不好！"身子往前一倾，一个倒栽斤斗，跌了下来，只听得耳边风响，身不由己，在空中连翻了几十个斤斗。八戒心想："这下着地，不用烧煮，已经是稀烂了。"

八戒紧闭双眼，直往下落，忽然扑通一声，跌在一座干草堆上，虽然跌痛了屁股，却喜不曾受伤。连忙睁眼一望，叫声："怪也！"原来不在别处，恰巧就在那凉亭之外，不远的地方。看那凉亭里，唐僧正在坐禅；凉亭外，沙僧正在洗马：只有那行者无赖，坐在大树丫上打盹。唐僧听得声响，问道："是何声响？像是有什么东西落在草堆上了。"行者叫道："不用管，没什么好货！"八戒听得忙道："别骂，别骂，是老猪回来啦！"行者看见，笑着上前，扯起八戒道："八戒什么时候回来，在这草堆上戏耍？"八戒爬将起来说道："老猪早就回来了，只因走得劳累，在这草堆上睡了一觉。"行者笑道："想是做了一场好梦也。"八戒不敢答应，连忙爬下草堆，上前见过唐僧。唐僧道："八戒辛苦了，路上可曾遇见妖怪？"八戒道："不曾，倒是遇见了家兄，硬拉去吃了酒席回来。"行者在旁问道："吃的是什么酒菜？"八戒心慌，说道："老猪没甚记性，早就忘了。"行者道："分明是你不用心，所以不能记得。难道，那虫啄的猪尾，蟹钳的牛鼻也都忘却了不成？"八戒被揭了疮疤，又羞又窘，只得承应道："实是八戒不曾用心求学。"行者正色道："八戒，八戒，学问之道，切忌虚夸，骗得了自己，骗不了人家，到头来摔痛自己的屁股，笑掉了别人的门牙，何苦来呀？”八戒听了，心中懊丧，说道：“哥啊，你等取经去吧，让老猪回那福陵山云栈洞去闭门读书，专心修炼，待学好本领，再来同行。”行者道：“这又错了，你若不存三心，妄想一举成功，就是闭门千年，也是不行。你若肯虚心诚意，莫荒莫怠，脚踏实地，边学边行，早晚自成正果。”八戒闻听，诺诺连声。

唐僧道：“时候不早，该打道上路了。”八戒连忙接过担子，沙僧持杖后随，行者跃身上前，四众直奔西天而去。

猪八戒回家

唐僧、行者、八戒、沙僧四众前去西天取经，一路之上，历尽千辛万苦。这一日，来到西天灵山脚下，但见那青松翠柏，郁郁苍苍，瑶草照眼，琼花送香，一曲流水，清波荡漾，真是个世上不曾见过的好地方。唐僧却认不得，策马扬鞭问道："这是什么所在？"行者听得笑道："师父，俗语说得好，身在福中不知福。如今你到了天堂，还问什么所在。"唐僧听说，慌忙翻身下马，便要向灵山叩头行礼。行者一把拉住道："师父，人说不要拣佛烧香，可这里连佛影也没见一个，这头也大可省得。"唐僧这才罢了。

那八戒伸头探脑，四处张望，忽地扯住行者问道："哥啊，你说已到了天堂，敢是错认了？"行者骂道："夯货，老孙少说也来过几十趟，怎会错认？"八戒道："既是到了天堂，怎也不见个酒店、饭馆、茶楼、澡堂，连个熟肉铺、烧饼摊也没有……"沙僧笑道："八戒又是嘴馋想吃了！"八戒道："怎的不想，这一路上担惊受怕，受尽辛苦，为的是来天堂享福的。既到这里，就该舒舒服服大吃一顿，安安稳稳大睡一觉。"行者道："想得好，想得好，有你吃的，有你睡的，待你长上八斤四两肥膘，也让我们受用一顿。"四众说笑耍子，不觉来到山旁。只见那山麓之间，隐隐一处牌坊，行者赶上看了，说："牌坊在此，总该错不得了！"八戒随后走来，抬头一望，见那牌坊两柱上，刻着斗大的几个字。八戒不识，问行者道："哥啊，这上面写的什么言语？"行者道："原来你不曾念过书。"八戒道："念过，念过，只是几年来取经忙碌，忘了大半！"沙僧上前道："如此总还识得几个，你且仔细认认。"八戒端详了半天道："这下边的，仿佛是个我字。"行者道："亏你认得不错，那上边的呢？"八戒摇头道："那就认不得了。"沙僧道："这个人字笔画不多，为何你倒忘得干净。"行者道："呆子！看来你是只知有我，不知有人也！"八戒嚷道："胡说，胡说。这人字笔画虽少，可就是难记。"

八戒正在嚷嚷，那大路上走来一位长者，一见四众，连忙迎身上来问道："来者莫非就是唐僧？"行者一看，认得是如来佛大弟子迦时，便就告知唐僧。唐僧赶紧下马行礼，迦叶一把搀住道："一路辛苦了。佛爷等候已久，快请上山。"唐僧连声答应。八戒挑担，沙僧牵马，行者持棒，迦叶前导，一行向灵山宝刹走去。

绕过山左，只见风光又是不同。那青山翠谷间，散落着一座座琼楼玉宇，都是绿砖红瓦，画栋雕梁，飞檐冲天，更显得气象万千。那山谷之间，还有那凌空飞阁，彩石虹桥，真是说不尽的绚丽夺目。四人看了，个个称好。行经半山，却见一户一参天古木，遮天蔽日，不辨昏晓。古木林中，传出一片邪许之声。八戒听得，心中疑惑，不免探头张望。一眼看到林中有几百个大汉，有的哼着号子，有的唱着山歌，在那里伐木锯树。八戒不知究竟，扯住行者问道："这些人敢是闲得没事干，在那里砍木头耍子？"行者正待回答，迦叶在旁听了笑道："八戒有所不知，这原是五百罗汉，伐木砍树，要在灵山巅上，新盖一座摩天玉楼。"八戒笑道："老猪明白了，想是如来佛爷嫌那大雄宝殿不够宽敞。叫盖座大楼好住得舒服。"迦叶道："这又错了，那摩天玉楼盖成，大家都可住得。就说大雄宝殿，也不只佛爷一人使用。你日后自会明白。”八戒心中纳闷,也不便多问,只是低头跟随众人赶路。

转过山腰,转眼将近山顶,忽听得一片音乐之声。四众抬头观望,见那山崖旁,有一座座小小红楼。窗扉洞开,那乐声正自楼中传来。八戒笑道:“这回我不会猜错了,定是那灵山仙女,闲来没事,在那里弹琴奏乐。”行者睁目定睛向小楼一望,道:“不对,不对,是众仙女在织布纺纱,那乐声是从布机中出来。”八戒道:“师兄休得骗人,你又几曾看见?”沙僧道:“大哥火眼金睛,千里之外尚且看得分明,谅来不是骗人。”八戒还待争辩,迦叶劝道:“行者果然看得不错,确是仙女们在纺织云锦。那布机也不同凡间,自会奏乐。”八戒拍手笑道:“妙啊,妙啊,这般织布倒没见过,想那织成的云罗锦缎,一定更加好看,倒不知卖几钱一匹,谁人穿得?”迦叶道:“云锦虽是好看,可并不卖钱,除了那吃饭不管事的,谁也能穿得。”八戒心中欢喜道:“好,好,老猪这身青不青蓝不蓝的梭布直裰,也已穿得破烂了,正好换换新的。”唐僧听见叱道:“八戒休得胡言!”

说话间来到灵山顶上宝刹门前。这灵山宝刹造得十分庄严,一座座殿宇连接,一个个院落分隔,殿旁两侧,还有那侧屋房舍,西厢东轩。各个殿里都有头陀僧人,见四众到来,一个个合掌行礼。唐僧还礼不迭。来到大雄宝殿门前,唐僧先随迦叶进殿参见。不到一炷香工夫,唐僧出来,满面笑容道:“佛爷好不和蔼,你等快些进见。若问到各人心事,尽管直说无碍。”三人听得,心中喜欢,连忙整衣进去,唐僧自去安息不提。

行者、沙僧、八戒进得殿来,只见如来佛爷已起身相迎。三人慌忙施礼,如来一一搀住,拉过蒲团,请行者等坐下。如来开口道:“你等三人保护师父前来西天取经,一路上披荆斩棘,杀妖除魔,真是辛苦了!”行者道:“这是我等本分,算不得什么。”

如来道:“也难得你等心志坚定,不畏艰难,如今大功告成,那真经自会送往东土,倒是你等三人取经有功,不知有甚心愿,尽管道来。”八戒正待开口,沙僧抢先答道:“我等原只为保护师父而来,于今已心满意足。”如来道:“话不是这般说的,既来西天,也该有些事干。你等作甚打算?”八戒轻轻捅了行者一下,悄声说道:“那呆沙鳅嘴舌不灵,还是你去跟老头说说,叫他先送些灵山野味来尝尝鲜,再拨个上好的殿宇,好睡觉去也。”行者听了,也不答理,上前一步,对如来说道:“既承佛爷下问,我等也不是吃闲饭的。方才一路前来,看这灵山上,奇花异草,四时瓜果,应有尽有,只是不曾见那蟠桃。想当年我在南天,也管过蟠桃园,就那锄土、运水、修桃、剪枝的活计,都懂得一二。若让我在这儿种上千百株桃树,明年夏初,管叫灵山上下,大小诸佛,个个都吃到。”如来听说,笑口顿开,说道:“善哉!善哉!果是猴王本色!”随手拿起个布袋交给行者道:“这是一袋桃核,交付给你。要知道,这核不比寻常,一经种下,立见生长,只是要勤加修整,方保成熟。”行者欢天喜地接了布袋,谢过如来。八戒心想:“这老头原来是管仓库的,倒会管家。”如来又问沙僧,沙僧道:“适才在那灵山顶上,望见天河胜景,果真风光不同。想当年我在流沙河中,弱水三千,鹅毛不漂,养不得鱼鲜。两岸只有那红蓼白蘋,见不到飞禽。如今若能在天河里养鱼,岂不是好。只求佛爷能给些鱼种就行。”佛爷听了,也是高兴,顺手取过一只钵盂,递与沙僧道:“你也来得凑巧,方才东海龙王,送来各色鱼种一盆,如今交给你去养了。”沙僧接过钵盂,连连叩谢。如来回头问八戒道:“八戒想些什么来?”那呆子见行者、沙僧没事找事,心中直是埋怨,忽听得如来问他,慌了手脚,支支吾吾答应不上。行者见状,心里暗笑,脸上却装作正经,代八戒回道:“我这师弟,心钝口拙,说不上话来。但要说干活,却谁也及不上他。想当年他在高家庄耕田、耙地、种麦、插秧、扫地、通沟、搬砖、运瓦，样样都会，件件俱能。我看那灵山脚下，还有三千净土，交给八戒去开荒种地，保管年年丰收，岁岁有余。”行者这一席话，说得如来连连点头，呵呵大笑道：“原来八戒有这等本事，倒不可埋没。”说着拉过一只麻袋，交付八戒道：“这是一袋谷种，给你好好去种。秋收登场，自有众家罗汉前来帮忙。”八戒暗暗叫苦，却又推辞不得，只好收下。

三人参见已毕，告辞出殿。八戒气呼呼地把麻袋掷在阶下，嘴里唠叨起来：“爱吃桃的种桃，爱养鱼的养鱼，跟我都不相干。千不该，万不该，把老猪攀上也来耙地。”沙僧道：“我等种桃、养鱼也不为自己，怎是攀了你也？”八戒道：“早知天堂也要干活，倒不如留在高家庄种田，还图个自在，好歹自个家受用。”行者听了，冷笑道：“原说你只知有我，不知有人；天堂虽好，也养不得闲人。也罢，待老孙回去禀明佛爷，送你回高家庄去就是了。”八戒欢喜道：“师兄，这话当真？”行者道：“当真，当真。只是在临走之前，让老孙先打你三棒，也消消我这口鸟气。”八戒慌道：“使不得，使不得，你那鬼头棒重，老猪消受不起。”说得行者、沙僧都笑起来。

次日一早，行者醒来，叫起沙僧，见八戒还在打鼾，就上去拉鬃扯腿。八戒翻个身又睡，嘴里还叽咕着：“有福不享，坐等天亮，真是猴子傻相。”行者听了，一把拉起八戒耳朵，骂道：“这瘟猪可恶，睡着还骂人来！还不快快起来！”八戒被行者闹醒，捂着耳朵起床。行者叮嘱道：“我等初来，不要惹人笑话，快些干活去吧。”说着提起金箍棒就同沙僧出门。八戒无奈，也提起钉耙随来。

三人来到灵山下，净土边上。行者道：“我与沙僧去了，八戒在这里切莫偷懒。”八戒道：“不消说得，老猪理会。”行者、沙僧笑着走了。八戒撩起直裰，使起钉耙，一口气翻了四五垄地，不觉身热难熬，又埋怨起来。“大家吃的，要我老猪花这大力气，待我自去休息休息。”说着丢下钉耙，找到个荫凉所在，身靠大杨树，两耳招风，双眼紧闭，呼呼大睡起来。这一睡不打紧，足足睡了三四个时辰。且说行者看看日头当空，已近晌午，歇下手中活计，想找八戒、沙僧同去吃饭，转身来到净土，不见八戒。正在四面寻找，忽听得杨树下有呼噜之声，近前一看，见八戒犹自好睡，正想把他叫醒，转念一想：“这呆子，才翻了几垄地，倒睡了一大觉，待我来开他个玩笑。”想着摇身一变，变做个大马蜂，径飞到八戒厚嘴唇上，狠狠地叮了一口，痛得八戒大声叫起来。睁眼一看，见是个马蜂，骂道：“这个亡人，也不知我老猪到了西天还不曾吃过一口糖，你倒想吃起糖醋猪头来啦。”骂着站了起来，伸了个懒腰，打了个哈欠，摇摇摆摆走去。

行者听得好笑，复了原形，暗地跟随。只见八戒走到半路，又喃喃说道：“这回肚里却又饿了，如若有些山珍海味吃吃，这才是好。”行者心想：“这呆子好生惫懒，他既想吃好的，我且让他开开胃吧。”随手撮起一把土，吹口气叫声“变”，向着八戒跟前掷去。

八戒正走着，忽见路旁端端正正放着个石凳石桌，桌上安排着四盆八碗，一砂锅，外加金樽美酒，还热气腾腾。呆子不知行者戏弄，馋得口涎直流，心想：“也不知哪家罗汉，何处头陀，瞒着师父在这里暗地受用，如今又不知到何处添饭菜去，额，待老猪先来叨光吃了，谅他回来也做声不得。”想着就在那石凳上坐了，也顾不得口味，辨不得好坏，开口一杯，伸舌一碗，就似风卷残云，一转眼工夫，吃得干干净净。他何尝知道吃得原是些泥土沙石。待吃完了，觉得有点异样，咂咂嘴唇叫道：“这酒菜怎的又苦又酸，又涩又咸，吃得喉头作痒，胃里难受？想是这主人不懂烹饪,做出这般菜来。”再想:“人家原不曾请客,是自家不告而取,怨得谁来!”嘴里却又唠叨着:“说什么灵山,道什么天堂,想来想去,不如回到高家庄去好。”越想越对,不禁抬起钉耙,驾起狂风,径自回家去了。

行者见了,叫声:“不好!这瘟猪越发不是,竟然迷了心窍,走回头路了,待我快点赶上,指点他一番。”说着一个斤斗,早来到八戒前面,摇身一变,变作成青面獠牙、赤发绿眉的妖怪,又拔下几根汗毛,吹出口气,叫声“变”,变作大大小小各色魔头,两旁站了。行者摆下阵势,但等八戒到来。

八戒低头而行,忽听得前面有人吆喝:“八戒慢走!”猛抬头一看,只见好大一个妖怪,迎面挡住,吓得八戒软了半截。那妖怪开口问道:“猪八戒!听说你到了西天,为何不在天堂享福,又要到何处去来?”八戒心想:“这妖怪好生灵巧,晓得自己底细。”嘴里胡乱答应道:“实不相瞒,确是到了西天,见了佛爷,佛爷念我一路辛苦,着我回家将息几天,不料行走匆忙,半道冲撞,包涵,包涵。”说完要走,却又被妖怪拦住,问道:“既是从天堂回来,你且说说天堂的好处。”八戒叫道:“不说也罢,说来寒酸。那里罗汉仙女,诸等佛爷,都得干活,天河净土,统归大家,任谁也攒不了几文私房钱。”那妖怪听得笑道:“似你这般口气,竟像是抱怨西天。”八戒忙说:“不敢,不敢!”心想:“这妖怪却能猜得别人心眼,待我问问他的来历。”于是拱手问道:“大王尊姓大名?从何处来?怎的西方路上,不曾见过一面?”妖怪见问,打个哈哈道:“原来你还不认得我,且听我道来:我乃玉皇大帝驾前,御厨房里,专管屠宰的职司,人称杀猪大仙便是。只因近来厨房里油水不多,故此下凡来做些零碎买卖。今天碰到你,是我的运气,是你的造化,看来你也回去不得了!”八戒一听是杀猪大仙,早吓得三魂出窍,六魄不存,赶忙脚底抹油,转身就逃。那妖怪一声吆喝，小妖们团团围上。妖怪叫道："猪八戒，休想逃走！"持棒打来，八戒连忙举耙迎住，战不了几个回合，就被妖怪打倒在地。小妖们赶上，扯腿的扯腿，按头的按头，把八戒扎扎实实地捆了起来。只听那妖怪喊道："把猪八戒宰了，带回去红烧清蒸，美美地吃他一顿，多下的还可以腌起来防天阴。"八戒忙叫："且慢，且慢，有话好说。"妖怪问道："你已被我捉住，还有什么话说？"八戒道："大王，听我说来：你把老猪一顿吃了，也不过图一时口福；若放老猪回去，今后逢年过节，老猪一定带些家乡土产，前来奉献。大王一则留下个人情，二则也常受些好处，岂不比一顿吃了的好。"妖怪听得好笑道："看这猪八戒傻头呆脑，倒也会说嘴。不过，要我放你回去，万难办到；如若你肯依我三件事，我便饶你一命。"八戒道："快说，快说，只要能做到，一定依你。"妖怪道："你听好：这第一件，以后你得叫我爷爷。"八戒心中气恼，想："我老猪在西天，不论大小，也是个神仙，这妖怪却要我当他的孙子，好不气人。且听他第二件怎样。"那妖怪接着说："第二件，你随我回洞，终身侍候我。一年四季，种田耙地，烧饭打水，盖房铺瓦，打扫茅坑，不论大小活计，叫你做什么就得做什么。"八戒听了更加怨恨，想："在西天谁也不用侍候，干的活也是为己为人，如今岂不成了妖怪的奴才！"妖怪又道："我可怜你胃大贪吃，每天给你一碗稀饭。只是你不得出洞门一步，休想再回西天，这是第三件。"八戒暗暗叫道："我的老祖宗，这不活活把人饿死！我在西天有了吃的还嫌不好，若随了妖怪，可不成了囚犯！"妖怪见八戒不做声，厉声问道："猪八戒，你依得依不得？"八戒叹了口气道："似这般，还是一刀杀了也罢，省得零碎受罪。"妖怪怒道："既如此，就怨不得我了。"叫声："众将官，把猪八戒开刀！"众小妖答应一声，举起刀来。八戒紧闭双眼，低头等死。那妖怪却又道："且慢！猪八戒，你临死有什么话没有?”八戒道:“没说的。千不该,万不该不听我那大哥的话来!”妖怪道:“你大哥是谁?”八戒叫道:“毕竟你这妖怪见识不广,连我大哥齐天大圣孙行者都不知道。”那妖怪原是行者变的,听八戒提到自己名字,又见八戒那副呆相,不禁扑哧一声,笑将出来。这一笑不打紧,却露出那雷公毛脸。八戒一眼认出,蓦地跳起,大叫一声:“好猴头,原来是你!”行者见已被识破,也就放声大笑。八戒连声骂道:“这瘟猢狲,你骗得我好苦!”行者笑着,收了毫毛,那大小魔头,瞬眼不见,连八戒身上的绑,也不知何时去掉了。八戒松动手脚,上前一把扯住行者道:“好,好,我和你去见佛爷去。我要告你个伪装妖魔,欺诈良民的罪名。”行者道:“告得,告得。我也请佛爷问问你,不在净土干活,怎的来到此地?”八戒见问,做声不得。行者笑道:“亏得妖魔是个假的,要是真的,还没这般便宜你呢!”八戒心中难受,低头不语。行者又道:“若说天堂寒酸,也还不少你吃穿;要嫌干活劳累,这天堂靠谁造来!像你这般只知有己,不知有人,早晚要堕入魔道。”八戒听了,十分惭愧,轻声叫道:“哥啊!老猪一时糊涂,今后决不再犯。”行者道:“你不告我了?”八戒道:“不告了。”行者笑道:“既如此,也罢。时候不早,快回去吃饭也。”说完,拉起八戒同回灵山去了。

猪八戒立功

话说唐僧、悟空、沙和尚、猪八戒一行四人带着小白马前往西天取经。一日黄昏时分，来到一个去处，遥闻水声哗哗。悟空道："不好，前边大水拦路！"他纵身一看，果见前面有条大江，白浪汹涌，水势滔天。江面阔八百余里，不见一只渡船，似这般光景，真实难过。

四众立在江边，望洋兴叹，束手无策。唐僧叹道："西方路上，如此难行！"悟空道："师父说哪里话，只要志诚心坚，再困难的地方也能去得。"八戒道："想当年我做天蓬大元帅时，手下有八百多名水师，再大的江，只要我一声令下……"悟空打住他道："好了，好了，好汉不谈当年勇，如今天色已晚，且在江边露宿一夜，明日再作道理。"

当下，四众就附近大森林里，靠江边找了个僻静所在睡下。由于日间劳累，倒下便呼呼睡去。只有那匹白马站着，分外警惕。

到了三更时分，只见水面上露出个头来，一副青面獠牙，手持钢叉，是个母夜叉的样子。他探了下头，便又沉下去。白马看得清楚，本想叫醒师徒，见他四人好睡，便想等一下再作道理。

不一会，便有个小黄龙上来，它身穿盔甲，手持钢刀。虽然一副骁勇的样子，但看得出还是近十岁模样的孩子身体。身后簇拥着四名虾兵蟹将。上得岸来，直扑四众。小白马心忖："这么个小子也想吃人，且不消叫起师兄师弟，我去对付了！如有不敌，再叫不迟。”当下摇身一变，恢复他原来的白龙样子，就以缰绳变成一条金鞭，飞身上去迎战，那黄龙见了倒吓了一跳，忙问：

“你是谁?”

白龙笑道：“你且不要管我是谁，想你这乳臭未干的小子，竟敢黑夜出来吃人，也太没家教了!”

黄龙一听，勃然大怒，举刀就砍。白龙迎住，两人就在半空中厮杀起来。四名小喽啰在旁呐喊，这喊声惊动了悟空。抬头一看，见小白龙正和一条黄龙交战，心中早就明白，偷偷叫醒八戒道：“八戒，你看来了个什么样妖精。我看那厮年纪还小，你上去足够应付，算你一功，我在这里保护师父。”

八戒一听，抬头见是个孩子正与小白龙厮打，心想：“这等小子，吃不得我老猪一顿钉耙，且去筑了他也算我老猪立了个首功!”便连忙起来，提起九齿钉耙叫声“老猪来也”，便腾空飞去。

那小黄龙与小白龙相斗，正感不支。忽听得一声大喊，回头一看，只见个黑衣怪物手持九齿钉耙赶上来助战，不由得大吃一惊。问道：“你是哪家的庄稼汉子也来相斗!”老猪笑道：“你别看不起这钉耙，它比你祖宗的年岁还大呢！乖乖地吃我老猪一耙!”说着一耙打去，小黄龙忙用钢刀来迎，只听得“叮当”一声，钢刀截成两段，手上一阵疼痛，虎口上鲜血直冒。吓得小黄龙丢掉刀柄，转身就逃。八戒得意，连忙追上。小黄龙逃得快，八戒追上，在他尾巴上筑了九个大窟窿，只见血肉模糊，痛彻龙心，大呼“救命”，往江里直蹿下去。那四个虾兵蟹将也连忙钻入水中。

八戒正待要追，只听下面叫道：“八戒穷寇莫追，回来！回来!”八戒与小白龙这才收兵。八戒上前道：“我正待打死这小子，师兄如何叫我回来!”悟空道：“此处属东海管辖，那东海龙王与我有些交情,不知是他什么人,在此为非作歹。今被八戒筑了九个窟窿,且留他条性命,明日也好讲话。”八戒道:“原来如此,你为何不早说。”悟空道:“昨日天色已晚,不便打扰,他来得正好,我这账正好算在龙王敖广头上。”

且说小黄龙受伤一事早有哨兵报与东海龙王得知。龙王忙问与他交战的是什么模样的人,哨兵禀道:“先是个小将,后来出来个黑胖大耳朵的和尚,使个九齿钉耙,小主人还当他是哪家的庄稼汉呢。”敖广一听,连呼:“糟糕!糟糕!祸事来了!”众人忙问:“大王何事惊慌?”敖广道:“你道这四个是何等样人?原来是菩萨派往西天取经的和尚,上来的猪八戒尚好对付,若是他师兄,就是五百年前大闹天宫的孙悟空来了,我这个水晶宫也怕保不住了。”众人闻听,个个咋舌。

忽报夫人来了。龙王一听就生气,骂道:“你宠的好孩子,如今惹出事来了吧。平时你大小事护着他,饭来张口,衣来伸手,做错了什么事总怪人家的不是。随便什么事,由他的性子胡来,在外边不知还干了多少坏事呢!”有一位正直的鳗鱼精道:“前天晚上还打翻两只渔船,丧了七条性命。”龙王一听更加生气,指着鼻子直骂得龙婆开口不得。龙婆当下求道:“任怎么不好,他总是你的儿子。现在他尾巴被筑了九个窟窿,流血不止,你总不能不管吧!”龙王怒道:“是他自己寻死,活该受罪,没给抽筋剥皮算他造化。”原来龙王有九子,这是他第九个太子,最得龙婆宠爱,生得顽皮,无恶不作。龙婆怕龙王生气,处处瞒着龙王,由他出去横行霸道,而且变得越来越坏。龙王虽有所闻,只是气在肚里。

说着,龙王叫声摆驾欢迎,众人都觉奇怪,客人是谁尚且不知,如何便令摆驾。龙王道:“你和人家打架,人家今天还有不打上门来的,子债父还,少不得趁早向人家赔礼道歉。”众人听后,敬服龙王。

忽报有两个和尚来了,一个便是昨晚筑了九太子的,另一个猴脸矮个穿一身虎皮衣裙。龙王一听便急忙出来,倒身跪下:"敖广正要前去负荆请罪,想不到大圣已经来了。昨夜之事,小子多有冒犯,万望恕罪!"那猴头大模大样地说:"敖广听了,子不教,父之过,你这般纵子行凶,和你见玉帝去。"说着便去拉敖广。敖广疾呼:"大圣恕罪!"悟空这才罢休。龙王叫人摆宴。悟空道:"谁要吃你的东西,倒是我这位师弟,筑了你太子一钉耙,花了些力气,准备些点心与我师弟消饥。"龙王诺诺连声,叫快些准备。

悟空道:"有件事你得给办一下,我师徒过江要个船只。"龙王忙道:"有,有!"悟空道:"别的不行,非叫你九太子渡我们过去!"龙婆在一旁听了,面有难色地说:"他身上有伤。"悟空道:"伤,无非是九个窟窿,没砍掉他的头算是便宜啦!"龙王忙说:"使得,使得!"便叫九太子去做准备。

可怜九太子自幼娇生惯养,从未吃过苦头,如今叫他负伤渡人,更是为难。悟空站在他头上,吩咐道:"若不平稳,就在你头上再加个窟窿,看你受得了受不了!"九太子连呼:"不敢。不敢!"

四众平安到了对岸,悟空摸出一包药交给九太子说:"回去敷了,就好!"九太子感恩不尽。悟空又对师父说:"这次亏得小白龙用心,八戒出力,应给他俩记上一功!"八戒脸红了,忙说:"算不了啥,算不了啥!"

猪八戒钓金龟

话说那猪八戒自来到天堂,每日里除做完了本分工作,便去游山玩水,寻亲访友,好不快乐。

那一日,他来到天河边上,只见隔岸奇花异草,香气扑鼻。河水清澈见底,游鱼浮动。好一片胜景也。那呆子忽发奇想,想那天河之水,不同人间,定有宝物,深藏其间。我何不趁此机会,捞它点好处。于是,他做了根钓鱼竿,就地跪下。口中念念有词:“老天在上,念我老猪来西天取经,一路辛苦,愿赐我宝贝一件,一生富贵,享福无穷。”念罢便坐在岸旁大青石上专心垂钓起来。

且说恰巧行者经过这里,见八戒的模样,心中好笑,就偷偷在后观看。

那呆子见鱼漂一动,连忙举起钓竿,却原来钓到一只小小的金龟。心中不禁大喜,连忙取下,朝金龟背上敲了两下,就生下两颗金光闪闪的金蛋。他忙把金蛋塞在耳朵里,看看四下无人,便把金龟揣在怀里,得意洋洋,起身就走。

想不到没走几步,那金龟竟沿着他那衣服爬了上去,八戒也没发觉。忽然耳朵一阵剧痛,原来金龟咬住他的大耳朵,死命不放。八戒用手去拉,越拉越疼,不禁大呼“救命”。

行者闪身出来叫声:“师弟,何故大喊?”

八戒指着耳朵:“猴哥救我,痛死我也!”

行者叫声"不要紧",举起金棒便打。吓得八戒连呼"当心我的脑袋"。谁知金棒打在金龟身上,金龟一动不动,倒是八戒痛得要命。叫声:"猴哥,别打！打在他身,疼在我心。"

行者道:"那我吐三昧真火来烧。"八戒忙摇手道:"不行,金龟没烧熔,我的猪头倒烧烂了。"

行者笑道:"那我实在没办法了,只能带你去见南海观音,借她的净瓶把它吸进去。"

八戒忙道:"不行,不行,我老猪戴着这个东西到南海,给人看了,还当我老猪戴上个金王八耳环呢。"

行者道:"也罢,还是我替你去一次吧!"

八戒说声"劳驾"！行者早已腾空而去。

行者在天空转悠了一下,回到八戒身边说:"菩萨说是她的净瓶不能容这般肮脏东西。她倒是还有个主意,只要你磕三个头,把钓金龟时的心里话说出来,那金龟自然放你。"

八戒无奈,就地磕了三个响头说:"是我老猪想不花力气,不动脑筋,富贵自来,享乐无穷。"

行者听了哈哈大笑,那金龟也就不见了。

小金鱼拔牙齿

我把一粒小饭粒丢在金鱼缸里，小金鱼说声“谢谢”，一张口就把饭粒吞下肚去。

我说：“哎呀，你怎么连嚼也不嚼就吞了下去？”

小金鱼的脸红了，不好意思地说：“你难道不知道我们金鱼是没有牙齿的吗？”

我说：“对不起，我倒是没留意，可是，你们为什么没有牙齿呢？”

小金鱼叹了口气，吐出个大大的水泡，慢吞吞地讲了下面这样的故事。

“这是从前从前的事了，一条小河里，住着我们的老一辈，这中间有一条像我一样的小金鱼……

可是呀，这是一条不听话的小金鱼。

她奶奶对她说：‘小金鱼呀！你别老是躺在水草下边睡懒觉，瞧！这儿的水多脏，游吧，游吧！咱们到大河里洗澡去。’

小金鱼可不爱洗澡，她嘟起嘴说：‘咳，我们金鱼难道还要洗澡吗？’

奶奶说：‘怎么，金鱼就可以不爱干净吗？’

小金鱼还是不肯去，说：‘不去，我游不动，肚子饿。’

奶奶还是好好地劝她：‘小河里有好多鱼虫呢，游到那边

去，够你吃个饱。'

'我不要，鱼虫我吃厌了。'

'那么，你要吃什么呢？'

'我要吃糖。'

奶奶生气了，说：'你要吃糖，你自己找去吧，我可没有糖给你吃。'奶奶气得掉过头就游走了。

小金鱼就去找糖吃，可是小河里哪来的糖呀！

小金鱼运气好，游到桥底下，看见水里有个小女孩的影子。抬头一看，桥栏上趴着个小女孩，脸上满是泥巴，嘴里可衔着一块糖，吃得'扎巴，扎巴'地响。

小金鱼闻到糖的香味，就忍不住把头伸出水面来，一边还吐着口水。

小女孩看见金鱼吐口水，就大笑起来，她一笑，糖从嘴里掉下来，掉到水里，小金鱼就一口吞下去。

小女孩说，'小金鱼，你喜欢吃糖，我也喜欢吃糖，我们做个好朋友好吗？'

小金鱼点点头，说：'呣，我很愿意跟你做朋友，我不喜欢洗澡，我想你也一定不喜欢的。'

'可不是，洗澡真麻烦死了！'这样，她们就做了好朋友。小女孩每天上学去，都要丢块糖给小金鱼吃，小金鱼就游水给她看。

有一天，小金鱼忽然不见了。金鱼奶奶多么着急呀！她到处乱找，没找到，亏得后来碰到乌龟婶婶，乌龟婶婶告诉她，小金鱼躲在小河边的泥缝里，'哎哟，哎哟'地哼着。

奶奶连忙叫她：'小金鱼！你怎么啦？'

小金鱼看见奶奶就哭起来，轻轻地叫着：'痛，痛……'

'你哪里痛呀？'奶奶着急地问。

小金鱼只是摇头，头上直冒汗，一句话也说不出来。

看样子，小金鱼病得挺厉害，怎么办呢？奶奶一转身，就赶着去请虾大夫。

虾大夫请来了，他瞪着两只大眼，把小金鱼左看右看，摇摇头，叹口气，慢吞吞地说：‘唉，这么不爱干净的孩子，哪能不生病呢！’说着就把他的长胡须按在小金鱼的肚子上听。小金鱼觉得有点痒，要笑可又笑不出来，真难受呀！

虾大夫又把他的长须按在小金鱼的胸口、背上听，听了半天，对奶奶说：‘还好，内部没什么病，可是，得留神，再这样不爱清洁，难保下回不叫肚子痛。’说着，就叫小金鱼：‘把嘴张开！’

小金鱼只好张开嘴。虾大夫一看，哎呀，牙全坏了。

虾大夫看了看小金鱼的牙齿，奇怪地摇摇头说：‘原来是牙齿痛，奇怪，你吃了什么呢？’

‘糖！’小金鱼轻轻地说。

‘这就对了，’虾大夫点点头，‘糖吃多了，就会牙齿痛的！我看你还不肯常常刷牙，是不是？’

小金鱼没作声，奶奶在边上说：‘她呀，就是那样不听话。’

‘牙齿痛，我可没办法，找蟹大夫去吧，只有他能帮助你。’虾大夫卷起他的长须，游去了。

小金鱼最怕蟹大夫，可是牙齿痛有什么办法呢，她只好乖乖地跟着奶奶去。

蟹大夫住在河边的小洞里，奶奶在洞口叫了半天，他才出来，好像刚睡醒的样子。

‘怎么，也是来拔牙的吗？唉，这些孩子太不注意牙齿的卫生了，瞧，青鱼伯伯这样大年纪，一个牙齿都没掉，这就靠平时注意……’

蟹大夫就是这个脾气，谁找他看病，就得听他的埋怨。

他把小金鱼的牙齿仔细地看了又看，摇摇头说：‘不行了，非全拔掉不可！’

小金鱼心里很害怕，蟹大夫叫她把眼睛闭上，然后，就把大蟹钳伸到小金鱼的嘴里，钳住她的牙齿，‘一、二、三，’拔掉一个；‘一、二、三，’又拔掉一个。

蟹大夫的手术很高明，一会儿工夫，小金鱼的牙齿全拔光了。

蟹大夫说：‘好了，好了，去吧！以后别乱吃东西了，糖也少吃点。’

小金鱼闭着嘴，点点头，跟着奶奶回去了。

从此以后，小金鱼听奶奶的话了，她常常到大河里去洗澡，不乱吃东西，就连糖也不常吃。

后来，小金鱼长大了，她变成了一条很漂亮的大金鱼，可就是没有牙齿。

我们是小金鱼的后代，所以也没长牙齿。”

上面那个故事，就是我那缸里的小金鱼讲的。

我听了以后，觉得很有趣，可就是她后来没提到那桥上的小女孩，这使我很担心。

我说：“小金鱼，你的故事没讲完，那个小金鱼的好朋友——小女孩，后来怎样了呢？”

小金鱼听了我的话，不知为什么有点不高兴，回过头去说：“那我怎么知道呢！她是个孩子呀！又不是一条金鱼，难道也会不懂得爱清洁，不懂得保护牙齿吗？”

没办法，我只好点点头。

理发的故事

大热天，我在院子里乘凉，坐在小凳子上看图画书。小弟弟趴在我背后瞎胡闹，一会儿摇摇我，一会儿摸摸我的头，嚷着："大哥！大哥！快去剪头！"

我说："别闹！别闹！"

谁知小弟弟倒瞪起眼睛，一本正经地教训起我来啦，"头发长了，应该去理发。不去理发就是不爱清洁卫生，不爱清洁卫生就不是好学生……"

我连忙打断他："得了，得了！你别拿老师讲的话来教训我了。"我摸摸自己的头发，果然很长了，再看看小弟弟的头发也不短了，我说："好吧！我听你的话，这就去理发。可是你呢？你的头发也不短了！"

"我就是来找你一起去的呀！"说着他拉起我就走，我们哥儿俩就去理发了。

我们坐在理发室里的高椅子上。理发师替我们一人围上一条白布单，就拿起剪刀在我们头上"咔嚓咔嚓"剪起来。

这时候，我忽然想起：小弟弟从前是不肯理发的。头发留得老长老长，妈妈叫他去理发，他总是推三推四的不肯去。非得妈妈恼火了，拉着他去不行。有时候，他还要发脾气，哭着闹着不肯剪，妈妈和理发师把他硬按在椅子上。妈妈捧着他的头，理发师一边哄着他，一边费劲地拿起剪子剪，好容易把头发剪了，还是剪得很不整齐，一边长一边短的真不好看。现在他怎么自己愿意理发了？

我就问他：“小弟！我记得你从前不肯理发的，现在怎么肯啦？”

小弟弟有点不好意思，他说：“那是我小时候的事情，还提它干吗？”

我听得笑起来：“小时候？你现在才多大呀？”

小弟弟可不服气：“那不管，反正现在总比从前大，从前小时候不懂事，现在我懂啦……”为了表示他真的懂啦，他一口气说出许多理发的道理，说什么：“……不理发多不卫生呀，头发长得老长，又难看又容易生虱子，说不定还要喂兔子……”

我听了觉得奇怪，连忙插嘴问他：“你说什么？喂兔子？”

弟弟笑了，他说：“我说溜了嘴啦！”

“不对，一定有什么道理，你好好告诉我！”我逼着他问。

小弟弟没办法了，只好告诉我：“……因为……因为，还有个故事……”

一听说有个故事，我就有精神了（我理发的时候，常常爱打瞌睡，只有听故事，才不打瞌睡呢）。

我说：“你快讲给我听听！”

下面就是小弟弟讲的故事。

“你知道，我小时候是不喜欢理发的（他又说‘小时候’，这回我为了要听故事，就没打岔，让他说下去），那是因为我还小，不懂事。看见穿白衣服的理发师叔叔，手里拿着亮晃晃的剪子，我就害怕。再说，叫我在高椅子上坐这许多时候，多难受呀。理发师叔叔还要按住我的头，一会儿向西，一会儿向东，就不许我乱动，这多受罪。我想，头发长就长吧，剪它干吗呐。

可是，妈妈就不跟我一个心眼，要不了几个星期，就催着叫我去理发。我不肯去,她就死拖活拉的逼着我去,你说,我怎么不哭不闹呢。

那一回,妈妈才把我按上高椅子,大姐就跟着来了。大姐说家里来了客人,叫妈妈赶紧回去,我一听就不哭了,心想:‘这回好了,妈妈该带我回去了。’谁知妈妈并不带我回去,反而向理发师叔叔说:‘劳驾,您给照顾点吧,好歹把它剪了,待会儿我再来领他。’说着就跟大姐回家啦。

这下,我气得多厉害,我还能好好地听理发师叔叔摆弄不成,趁着他去拿梳子的当儿,我一下子溜下了椅子,打开门,撒腿就跑。理发师叔叔在后边追了来,一边大声喊着:‘别跑!别跑!你的头还没剃好!’路上的人看了直笑。

我可不管他,一个劲地往前飞跑,可不能让他逮回去受罪,我要逃得越远越好,最好能跑到一个永远不理发的地方。我好像觉得理发师叔叔拿着剪刀木梳喘着气拼命地在追我。我更急了,越跑越快,也不问东西南北,尽想找个没人的地方躲一躲。

跑呀跑的,就跑出了城,跑呀跑的,就跑到了一个大树林子里来了。听听后面没脚步声,回头一看,果真没人追我了,我就觉得腿一软,倒在地上爬不起来啦。

我实在太累了,从来没跑过这么长的路,也从来没到过这么远的地方。这是哪儿呀?四边都是高大的树木。地上铺着青青的草,开着红红绿绿的花,这花真香——比理发室里的花露水还香,一阵清风吹过,吹得人好困啊!我就不知不觉地睡着了。

我不知道睡了多少时候,要不是刮大风我还不会醒呢,我听见耳朵边响着呼呼的风声,睁开眼一看,奇怪!我已经不在大树林子里了。我躺在一座小山坡的下面,四边都是沙地,冷清清的没一个人。

我想爬起来,可是我的两条腿一点力气也没有,看看自己身上，盖着一条白布单，这是哪来的呀？我想起来了，原来是理发的时候，理发师叔叔围在我身上的，方才急着逃走，也忘了脱下，现在紧紧地裹在我身上，连我的手脚都给裹起来了。

忽然又起了一阵大风，这风真大，卷起山坡上的泥沙，向着我直盖过来。我真害怕，连忙闭上眼。等风吹过，睁开眼一看，泥沙盖满了我身上，只留出个头，我觉得我的头发好像更长了。

我还是爬不起来，没办法，就闭着眼睛躺着吧，好在风已停了。

我才闭上眼睛，就听见窸窸窣窣的声音，睁开眼一看，咦！不知从哪儿跳出两只兔子来。

我敢说，这是两只真正的兔子，一只大灰兔，嘴上长着长长的胡子；一只小白兔，长耳朵，红眼睛，短尾巴，挺好玩的，我真想把他们带回家去。

他们轻轻地跳到我身边，（我觉得他们并不比我小了，不知道是他们变大了，还是我变小啦？）那只大灰兔俯下身来，在我的鼻子上闻闻，他的长胡子擦得我好痒呀，我简直想打喷嚏，可是我没打，我怕吓走了他们。

那只小白兔也过来闻闻我，就对大灰兔说："可新鲜呢！"

大灰兔点点头说：'真是好运气，找到了这么个大白萝卜！'

他们把我当做萝卜，你想，这多气人呀！我忍不住嚷起来：'胡说！我可不是萝卜！'

我这一嚷，果然吓了他们一大跳，连忙跑了，可是走不多远，那只大灰兔叫住了小白兔，回头看看我，看见我还躺在那儿，他们就不逃了。

大灰兔轻轻地说：'奇怪！这是个会说话的萝卜！'

我向着他们嚷：'咳，我跟你们说过，我不是萝卜！'

小白兔听了，向大灰兔看看，他们就大着胆，一起走过来了，他们把我上下仔细看了一遍。那只大灰兔倒是挺有礼貌地问

我：‘您说您不是萝卜，那么，请问您，您是一种什么名字的植物呢？’

我更生气了，我大声地喊：‘我不是什么植物，我是人，是个小孩子！’

可是大灰兔听了摇摇头，他说：‘不对，不对，小孩子我看见过，不是这样的。’他过来拉拉我的头发，‘小孩子没有这么长的叶子，我看你一定是个萝卜！’

那只小白兔也过来拉着我的头发叫：‘不错，不错，萝卜的根埋在土里，长长的叶子伸在外面，我在书上念到过，你骗不了我，你一定是个萝卜！’

他们硬把我当做萝卜，你想想，还有比这更气人的事吗？我真想起来跟他们吵架，可是我还是起不来，只能嚷嚷：‘我不是萝卜！我不是萝卜！’

可是，他们不听我的了。大灰兔跑上了山坡，大声地叫着：“大家快来呀！我们找到了一个会说话的大白萝卜！’

他这一叫，立刻赶出许多许多兔子来，有大有小，有白有灰，一起向着我奔来，把我团团围住，仔仔细细地看，叽叽喳喳地讲着，一个说：‘多好啊！这么大的萝卜。’另外一个说：‘够我们大家好好吃一顿呢……’

我想：我一定争不过他们，就索性不声不响看他们把我怎么办。

那只大灰兔向着大家叫：‘别嚷嚷啦！快把这个大白萝卜搬回洞去，给我们兔大王看！’大家一声答应，就把我抬了起来，我真没想到兔子们还有这么大的力气。

抬呀抬的，就把我抬进一个大树洞里去，这个树洞可真大呀，简直可以住一千只兔子呢，可是，我一点也不喜欢这个树洞，又黑又潮湿，我真想回家去。

可是,他们已经把我放到地上了。我迷糊糊的,什么也看不清楚。

忽然听见有种声音在问:‘你们……你们……抬来个什么……什么东西呀?’

‘大王!这是个会说话的大白萝卜!’这是那只大灰兔的声音。我想,兔大王应该比这些兔子们聪明点,他一定会认出我不是萝卜,是个小孩子。

我就叫起来:‘兔子大王!我不是萝卜,我是小孩子!’

‘你……你说什么?’

我听出那声音在发抖,一定是兔子大王吓坏了,我抬头一看,果然,上边坐着一只老兔子,又瘦又难看,他坐在自己的尾巴上,不住地打战。

‘快放我回去,我是个小孩子!’我又嚷。

‘小孩子?小孩子?’兔大王嘀咕着,‘孩子是什么……什么东西呢?我……我……记不起来了,我已经……已经多少……多少年没出洞了……我……我全记……记不起来了。’原来兔大王是个口吃的。

我说:‘不管怎么样,我总不是个萝卜呀!’

‘那……那可说不定,’兔大王说,‘萝卜总是……总是好吃的,如果……如果你不是萝卜……那……那是多么……多么可惜呢!’

‘你们都是些笨兔子,没有一只聪明的!’我生气地喊。

‘谁说……谁说……’兔大王也生气了,‘叫大……大宰相来!来看看就……就知道了。’

兔子大宰相立刻来到了,他挟着一本厚厚的书,戴着一副老花眼镜,可是还看不清,他在我身上闻了又闻,又翻开书本看了半天,才慢吞吞地说:‘这……这确确实实是一种萝卜,一种名贵的

萝卜,叶子青色长而细,根部白色大而粗,水分多,营养丰富……'

我没等他说完就叫起来啦:'胡说! 胡说!'

可是兔子宰相不慌不忙地说:'完完全全是真的,书上都有的,你一定没有好好念书……书上说……'

'我不要听! 我不要听!'我为什么要听兔子书上的话呢。

兔大王就说:'既然……既然……你不要听,那就是说,是说……我们要吃了!'

哎呀! 天下就有这么糊涂的大王,这有什么办法呢,他本来就是个兔子大王嘛。

兔子大王就走过来了,他还说:'我……我……是最喜欢吃……吃萝卜叶子的,你们把他扶起来,让我吃叶子。'

兔子们就把我扶着坐起来,兔大王就开始吃起我的头发来。

我想:糟糕! 他吃完了我的头发会不会吃我的头呢? 我吓得闭上眼。

等我再睁开眼一看,原来我还坐在理发室里的高椅子上。"

弟弟的故事讲完了。

我说:"原来你做了一场梦!"

弟弟白了我一眼:"不像你,理发的时候,老爱打瞌睡,要没我讲故事你听,你早睡着了!"

我说:"你这故事全是你自己瞎编的。"

"难道你以前讲给我听的故事全是真的?"

我想想,我讲的故事也全是编出来的,就没作声。

理发师叔叔倒笑起来了:"得了,得了! 别说了,我尽听你讲故事,连理发都给忘了。"

我摸摸自己的头,看看弟弟的头发,都是才剪了一半,倒是挺像个大萝卜。

好了,不讲了,咱们理发吧!

三个和尚

高高的山上，有一座小小的庙。庙里没有一个和尚。

有一个小和尚正急急忙忙往山上跑，一个不留心，“扑通”摔了一跤。他连忙坐起来，往地上一摸，原来是踩在一只乌龟的背上……

小和尚来到小庙里，先跟观音菩萨叩个头，再拿下菩萨手中的净瓶，里边一滴水也倒不出来，看看水缸、水桶都是空的。小和尚挑起担子往山下跑，不管路远山遥，挑来一担水，倒满一只缸，还替菩萨的净瓶也灌满了。

“得，得，得，得……”小和尚每天敲木鱼念佛，这是他的功课。

一只小老鼠，看见小和尚做功课睡着了，便来偷看他。小和尚睁眼看见小老鼠，装作不知道，依旧敲木鱼，当小老鼠走近了，举起敲槌，当头一下，小老鼠夹着尾巴就逃。小和尚张开嘴嘻嘻笑。

又来一个高个儿和尚，也匆匆忙忙往山上跑。

一路上，一群蝴蝶围着他身前身后打转，高个儿和尚觉得奇怪，仔细一想，原来是他身上藏着一朵鲜花，招来了蝴蝶。他连忙取出花，插在地里，蝴蝶就不来和他纠缠了。他迈步登山。

到了山上，和小和尚行过见面礼，因为口渴，就去喝水，一喝喝个缸底朝天。一旁急坏了小和尚。高个儿和尚就去挑水，挑来两桶水，倒进水缸。

一天天过去，每天都是高个儿和尚去挑水，小和尚坐享其福。这天，高个儿和尚挑桶出门，转念一想：“每天我挑水，他太便宜了，要挑大家一起挑。”想着就把小和尚拉出门，两个担桶换成一个担桶，一条扁担，一人一头，同去挑水。

高个儿和尚身子高，小和尚身子矮，担桶尽往低处溜。小和尚累得不得了。等挑水回来，小和尚要把担桶往高个儿身旁放。高个儿弯腰曲背，也累得不得了。两人坐下休息。小和尚想出个好办法，从怀里掏出一把尺，把扁担量一量，在当中画了一条线，担桶放在中间。嘿，这样谁也不吃亏。

这天晚上，两人对坐念经。那只小老鼠来偷高个儿和尚的鞋，小和尚看见也不作声，还暗暗地笑。谁知不多一会儿，自己的鞋也被老鼠偷走了。

又有一个胖和尚，满头大汗，气息喘喘也往山上跑。路上看见一条小河，他正渴得不得了，连忙奔上前去，俯身去喝水，连脚浸在河里也顾不得了，等喝饱了水，觉得鞋里有什么东西在动，脱下一看，倒出许多小鱼，最后还抓了一条，放进河里让它游走了。

胖和尚上山。三个和尚行了见面礼。胖和尚十分口渴，打开缸盖，一口气把半缸水喝个精光，丢了瓢走了。这可气坏了高个儿和尚，把他一把拎起，叫他去挑水。胖和尚无奈，只得挑起扁担下山。

谁知他挑水上山来，又口渴了，把挑来的水喝去了一半。高个儿去抢，缸里已没多少水了。

三个和尚从此不和，念起经来各顾各敲木鱼。扁担和水桶搁在一旁，谁也不愿去挑水给别人喝。

晚上，小和尚从怀里摸出个饼来，悄悄地独个吃，高个儿和尚看见了,也摸出饼来吃。胖和尚也不例外。三个和尚各顾各吃饼,越吃嘴越干。没有水咽不下,三个人都苦煞。

小和尚忽然想起,上次他曾经给观音菩萨的净瓶里灌过水,何不拿来解渴。他就起身去倒净瓶里的水喝。高个儿和尚和和胖和尚一看,一起赶上来抢,抢得精光。

大家不去挑水,水从哪里来,只希望天上掉下来。

这天,天上飘来了乌云,又闪电,又打雷,眼看就要下雨了。三个和尚,喜出望外,把大小水桶一起拿出院外,只等天下甘霖,救救他们。

谁知乌云看他们三个人,自己不肯劳动,但等别人施舍,一气之下,飘走了。一场雨没下成,三个和尚空欢喜一场。

晚上,他们又各自面壁念经。

小老鼠又出来了,它爬上佛龛,弄倒了香炉,“彭”的一声,三个和尚,谁也不顾。老鼠胆子更大了,竟去咬点燃的蜡烛。它从中间咬起,咬断了一半,一半倒下,烧着了佛前的帐幔,烟火弥漫一屋,他们还不顾,直等到火烧着了屋顶,小和尚才跳了起来,拿起扁担、担桶就跑,高个儿跟着追出去,小和尚摔了一跤;高个儿抢去挑水,水挑来,胖和尚接去往火中浇。三个和尚,同心协力,山上山下奔忙,你挑,我接,他浇,只见他们浑身是汗,只顾救火,别的事都丢在脑后了。

在三个和尚齐心合力下,一场大火终于被扑灭了。而那坏老鼠倒被大火烧死了。三个和尚看了哈哈大笑。

三个和尚认识到团结的好处,丢弃了自私自利的思想,一起想办法,装起一只辘轳,引水上山,不用奔跑费力。三人皆大欢喜。

所以如今人说:一个和尚挑水吃,两个和尚抬水吃,三个和尚吊水吃。

鲛人和夜明珠

这个故事是一个从事海洋勘探工作的朋友讲给我听的。这个朋友年轻力壮，水性很好，去过的地方不少，见闻也广。下面就是他讲的故事：

那是个月光如水的夜晚，我们的勘察舰停泊在一个海湾里。我和老水手长“海猴”靠在船头的栏杆上闲话。海猴并不是他的名字，而是水手们给他起的外号。因为他个儿瘦小，手脚灵活，爱说话，又有风趣，所以得了这么个雅号。起初他不肯接受，说“从来没见过海猴是什么样儿”。可是有人说：“没见过也没关系，就算你是个新品种吧。”后来人家叫熟了，他也只好承认了。以至连他的真实姓名人家也记不清楚了。

海猴爱抽烟斗。在海风中划火柴点烟斗可不是件容易事，可他从来不用第二根火柴就能把烟斗点着，这也是他的一手“绝活”。他的话匣子打开，你就不用想关上它。

“……你别以为自己到的地方多，我见过的奇怪的事可比你多。比如说，你见过一种浑身发光的小鸟吗？黄金色的羽毛，红色的嘴，叫起来的声音像吹笛子一样，飞得真快，一眨眼，你就找不到它了……”

“它什么时候出现？”我好奇地问他。

“就在这样有大月亮的夜晚，在春天的海上，海风会把它吹来……”

我抬头看，蓝色的天空中，一轮明月向海上洒着银辉，看大海，也是一片蓝色。月光下浪花像是一朵朵盛开的素馨花，海风轻轻拂着我的头发。我想今晚海风会不会把那发光的小鸟吹来呢，正在我沉思时，海猴把一架望远镜塞给了我。

“拿去！仔细地找吧！”

我接过望远镜向远处望去。我看到大大小小岛屿的影子，浮沉在烟水迷茫之处。我看到不远处有些黑色的礁石，疏落地散布在海中。当我正在寻找那小岛时，我却发现了一个奇迹：在一块不大不小的黑岩上，有个少女模样的身影在移动。

“啊？这是什么人？”我叫起来，连忙把望远镜交给海猴看。

“什么地方？”海猴没有找到。

“喏，喏！”我连忙指给他看，“往那边看，一块岩石上有个女人的身影。”

“没有呀！”他还是没看见。

我一把将望远镜夺过来，一边自己看着，一边向海猴指点：“喏喏，那边那块孤零零的岩石，很容易找的嘛，那个女人……”我看见那少女已经在岩石顶上一块大石头上坐下来，面向大海，低头沉思，一动也不动。我想，正因为她不动，所以海猴找不到她。

我又把望远镜交给海猴，仔细地指点方向，这回海猴看到这块岩石了，也看到那女人的身影了。但是，他说：“咳，这哪是什么人，不过是块石头像个人形罢了。”

“不是石头，我看见她动了，她是人，是人！”我争辩。

但是从望远镜里看去，那女人一动也不动，确实像块石头。

“我敢打赌，我清清楚楚看见她先是站着，在理头发。后来，她坐下去了。”我仍坚持我的看法。

“要真是人，我倒奇怪了。这么深更半夜的，这里附近又没渔民，单身一个人，爬到这么块岩石上去干吗呀？她望着大海出神，又为什么呀?”海猴动摇了。

我乘机提出要求:“咱们去看看吧，放个小艇去，侦察一下，要是个可疑的人……”

海猴向我凝望了半晌，才点点头。

我们悄悄地上了小艇，谁也没惊动，只推说去做一次测算。这也是海猴的主意，他怕是我眼花闹出事来，给人知道笑话我。

我们的小艇渐渐接近了那块岩石，我真希望能找到那个女人，以证明我没有看错，并且弄清楚是什么人，为什么坐在岩石上。汽艇靠着那块岩石停下，我们在乱石堆旁上了岸。我屏住呼吸轻轻地往上爬去，海猴紧紧跟在我后面，这回，他也闭上了嘴，不声不响。

好不容易爬到岩石的顶上，我急忙举目四望，不禁使我大失所望，岩石上光秃秃的什么也没有。

“真奇怪，我明明看见她坐在这儿的。”我指指那块岩石，“转眼不见了，也许是听见我们船的声音，逃走了。可是，这儿没有地方可躲，除非……除非跳到海里去……”

海猴却不吭气，他在岩石上仔仔细细地察看，像在寻找什么。然后，抬起头来看看我，我以为他又要说我眼花，看错了，可是他却说：

“你是对的。这儿有人来过。”

“你怎么知道?”我很惊奇，反而问起他来。

“你看这块石头上的水迹，海水是泼不到这儿来的。这摊水迹说明有个从海里爬上来的人，在这儿坐过。她身上带来的水浸湿了这块石头。”海猴指着石块讲给我听，我看到这块水迹就像是有人在上面坐过的样子，更加坚信方才并没看错，可是现在这人到哪儿去了呢！

我脱了外衣准备跳海去找。海猴一把拉住我。

“你想到海里去找？白费劲，一定找不到。”

“为什么？”

他神秘地笑了笑说：“我说找不到就是找不到。”

我见他说不出个理由来，更加要去找了。我说：“你不愿去，就在这儿等着，我下去一趟，找到了，就把她带到这儿来。”

海猴默默地点点头，我马上脱衣下海。

我绕着这块岩石兜了几圈，又在这个海域的附近兜了个大圈，哪有什么人影，我既失望又疲劳地回到了岩石上。

海猴并没在乱石堆旁等我，他却安静地坐在上边那块石头上，默默地抽着烟，烟斗里一闪一闪的火光和嘴边飘出来烟雾更显得他神态安详。

我告诉他：“什么也没找到。”

“我早就料到！”他头也不回地说，“来，来，坐到这儿来歇歇，游得够了。”

“累倒没什么，只是……这个人到哪里去了？”说着我在他身旁坐下。

“别去想她了，听我说个故事吧。”接着他为我讲了个神奇的故事。

“也不知多少年前，这一带原是个渔村。村里住着一对年轻夫妇，男的叫英男，女的叫秀姑。这一对年轻人心又好，又勤奋。可是家里很穷，除了一间破房子外，什么都没有，他们辛辛苦苦赚来的钱，都被渔霸搜去了。还欠着渔霸一笔钱。有一天，秀姑病了，不能出海。英男为了生活不得不去。那天晚上，他到了海边还没上船就看见海里银光一闪。他常听老人家说：初一见银光，定有大财宝。这一想，就立刻纵身跳下海去，追着银光游。游近仔细一看，是一只大蚌，他抓了大蚌游上岸来，找个偏僻的地方，从身上摸出防身小刀把蚌壳剖开。那里边有两颗光芒四射的珠子，闪闪的光把四周都照亮了。英男乐得什么似的，藏在怀里，飞奔回家，拿去给妻子看。秀姑看了也很欢喜。这两颗珠子放在手里，发出来的光照得满屋子透亮，连星顶角落里蛛网丝都看得清清楚楚。秀姑说：'这准是夜明珠，无价之宝啊！'英男说：'赶明儿，我们卖它一颗，还清了债，好好过日子。留下个在家里，晚上不用点灯。'正说着话，渔霸带着几个如狼似虎的打手寻上门来了。因为今天他们夫妇俩都没出海，他跑来找麻烦了。一到门口，听见夫妇俩在笑，踢开门就看到满室光亮，他忙问是什么东西。英男是个老实人，就把下海得珠的经过都告诉了他，还说：'明儿卖了钱，一定还清欠您的债。'渔霸一听，起了贪心，大声说：'把珠子拿来我看看，'英男刚要给他，秀姑机警地从丈夫手中夺过一粒来，说：'珠子是英男采来的，老爷您不看也罢，明儿一定把欠您的债还清。'渔霸一听生了气，大吼道：'什么英男采来的，这珠子是我的，我去年在蚌壳里养着的，你们偷了我的珠子还不还我！'英男一听气得连话都说不出了，秀姑气极了说：'你别编出话来吓唬人，你要抢，办不到。'渔霸把手向打手们一挥说：'看我办得到办不到？'那些打手便向秀姑拥去。秀姑眼快，把珠子往嘴里一送，打手想掰开她的嘴，她却一咕噜吞下肚去了。英男看见，也学他妻子样，把手里的珠子往嘴里一放，一下也吞下肚去了。两颗珠子一下肚，顿时满屋漆黑，在黑暗中只听得秀姑大声笑着说：'珠子我已吞下去了，要珠子除非把我杀了。'这一来，气得渔霸慌了手脚，只会干嚷：'吐出来，吐出来！'英男趁这个机会，打开门，拖着秀姑就往外逃。渔霸先是一愣，接着向打手们一挥手：'追！'英男拉着秀姑向海边跑，渔霸带着打手在后面追。无奈秀姑有病跑不快，没到海边，就被打手抓住了。渔霸叫喊着：'把他们吊起来打死。'那些打手们拿出绳子把夫妇俩双脚捆住，倒吊在两棵大树上，用鞭子抽打，打得个死去活来。有一个打手打得累了，走到渔霸跟前轻轻地对渔霸说：‘老爷，我看不用费劲打了，再打他们也不肯把珠子吐出来，不如让他们在这儿吊着，他们头朝下，珠子总得往下滚。明早上，他们吊得没力了，嘴就得张开，那时候，不由得他们不把珠子吐出来了。’渔霸听了倒觉得有理，就留下一个人看守着，自己带着众人回去了，一心等着明天早上来取珠子。那留下看守的人等别的人走了，看看两人都昏死过去，这海边风又大又冷，也就偷偷地溜走了。半夜里英男和秀姑从昏迷中醒来，只觉得脚下捆的绳子有点松动，秀姑张眼看看四边没人，轻轻地叫声‘英男’！英男答应了一声，秀姑说：‘我觉得脚下绳子松了，’英男说：‘我也这样觉得，想是他们没捆紧，咱们使劲挣挣看，’说着把脚一动，竟然‘扑通’一下倒栽了下来，幸好树不高，下边又是沙地，没受伤。正高兴时，猛听得那边也是‘扑通’一声，英男回头一看，见秀姑也落到了地上。他连忙要起身过去扶她起来，只觉得双脚不听使唤，弯起身子一看，不禁猛然一惊。哪里还有两只脚，下半截身子已经变成鱼身了，两只脚并起来成了鱼尾巴。鱼尾巴又细又滑，无怪乎绳子捆不住了。英男心里又急又惊，忙对秀姑说：‘哎呀，我下半截成鱼身子了，’想不到秀姑也在那边叫：‘我也是。’英男说：‘这怎么办呢？’秀姑倒不慌不忙说：‘亏得一半变了鱼，才得脱了绑，既然是鱼，那就到海里去吧！’说着她向大海爬去，英男紧紧地跟着，两人一到海里，竟像回到了老家，从此，他们被称做鲛人，秀姑还被人叫做美人鱼……”

“后来，怎么样了呢？还有人看到过他们吗？”我听得入了迷，连忙问他。

他说：“后来的传说就不一样了，有的说，英男受的伤太重，到了海里不久就死了。秀姑很伤心，常常在有月亮的晚上，爬到礁石上，对着大海哭泣。她流下来的眼泪，变成一颗颗明珠，后人叫它鲛珠。”

“但，又有人说英男并没有死，有人在春天的拂晓，看见过他们在海中游嬉，秀姑唱着一首快活的歌，引来了成群的海鸥在他俩头上飞翔……”

我说：“我也听到过许多有关鲛人的传说，可是和你说的不一样。”

海猴说：“传说嘛，本来就各说各的。要知哪个是真的，除非问鲛人自己。”

我说：“难道你相信这些都是真的？”

海猴笑笑说：“我从来没说过这是真的，可是，我也从来没说过这是假的。”

我忽然想起海猴为什么要在这个时候跟我讲这个故事，我问他：“难道你在想：今晚上坐在这块石头上的女人是鲛人，或者就像你说的‘美人鱼’？”

他笑得更厉害了，他说：“我也没这样说过，不过，我在想：要是真有鲛人的话，在我们国家正在轰轰烈烈搞四化的时候，也可以为我们国家出点力了，他们可以帮我们勘察海底，把探查到的宝物贡献给祖国，岂不是好！”

我也笑了，我说：“你想得真美！”

在我们说笑的时候，忽然，听到背后“扑通”一声，像是有人从岩石上跳下水去。

我连忙站起来四面寻找：“怎么，有人在偷听我们的讲话。”我看海面，海面还是那样平静，除了海浪的声音，什么也没有。我准备脱下衣服，再到海里去找一下。海猴忙拦住我。

他说：“不要去瞎找了，鲛人是找不到的。”

转眼到了第二个月圆的夜晚，我又倚在船头的栏杆上，眺望着月光下的大海，圆月亮照在大海上，海水上起了万道波纹，又像是万条银色的鱼在海中跳跃嬉戏，鳞光熠熠。过了一会儿，轻纱般的浮云遮住了月亮，月色迷蒙，远处的礁石也模糊不清了。大海像在一个梦幻的世界中浮动。

我没有去找海猴，我想清静地享受一下这大海的美。我们的船已换了位置，离那块黑岩更近了，不用望远镜也能看到，但是，那块石头上还是光秃秃地没有个人影，我也不再期待着出现那少女的影子了。

忽然，我像是听到清脆而婉转的笛声，大海里哪会有人吹笛子呢，我猛然记起了海猴说过的发光的小鸟喜欢在有月光的晚上出现，我急忙用目光四面探索。哈，看到了，看到了，果然有只金色的小鸟，浑身发出五色的光彩，灵活地在天空飞翔，它飞得那么快，眼光都跟不上它。

一会儿，它向那块黑岩上降落下去，我的目光跟着它向黑岩望去。天啊，我看见什么啦，我浑身的血似乎凝住了，我几乎不能呼吸了。我连那个吸引我的金色小鸟也忘了，任它飞去吧，因为我看到：

一个美丽的少女，坐在岩石的顶上。她穿着这里少数民族少女常穿的彩色的沙笼，长长的头发，散披到肩上，她那美丽的面容，在月光下，更显得娇美。我似乎看到了一尊女神的塑像。这难道就是传说中的鲛人吗？我一动也不动地呆呆地盯着她看。

忽然，我好像看到她在向我招手，似乎她还在微笑。我毫不犹豫地脱下衣服，跳到海里去。

也不知哪里来的劲，我游得那么快，一口气直游到岩石下，在乱石堆旁上了岸，连跳带蹦向岩石顶跑去。

这回她没有跑掉，她微笑地等着我。

我一时说不出话来，半晌，我嘴里才蹦出一句话

“你是谁?”

她还是对我笑着没回答。

“你究竟是谁? 是不是鲛人?”我话出了口，又后悔了，我问得太莽撞。只得轻轻地补了一句:“你在这里做什么?”

她似乎不懂我的活，又似乎懂我的话。

她把手伸进自己怀里去，慢慢地摸出一件东西，举起手来递给我。

我忙接过来一看。那东西在月光下，发出灿烂的光辉，我不禁脱口而出叫道:“夜明珠!”

她微笑着向我点头。

我从来没见过这样的宝物，我把它捧在手里，转身对着月光仔细地左看右看，一面问她:“这是你当年吞到肚里的那颗，还是你在海底找到的另外一颗?”

没有回答的声音。我回头一看，天呀! 她竟然不在了。我叫起来:“你在哪儿? 你在哪儿?”

没人回答我，我着急了，四处乱找，竟然再也找不到她了。她像来时一样，消失得那么突然，连个声音也没留下。

我在岩石上等了许久，看来她不会回来了。只得把这颗珠子含在嘴里游回来。当然，我是很小心的，不让珠子落到肚子里去，不然，我今天兴许也变成个鱼人了。

那位朋友的故事讲到这儿，忽然停住了。

我说:“你再讲下去呀!”

他说:“讲完啦。”

我说:“那，那个女人究竟是人，还是当地少数民族的女孩子?”

“我没法证实，她穿着沙笼，盖住了脚，看不出她是否长着一条鱼尾巴。”

“那么，她送你的珠子是不是夜明珠呢？”我又问他。

“第二天，我就把珠子送到有关机构去化验，可是，到现在还没见到回信。但我想，那肯定是对我们建设四个现代化很有用处的东西！”

我又问他：“那她，是不是因为偷听到你们的谈话，才把珠子贡献出来的呢？”

他说：“我不知道！不过我想，她要是个爱国的鲛人，她会那样做的。”

小熊请客

有一只狐狸又懒又馋，整天吃饱了睡，睡够了就去偷东西吃，所以呀，谁见了他都讨厌。

有一天，他在大树底下睡懒觉。一觉醒来，太阳快下山了，肚子也咕咕叫了，他想，到哪去弄点吃的东西来呢？忽然，他看见小猫咪提着一包点心，从身边走过，忙叫起来："小猫咪，小猫咪，你到哪里去？"

小猫咪说："今天过节，小熊请客。我们到他家去，又吃又玩又唱歌，真呀真快乐！"狐狸说："你带我一起去吧！"小猫咪看看他说："狐狸狐狸，你不做工，还想白白吃东西，哼，我才不带你去呢。"说着跑掉了。

狐狸叹口气又躺下去，忽然他看见小花狗带着一件礼物走过去。狐狸忙叫：

"小花狗，小花狗，你到哪里去？"小花狗说："今天过节，小熊请客。我们到他家去，又吃又玩又唱歌，真呀真快活！"

狐狸说："你带我一起去吧！"小狗看看他说："狐狸狐狸，你不做工，还想白白吃东西，哼！我才不带你去呢！"说着撒开腿跑掉了。

狐狸刚想走开，忽然看见小公鸡来了，怀里还抱着一包礼物。狐狸忙站住，招呼小公鸡："小公鸡！今天你打扮得那么漂亮，要到哪里去呀？"

小公鸡说:“今天小熊请客。我们到他家去,又吃又玩又唱歌,真呀真快活!”狐狸说:“你带我一起去吧!我跟你们一起吃。”

小公鸡白了他一眼说:“你就知道吃,自己不做工,还想白吃东西,哼!我才不带你去呢。”说着飞快地跑掉了。

狐狸很生气,嘴里骂着:“你们都是坏东西,好啊,你们不带我去,我偏要去,到了小熊家,我就把好吃的东西一口气都吞进肚子里,你们等着吧!”说着,舌头舔了舔,朝小熊家走去。

小熊正在家里忙着呢,他把地扫干净,桌子凳子擦干净,把三盆菜,小鱼,肉骨头小虫子,放在桌上,忽然听到敲门的声音,小熊忙问:“谁呀?”“我是小猫咪!”“欢迎你,欢迎你!”

小熊家把门打开,请小猫咪进来,又把门关好。小猫咪把点心送给小熊,小熊说:“谢谢你,谢谢你,我也请你吃东西。这是骨头、小虫和小鱼,你随便吃点,别客气。”

小猫咪说:“骨头、小虫我不爱,小小鱼儿我最欢喜。”小猫正在吃东西,小花狗来了,他也把带来的礼物送给小熊。

小熊说:“谢谢你,谢谢你,我也请你吃东西,这是骨头、小虫和小鱼、随便吃点,别客气。”

小花狗说:“小虫、小鱼我不爱吃,肉骨头我最欢喜!”

这时候小公鸡也来了。他把礼物交给了小熊,小熊说:“谢谢你,谢谢你,我也请你吃东西,这是骨头、小虫和小鱼、随便吃点,别客气。”小公鸡说:“骨头、小鱼我不爱吃,小小虫儿我最欢喜!”

忽然咚咚咚响,谁在使劲敲门啊,小熊问:“谁啊?”狐狸在门外大声叫:“快开门!我是大狐狸。”

小熊吓了一跳,哎呀,原来是这个坏东西来了,狐狸把门敲得更响了,一边敲一边叫:“快开门,把好吃的东西都拿出来。”

小熊，小猫咪、小花狗、还有小公鸡凑在一起想办法。

小熊说："我盖房子的时候，还剩下好些石头，我把石头分给你们，等一开门，咱们就一块拿石头扔他！"大家说："好！"

小熊赶快把石头分给了大家，小熊把门打开，狐狸一进门就喊："快把好吃的东西拿来！""给你！给你！给你！"大家一边喊着，一边向狐狸扔石头。狐狸抱着头直叫，"哎哟，哎哟，痛死我啰！"他连忙夹着尾巴跑掉了。

大家哈哈大笑，一起唱起歌跳起舞玩得真快活！

车马炮

今天是星期天，全校象棋比赛的决赛偏选在今天举行。辅导员沈老师说："这样不妨碍学习。"可是王大光心里不乐意，因为他本来打算今儿早上去游泳的。不过，这还不是全部原因，另一个原因：他的对手是四年级的张小娟，一个女孩子，年级比自己还低一班，而王大光是全校闻名的象棋大王，跟那个女孩子去比赛，她是鸡蛋碰石头，赢了她也没什么光彩。真没劲，王大光低着头想着，没精打采地一路走去。

才拐过胡同的北口往东走，忽然听到一阵呐喊，一只小足球滚到他的脚边，他也没看清是哪来的，飞起腿就是一脚，随着听到大家齐声喊："好球！"原来这只球飞去，正中对方球门，进去了。等大家回过头来一看，才发现踢球的不是自己队里的人，是个半路里杀出来的程咬金。王大光起初也给这意外的收获乐坏了，再定神一看，是胡同里孩子们临时组成的足球队在这里开战，其中也有两个认识的：对门32号里的孙小猴，邻居家的二胖，都笑着向他围上来，称赞他"踢得好"！

对方那一队也发现这个球是个陌生球员客串的，就嚷起来："这一球不算，他不是你们队里的人！"

二胖赶上去争："怎么不算，他就是我们队的嘛！"

小猴也说："他住我家对门，就是我们的人！"

对方说："你们不讲理，他开头时候没参加。"

二胖说:“开头没参加,现在参加不行吗?”

对方说;“不行,不行,我们不承认!”

小猴说:“你们不承认,我们承认!”

双方拉开大嗓门闹了起来,大光心里明白,二胖这一边理亏,就上去说:“不承认就不承认,方才那个球不算数,现在我正式参加行不行?”

对方说:“那行！我们重来!”

就这样,大光正式参加了二胖他们这一队,重新开球踢起来。这一场大战一直延续了38分40秒,才告一段落,是小猴踢进了一个球,取得辉煌的胜利。

王大光满头是汗,衣服也都湿透了,他这才想起要去参加全校象棋决赛,这次决赛第一名的奖状是稳拿的。他宣布退出球赛。

“干吗要走,再玩一会儿不好吗?”二胖挽留他说。

“不行！还得上学校,今天是象棋决赛……”

二胖也听说过大光是象棋大王,这不能留,就放他走了。

大光出了胡同往前走,起初还走得快,后来,越走越热,就放慢了脚步。

当他经过儿童公园门口时,听到里边传出了一阵阵的笑声,就停住脚,心里想:“这准是在转电马,咳,好久没去骑电马了,电马可真好玩,骑在上边,一会儿高,一会儿低,好像在山坡上奔跑,不,好像在云中飞翔,可真带劲……”一边想着,一边不知不觉地进了公园门。

等他走到电马处,看到小朋友们在电马上的笑脸,再也忍不住了:“去骑一回吧,等会儿跑得快点,也还来得及。”想着想着就买了票,进了电马场,拣了一匹高头的黄骠马,一下跨上去,就像个大将军那样威风。电马一圈圈地转着,像是腾云驾雾一样。

等铃声一响，电马停下，他这才怏怏地下来。感到身一热，嘴里一干，赶紧到小卖部买了根冰棍含在嘴里，这才舒服点。他要拣个凉爽的地方休息一下，看见墙角落有棵大槐树，树阴下正没人。大光跑去背靠大树坐下，一边吃冰棍，一边从袋里摸出本小人书来看，小人书是本《穆桂英挂帅》，穆桂英带领女兵东冲西杀，真英勇。他看得入了迷，把象棋决赛的事全忘了。

忽然，他听到"嗨嘚"的马蹄声，还有人喘气的声音，抬头一看愣住了。原来是二胖跟小猴牵了一匹马站在他面前，由于跑得急，两个人直喘气。再看那匹马，分明就是刚才自己骑过的高头黄骠电马。没等大光开口，二胖就急着对大光说："请将军快上马！"

大光问："上马？到哪儿去？"

小猴说："将军忘了今天是全校象棋决赛，去晚了怕会误事的！"

二胖又急着说："晚到 30 分钟就要取消比赛资格，第一名要给别人了！这是规定嘛！"说着忙过来扶大光上马。

大光也急了，赶紧纵身上马。说来也怪，这马像是按过电钮一般，竟然动起来，而且不像在电马场里那样只会绕圈子。这回它真的朝天上飞去，一直飞到白云上边。小猴和二胖在后边紧紧抓住马尾巴，也一起飞上了天。大光心里可乐了，回头对二胖他们说："我就想着：这电马能飞有多好，这回真的飞起来了。"

二胖和小猴没回答他，因为他俩紧抓着马尾巴，惟恐松手掉下去，紧张得说不出话来。

这电马飞得真快，耳朵边只听得风呼呼地吹过，眼前只看见白云一朵朵地掠过，低头一看，绿油油的田地排成整整齐齐一方块一方块的。大光看得喜欢，又对他俩说："瞧，这里的格子田排得多整齐！"

二胖喘着气回答他："这……这不是格子田，是……是棋盘！"

还没等大光看清楚，电马已经往下降了，一转眼，它在一座汉白玉砌成的台阶前停下了，二胖和小猴过来扶他下马。大光心里奇怪："怎么不到学校，到这儿来了？"

他问二胖："这是什么地方？"

"将坛呀！你不是大将军吗！这儿是大将军发号施令的地方呀！"二胖恭敬地说。

经二胖这么一说，大光顿时觉得身子沉重起来，再一看，自己身上穿着金甲，头上戴着金盔，金盔上还有个绒球，腰里挂着宝剑，脚上穿着高靴，已经打扮成京戏里的将军模样。他正觉得奇怪，向二胖、小猴一看，他俩也变了，一律穿上对襟长袍，两只袖子盖住手还留下尺把长，头上戴着官帽，边上还有两只晃悠晃悠的翅。只是小猴还是那样瘦，二胖还是那么胖，最有趣的是他们二人，身前身后都挂了块牌子，上边大书个"士"字，大光明白：这是象棋里站在"将"旁边的两只棋子。

他们互相看着都大笑起来："哈……哈……哈！"

大光忽然发现他骑的那匹电马不在了，忙问二胖："那匹电马呢？"

二胖说："回电马场去了，那边还有很多小朋友等着要骑呢。"

大光一想："不错！"他就撩起战袍登上了将坛，两个"士"也跟着上来。

将坛上好不威风，一张"将案"放在正中，一支大旗杆竖在后边，旗杆顶上飘着一面长方的黑旗，旗上绣着白字"大将军王"。四边还插着许多面彩色小旗。大光在坛中站定，二胖就从袖子里摸出只望远镜给他，这只望远镜好长好长，就像电影里海盗用的那样。

大光举起望远镜向前边看去：只见远处白茫茫一条大河，河里白浪滔天，烟雾弥漫。河这边的岸上有块界牌写着“楚河”两字，河对面也有块界牌，写着“汉界”两字，原来这是棋局上的“分界线”。

他先看自己这方面的阵容，沿河驻扎着五队步兵，一个个面对敌营，雄赳赳气昂昂地站着。步兵后面，有两尊大炮，已经脱去炮衣，准备引火。将坛下边，一溜排开各种兵种，两队骑兵，分列左右。一双战车，各自隐藏在角落里。还有两只身肥耳大的大象，守卫着将坛边上。大光检阅了自己这边的阵容，心中很满意。再举起望远镜向对方阵营望去，只见对方寨中另是一番风光，一面大红帅旗迎风招展，上绣“大元帅张”四个大字。旗杆底下，将案前站着张小娟，全副女将打扮，帽子上插着长长的翎毛，腰上佩着长长的宝剑，威风凛凛，赛似穆桂英挂帅，只是两条小辫还垂在胸前。在她身旁也有两个女“士”，一律武装衣饰，但大光认得出是她的同班同学，和张小娟最要好的。其他配备和自己这方面的一模一样，也都安置在相对的位置上，所不同的对方都是红色衣着。

大光正在“窥探敌营”时，忽然间，听到张小娟一声大喝：“步兵听令！”坛下五位步兵将领一齐转身答应：“是！”张小娟从“令筒”里抽出一支令箭丢在地下，叫一声：“左面第一军出兵，泅水渡河，向敌军进攻！”女士拾起令牌向左边一位将领掷去，那员将官接过，口称“得令”，马上带兵出发。

小猴看见了，在大光耳边嘀咕：“敌军已经向我方冲来，大将军快点下令！”

王大光从容不迫地回头对小猴说：“慌什么，她又不是穆桂英，怕什么。”说着走向将坛，开始调兵遣将。

"飞象!"他丢下一支令箭。

下面应声:"得令!"

"跳马!"他又丢下一支令箭。

下面又应声:"得令!"

"出车!"他再丢下一支令箭。

下面又应声:"得令!"

三支令箭布置好一盘迎战的阵势,只见下面旗帜翻滚,部队按令调动。大光洋洋得意。

正在这时,二胖忽然向前报告:"大将军!敌方步兵第一军泅水上岸向我第五步兵军冲杀,我第五步兵军未奉将令不敢擅动,仓皇之间,抵抗不住,现已全军覆灭,阵脚已被冲破,请大将军火速定夺。"

大光听了哈哈大笑:"牺牲个把小兵,算得了什么,我这里自有道理。"

他丢下一支令箭,叫声:"将左面炮兵移到中间位置,右面炮兵冲过河去!"

炮兵齐声答应:"得令!"

小猴在大光耳边悄悄问:"大将军要用'双炮将'?"

大光微笑点头:"我正是这个主意!"

炮车声隆隆滚过,步兵们齐声呐喊。二胖拿着望远镜紧张地看着战局进展。

"奇怪!对方全然不睬。反而把骑兵调到后边,战车闪在一旁,大概他们没猜出我方的意图……"二胖自言自语。

"我想她们也猜不着。"大光笑着说。他站起来,看了下战局,大声命令:"第一炮兵营向正中敌方步兵开炮!"

"轰隆"一声,对方中央步兵军营被摧毁,这一炮打得敌军落花流水,大光得意地大笑。

谁知就在这时候，横刺里对方一队骑兵冲到，把黑子第一炮兵营全部吃掉。大光还来不及考虑对策，对方的战车以迅雷不及掩耳的姿态，直冲过来，把事先布置在后方的炮兵第二营消灭了，而且，在炮兵掩护下，对方的第二、第三步兵军迅速渡河作战，并在前沿安营扎寨。

第一战役结果：红方损失一兵，黑方损失两炮。

大光没想到会遭如此惨败，但表面上还假装沉着。对小猴说："不要紧，我还有连环马！"

他马上下令："第一骑兵师从左方出击，第二骑兵师从右方出击，两师人马，成为犄角之势，互相配合，直取敌营中军！"

一声令下，顿时人喊马嘶，金鼓齐鸣，尘土飞扬，硝烟冲天。

第一骑兵师，一拐一跳，冲进敌营（这是象棋中，马必须遵守的走法）。第二骑兵师刚越过楚河，就被敌方的步兵，绊住马腿，跳不过去。第一骑兵师只得孤军深入，却撞在对方战车上，一下子就被吃掉了。第二骑兵师想过去营救，不料对方一炮飞来，也被轰得无影无踪。

"啊呀，又失败了！"二胖不禁叫了起来。

"损失了双炮双马，这仗怎么打法？"小猴也担心地说。

"我还有两个战车队，全力反攻，没有问题。"大光心里慌张，但极力自我安慰，同时也稳定一下人心。

这回，他可仔细留神了，自己出来，站到右前方，将残兵败将重新作了布局，整顿阵容，以图再起。

对方张小娟，看到大光站了出来，连忙隐到旗影深处，却让一员女将出来面对大光。

大光回顾小猴说："我一出来，她就害怕得躲起来了。"

二胖喃喃地说："哪，人家是将军不对面。"

大光一想："对，我怎么倒忘了，真是打得昏头昏脑了。"

大光下令:“第一战车队向右前方,迎着敌方的战车移动!”

小猴悄悄问大光:“将军是要跟她‘拼车’。”

大光轻声回答他:“不,我要双车前。”

战车隆隆地驰向前方,各路军马屏息以待。

对方的战车却不敢迎战,步步后退。张小娟似乎并不怎么在乎,命令第一、二、三步兵师步步前进。

二胖觉得不妙,连忙提醒大光:“将军注意,对方的步兵步步逼近,不怀好意。”

大光看都不看他一眼,挥手说:“让她去,步兵能起什么作用,等她过来,我早把她元帅将死了。”

他下令:“第二战车队,紧紧跟上,先把两员女‘士’扫掉,可以直逼对方的元帅。”

第二战车队出动,隆隆之声震耳,战局十分紧张。

等到第一战车队在对方中军扎住营,却不料张小娟叫声:“飞马!”不知从哪里杀出一支骑兵来,正像飞将军从天而降,一转眼,撞倒了第一战车队。第二战车队看见回过身来,欲待消灭敌方的骑兵,对方后退的战车队却也返回来直冲第二战车队。

二胖看见失口叫了声:“不好,她要‘拼车’!”

忽然传来张小娟轻轻的笑声:“我才不跟你‘拼车’呢,你要拼也来不及了,看看,你的车往哪里走?”

大光仔细一看,第二战车队已陷入重重包围之中,左面有红色的骑兵,右边有红色的炮兵,一辆红色的战车迎面驶来,将第二战车队轻轻地吃掉了。

二胖叹了口气说:“这下全完了,车马炮全吃光了!”

大光慌了手脚,忽听得将坛下面喊声四起,三路红色步兵已经冲到坛下,把将坛团团圈住。对方红旗挥动,步兵们手持长枪拥上了将坛……

只听得张小娟大喝一声:“将!”

王大光顿时感到天旋地转昏倒在地……

学校里贴出一张金榜,上面写着:“本届全校象棋比赛第一名:张小娟。”

下面有小字说明:王大光无故缺席,作为自动弃权。

王大光呆立在布告栏前,辅导员沈老师在后面拍拍他的肩膀问他:“你为什么不来参加比赛?你到哪儿去了!”

王大光低头不响。

沈老师叹了口气说:“王大光,你太骄傲了,就是参加比赛,也未必会赢。这次算了,认真地找一找落选的原因,下次再来!”

王大光点点头。

大侠霍元乙

哥哥躲在大衣柜旁边的小柜上，他手持竹制“宝剑”，双眼圆瞪着房门。

妹妹大声叫着：“哥哥！哥哥！”推门进屋，四边一望，没看见哥哥。叫声：“咦，怎么不见了？”

忽听得一声叫道：“大侠霍元乙在此！”哥哥持宝剑冲了下来。妹妹往后一躲，摔在地上，哭了起来。

哥哥忙拉她起来，替她擦干眼泪，安慰她说：“别哭！别哭！”

“谁叫你吓唬我的？”

“哥哥买糖给你吃，你别告诉爸爸！”

妹妹笑了：“大侠怕爸爸，大侠怕爸爸。”

哥哥不好意思地拖起妹妹就走：“快吃早饭去，还要上学呐。”

他们出了家门，看见红鼻子老头在扫街，上前招呼一声。“霍元乙”对老年人很尊敬。他怀疑在他们中间有着不露真相的英雄，红鼻子老头就是一个。你看他扫街的架势，就是非凡。可他不露声色，净说“没什么，没什么”！

“霍元乙”自己埋怨没生在霍家，不然偷学几路拳法多好。可他立志要当霍元甲似的人，所以他私自立个名儿叫霍元乙。

兄妹俩走在上学的路上，哥哥净讲些霍元甲怎样救陈真的故事。妹妹问这问那。霍元乙忽然看见前面大道上,一个大孩子拎着比他小的孩子的后领,小孩子哭赖在地上不肯走。周围围着一些人,红鼻子老头也袖手旁观。霍元乙心想,这明明是以大欺小,此等事我大侠霍元乙岂能不管?想罢,便甩开妹妹向大孩子冲去。一头撞在大孩子的胸口上。大孩子没有防备,被他撞倒在地,小孩子也跟着摔倒了。霍元乙因来势猛,自己也摔倒了。三个人坐起来,都揉着眼睛,迷迷糊糊地看着对方。

"你是谁?干吗撞我!"稍待,大孩子厉声问霍元乙。

"我是大侠霍元乙。你在这里以大欺小,我路见不平,岂能不管!"

这时,那个老头子笑呵呵地走上前来,问霍元乙:"你先别大侠大侠的,你把事情搞清楚没有?"

霍元乙瞪着眼睛望着老头子,回答不出来。

老头子指着大孩子继续跟霍元乙讲:"他是哥哥,"又指着小孩子讲,"他是弟弟。这个弟弟整天不上学,在外边瞎胡闹,只知道花钱买零食吃,不肯好好念书。今天,正巧被他哥哥撞见了,要领他上学去,他还不肯去。"说着又问那小孩子,"是不是那回事?"接着又问霍元乙,"这是以大欺小吗?"

那个大孩子站起来,骂一声:"真是狗逮耗子多管闲事。"

霍元乙也站起来,拍拍身上的灰,叫一声:"算我倒霉。"

这时,霍元乙的妹妹拍手笑着唱起来:

大侠大侠霍元乙,
多管闲事多吃屁,
哥打弟来大欺小,
你说好笑不好笑?

霍元乙朝他妹妹瞪了一眼,拉好身上背着的书包,拖着妹妹就走。

在放学回家的路上,霍元乙一直不吭声,他妹妹问道:“哥哥,你今天怎么不说话了?”

“跟你讲什么? 你懂个屁!”霍元乙气呼呼地顶了一句。

妹妹笑着说:“你才是多管闲事多吃屁呢!”

忽然,他们看见一个小青年拿着拎包经过他们身边,拼命地向前跑去。霍元乙低声对妹妹说:“这个人一定是个侠盗。”正说间,后面一个中年人向着青年人追着跑来,边跑边嘴里喊着:“拦住他! 拦住他! 别让他跑了!”

霍元乙见了悄悄地又说:“这个人一定是个公差。”说着便使起扫堂腿,向奔来的中年人使劲扫去。霎时,那中年人因没有防备,跌了一大跤。

霍元乙连忙骑在中年人的背上,想解开书包上的带子,缚中年人的手。然而只见那中年人一个“鹞子翻身”,伸过手来掐住霍元乙的脖子喊道:“抓住了个同伙,抓住了个同伙!”

这时一位人民警察飞奔前来,中年人方始松开了手,但仍牢牢地抓紧霍元乙的双手不放。中年人告诉警察:“刚才我在店里买东西,那个小青年偷了我的拎包。我发觉后,连忙赶出来追他,谁知半路上却被这个小家伙绊了一跤。这小家伙一定是他的同伙。”

警察问霍元乙:“你在哪个学校读书?”

霍元乙指指后面:“北方小学。”

警察又问:“你叫什么名字?”

霍元乙说:“大侠……”后觉得说不出口,

“霍……”

那个警察笑了起来:“原来你还是个‘大侠’呢!”

霍元乙羞愧地低下了头。此时从后面又来了个人民警察押解着那个青年。原先的那个人民警察说:“原来是你!我们已经找了你三天了。今天,你又在百货大楼作案,这回逃不了吧!”说完,便欲押着那青年到派出所去。

这时,不知从何处钻出那个红鼻子老头来,笑着跟警察说:“这孩子我知道,就住在我们新大楼里。平时,他看武侠小说看入了迷,一心想当个侠客,所以尽做出些蠢事来。你放了他,不要带他去了。我会告诉他的爸妈,很好地管教他。”

那位警察点了点头说:“好吧,这孩子由你带回去。不过,我们得通知他们学校领导,免得在外胡闹。”说着,便带着失主和罪犯走了。

这回妹妹又乐了,张开小口唱了起来:

大侠大侠霍元乙,
帮助坏人不讲理;
人民警察教训你,
看你服气不服气。

红鼻子老头笑着拉起兄妹的手说:“走吧走吧,回家去,你们爸爸妈妈都等急了。”

当天晚上,他爸爸回来的时候铁青着脸,一言不发,朝凳子上一坐,把哥哥叫过去说道:“你今天干了好事!”

妈妈在旁说:“小孩子嘛,你就原谅他一次嘛。”

爸爸冲着妈妈说:“小孩子,小孩子,都是你惯坏的。”转眼又对霍元乙说,“你今天不许吃饭,饿你一顿,明天再跟你算账。”说完便拉起他的手朝他的屋子里一推,“咔嚓”一声,又将门锁上了。

妹妹在旁伸了伸舌头。

晚上，月光如水，照在霍元乙的床上，他也不觉得饿，翻来覆去尽想着他的“大事”。他想到白天经过邮局的门口，一包一包的邮包放在地上，邮递员正把它送到车上去。他心里想，这倒是个好办法。

妹妹轻轻地推门进去，把两个大馒头悄悄地塞给她哥哥说：“妈妈看你没吃饭，给你留下的，别让爸爸知道。”

哥哥接过来，塞进一只塑料袋里，放在枕头边上。妹妹问：“你怎么不吃呀？”

哥哥说：“你甭管，我自有道理。”

霍元乙睡不着，翻来覆去地想着心事，听见妹妹鼾声，便轻轻地起来，拿起自己的枕头套拆开了一只，又摸出笔来，在上面不知写些什么。

第二天，天还没亮，霍元乙就夹着两个枕头套和塑料包里的馒头，悄悄地走到邮局门口。见邮包堆在地上，邮车停在路上，四边没有一个人，他就走到邮筒边上，很快地把两个枕头套连头套在自己身上，剩下两只脚套不进去，没办法只好露在外边。随后就轻轻地走到那邮包边上，躺在地上，也装成一只邮包。

过了一会儿，邮递员出来了，把邮包搬上邮车。忽然看见那个奇怪的邮包，惊叫起来：

“这是什么？！”

许多邮递员都围上来一看，只见上面写着：

“少林寺师傅收，弟子霍元乙。”

邮递员看见两只脚在动，便赶过去从枕头套里抽出一个人来。大家七嘴八舌地问他：“你想到少林寺干吗？”有的邮递员说：“拜师学艺嘛！”他们看见霍元乙胸前的徽章，叫道：“哟，原来是北方小学的学生。”一个邮递员说：“打电话给他们学校的老师,叫他们领回去。”

学校老师和他的爸爸面对面地坐在桌子两边,妈妈朝着在揉着眼睛的大侠说:“你别哭,听老师讲话。”

老师说:“……这事我们学校也应该负责。现在孩子看武侠小说入了迷的人很多,做家长的打他骂他,甚至关他不许他吃饭都没有用,要好好地引导。”

爸爸点头:“我管教的办法不对,请学校多帮助。”

妹妹向妈妈笑着轻轻地说:“放学后,不许他回家来,把他关在学校里。”

妈妈朝她一瞪眼说:“你也好好地听老师的话。”

校园中,花香鸟语,春意盎然,许多学生排成队伍在练太极拳。大侠霍元乙也兴致勃勃地在中间打拳。

妹妹顽皮地爬在一棵槐树上,捡一块小泥巴向哥哥掷去。霍元乙一转身,接住泥块向妹妹回掷过去,嘴里叫着:“看镖!”

妹妹在树上笑了起来:

“真不愧是大侠霍元乙!”

蜗牛冠军

迟到者

三年一度的动物“呼哧呼哧”体育大会即将开始了。人类有世界奥林匹克大会，动物们也有世界性的体育大会，叫做“呼哧呼哧”体育大会（因为运动员们比赛以后，都要呼哧呼哧地喘息，所以才取了这么个名字）。到时候，狮、虎、象等大动物，兔、鸡、狗等小动物，以及雁、燕、鹤等飞禽，螳螂、蜗牛、蝉等虫豸都要来一显身手。第一〇一届大会，定于三月十五日在拉那纳大森林举行，邀请函在半月前就发出了。报名截止日期是三月一日。

今天是三月一日下午五时整。报到处负责者青蛙，刚把窗口小门关上，松了口气说：“这会儿该没有谁来了吧，我可以好好地去休息休息了。”话音未落，只听得有敲窗的声音。青蛙一听，没好气地问：“谁？这么晚才来？”说着打开了小窗门。

“我！蜗牛！”传来一阵极轻微的声音。

青蛙顺着声音，探头一看，见是个洁白似玉的蜗牛，旁边还有个蚂蚁陪伴着她。

“为什么不早点来，报名都已截止了。”

“对不起，我迟到了十五秒钟。”

“青蛙先生,你就让蜗牛小姐参加了吧! 她是代表团团长,一接到通知,就动身赶路,路上不吃不喝地爬了十四天呐! ……”

“十四天,不吃不喝?”青蛙奇怪起来。

“就怕赶不上呀!”蜗牛擦着汗说,“路实在太远了。”

青蛙先生感动了,取出一块牌子递过去:

“看在你远道而来的分上,让你报名吧! 拿去!”说着把牌子交给她。

“这是什么?”

“住房的号码呀!”

蜗牛有点生气地说:“你难道不知道我们蜗牛出门,素来是自己带房子的?”

青蛙仔细一看,她果然背着个“家”呢,便把牌子拿回去,嘀咕着:“下起雨来,我可不管!”说着便在报到簿上写上了“蜗牛”两字。

“不用你管!”蜗牛大声对他说。

蚂蚁在旁边笑了起来。

青蛙又问:“你们的队员什么时候到?”

“最迟明天上午,她们因为收拾东西,比我晚动身半天。”

“好吧! 那么,明天就登记参加项目吧!”青蛙说着,心里想:“好在不用给她们准备住处。”

参加项目

第二天,大会“参加项目登记处”花花绿绿挤满了各式各样美丽的蜗牛:有的绿得像翡翠似的,有的红得像玛瑙,有的雪白得像玉石,个个玲珑可爱,大家叽叽喳喳地谈着笑着。

戴眼镜的熊猫按照她们交上来的名单,一个个询问着:

"莉娜!"

一个红色蜗牛答应着:"有!"

"你对比赛评比计算法有意见吗?"

"没意见。"

"那你报哪个项目?"

"量力。"她答。(量力等于人类的"举重",不过动物比赛的"量力"形式是多种多样的。)

她话音刚落,立刻引起旁观的金甲虫、金铃子、螳螂等虫豸的一阵讪笑:"凭她这么大的个儿也要参加量力,真有点自不量力了。"

蜗牛们不去理他们。熊猫又继续往下登记着。不过她都要问一下对计算办法有没有意见。当她问到那绿蜗牛"参加什么项目"时,绿蜗牛大声回答:"赛跑!"

旁边又发出一阵惊异和讥笑的声音:"蜗牛要参加赛跑比赛?""哈哈哈,这不同乌龟与兔子赛跑一样了吗?""乌龟不还是赢了吗?""可她是蜗牛呀!""蜗牛参加赛跑,那不是白费力气吗?"

蜗牛们向大家白了一眼,也不说什么,她们除了这些项目之外,还要参加团体"耐饥"和杂技"吹火"等比赛。熊猫都一一予以登记。

汽车与蜗牛

三月十五日,大会正式开幕了。上午是开幕式。运动场上挤满了来宾,真可说是座无虚席,连走道上都站得满满的。来宾中有的是为了看斗牛;有的是看马和鹿赛跑;有的是看狮虎足球赛。总之,各有各的兴趣。但其中有不少观众是要看一看蜗牛的“量力”和“赛跑”的。

入场式上，各队的运动员都打着旗子绕场一周。蜗牛被安排在最后边。观众都等急了，才见到蜗牛们进场。嗬！她们有着不同颜色的甲壳：红、黄、蓝、白、黑、青紫、橘红、鹅黄、翠绿，多么漂亮啊！看得观众眼花缭乱，不禁喝起彩来。

下午，西首体育场举行“量力”比赛。观众非常拥护，就连那大动物象、黄牛、狮子也都来观看了。

先是黑熊表演举“杠铃”，虽然他放下时，脚步没站稳，但还是赢得满场喝彩声。接下来是轻量级的猴子耍铁棒，倒还表演得不错。休息一会儿，便轮到蜗牛表演了。等了好久，没见影子，有的观众就焦急起来。大声呼叫：“快出来！”

谁知叫声未落，从运动员入场处竟驶出一辆崭新的皇冠牌汽车来，当然是玩具车。观众不免一惊，驾驶室里怎么没有驾驶员，这汽车是怎么行驶的呢？仔细一看，原来是个红蜗牛用一根绳子系着汽车在拉着走。绕场一周后，方才停下。裁判员为了慎重起见，令她和汽车当众过磅，称得：红蜗牛全身体重二十克，汽车重二千余克，超过运动员体重一百倍。顿时，全场响起热烈的掌声。观众席上的黄牛问身旁的大象说：“超过本身一百倍的东西压上来，你能受得了吗？”大象咋舌道：“那我早就被压成一块‘橡皮’了。”

裁判员宣布本届“量力”竞赛第一名是蜗牛队。奖给金杯一只，金牌一块。

第二天各报以头条新闻刊出“蜗牛队荣获金牌”的消息。

赛跑与吹火

第二天，赛跑比赛开始了。

绿蜗牛是选手,大家都充当了她的拉拉队,在场外叫喊着“加油! 加油”。

会场上,绿色的蜗牛小姐成绩是五分钟跑完了一百二十四厘米。依“呼哧呼哧”运动会计分办法,她获得了冠军,拿到了金杯与金牌。

升旗的时候,绿蜗牛望着徐徐升起的蜗牛旗(红旗上面绘着一只黄色的蜗牛),几乎流出了眼泪。

接下来是杂技,蜗牛队参加的是“吹火”。

运动场中点燃着一支红色的大蜡烛。全场灯光全熄,只有那支红色的烛光,照亮着全场,显得分外的神秘。这时,场内没有一点声音,谁都不敢大声地呼吸,屏息以待,看谁来吹熄这支烛光。

首先上来的是黄牛,人人都说他“气壮如牛”,可见牛的呼气大而且重,想他上来会一吹即熄。岂知他一连几口气,只吹得那火焰头东躲西闪,却没有吹熄,反而越吹越旺。按照规定,须得一口吹熄,方算胜利。黄牛连吹几口都未吹熄,裁判员叫声“停止”,黄牛只得败下阵来。

接着上来的是狮、虎、豹等大动物。他们都自恃身高体壮,腹胀气大,以为小小蜡烛,岂不是一吹就熄吗? 谁知事与愿违,他们左吹右吹,蜡烛东摇西晃,就是不熄。他们也和黄牛一样,一个个败下阵来。

最后,才轮到蜗牛。裁判员叫了几声,还不见她出来,不免焦急。朝里一望,只见她拼命地在爬,只是爬不快罢了。等到她爬近烛火,已在竭力喘气。只见她对准焰头,一口气直向火焰吹去,那火焰应声而熄。全场掌声四起,连黄牛、狮、虎、豹也都在使劲地鼓掌呐。

裁判员正待宣布,只见那白蜗牛将触角一摇说:“且慢,我还有个‘补充比赛’项目。”

按照“呼哧呼哧”大会规定，运动员在场上可以提出“补充比赛”项目。当该运动员提出比赛项目后，十分钟内全场运动员可以提出应战。如若没人应战，名次、金牌、金杯即归提出挑战的运动员所有。

蜗牛回头向裁判员看看，裁判员点点头。蜗牛说：“我提议补充一个‘耐饥’比赛项目。所有参赛者从明天起不吃不喝，直到四年后的今天才算赢。”

此话一出，观众席上立刻骚动起来。有的说：“四年不吃，谁吃得消？”有的说：“要我明天一天不吃，我都受不了。”有的说：“不喝水哪行！”有的说：“乖乖，要四年，我早饿成灰了。”

裁判员说：“现在我开始计时。按照规定：到了十分钟没人应战，便算是蜗牛赢了，金牌、金杯就都归她！”观众席上大家都面面相觑，看谁去应战。

裁判员倒着数起：“十、九、八、七、六、五、四、三、二、一。”

场上始终没有谁做声。

裁判员宣布：“今天蜗牛队获得两项冠军。一项是‘吹火’比赛，另一项是‘耐饥’比赛。应得两块金牌与两只金杯。”

“现在发奖！”

在音乐声中，白蜗牛队长代表全队上去领奖。

这届运动会到此结束了。在一片欢呼声中，蜗牛队亮出了她们早已准备好的横幅，上面写着大大的四个字：“蜗牛冠军”。

鹰和他的儿子

在北方，有一座高山。这山实在高，有人估计过；打山下爬上山顶，尽管你不吃饭，不睡觉，日夜不停脚，也得要十天半个月。说是这么说，可也没人当真去试过。因此人家给这座山提个名，叫做“接天岭”。

接天岭的山顶，终年积着皑皑白雪。山顶下面一点，有许多石洞、石窟窿，一些鹰、鹫之类的猛禽，就以此为家。再下边一点，有座大森林，长着些松杉古树，这里是虎豹熊罴出没之所。山下是一片平原地，疏疏落落地住着几户人家。她的东边，是终年波涛汹涌的大海。

王老实就住在山脚下的草房子里。他为人忠厚朴实，因此人家叫他王老实。他在这里种几亩薄地，过着苦日子。他老婆一胎生了两个孩子，长得一模一样，王老实把他俩当宝贝似的，给他们起名叫大根、小根。谁知孩子五岁那一年，他老婆生一场急病，没多久就死了。为了照顾两个孩子，第二年，王老实又娶了一个老婆。这老婆心狠手辣，贪吃懒散，把两个孩子看成眼中钉、肉中刺，不是打，就是骂。王老实起初还劝劝，谁知她一翻脸，连对王老实都打骂。王老实是个老实人，对她一点没办法。可怜这一对双胞胎，整天啼啼哭哭，想着亲娘，吃饭也是有一顿、没一顿，过着半饥不饱的日子。

这婆娘吃了睡，睡了吃，不愿干活，还尽使唤着王老实。因此上家境也一天不如一天。到了那年冬天，王老实眼看快要揭不开锅了，便对老婆说：

“大根他娘，我跟你合计一件事……”

他老婆没等他说完，就一拍桌子，骂起来：

“谁是大根他娘？我没这两个小杂种！”

王老实忙赔笑说：“咳，怪我叫惯了，一时又忘了。说真的，我跟你合计一件事……”

老婆一瞪眼；“有话你就说呗！”

王老实结结巴巴地说；“今年收成又不好，咱们这样坐吃内空，怎么过冬？我……我打算出门去找活干，也可以糊咱们一家四口。”

老婆没好气地说：“你要走就走呗！”“那么，我把这个家托付给你了……还有这两个孩子……”

一听提起孩子，老婆更生气，“我可养不起你那宝贝儿子。你走了，我回娘家去。”

“那……那……这两个孩子怎么办？”

“你喜欢你带走！”

“我怎么能带他们走呢？”

“那饿死活该。”

再谈也谈不下去了。第二天，王老实起个早，不等孩子醒过来，就收拾两件衣服，出门去了。他心里想，老婆说的是气话，总不会让孩子饿死。

谁知他老婆的心比蝎子还狠，比眼镜蛇还毒。等王老实一走，她就心生一计：“我留下这两个小畜生干吗？还不如把他们送到山里去喂野兽，也落个清静。等他爹回来，就说他们自己不听话，出去乱跑，给老虎吃了，谅他也无可奈何。”

这天晚上，天上挂着一轮明月，把山树照得通亮。两个孩子早就睡了。婆娘熬到半夜，想这夜深人静，正好办事，她就把两个孩子叫醒。

“大根！小根！快起来，妈带你们上外婆家去。”

大根醒过来，揉揉眼睛，看看窗外说：“半夜里去？”

小根不肯起来：“天亮去吧，晚上我怕。”

“怕什么？外婆家路远，晚上正好赶路；再说，也不早啦，天都快亮了。到了外婆家，有糖有糕给你们吃。”

两个孩子平常被她打骂惯了，今天见她好声好气对他们说话，心里又高兴，又奇怪，便连忙起身跟着婆娘出了家门。

两个孩子从来没去过外婆家，只得跟婆娘走。

四野一片寂静，天空一丝云彩都没有，只有一只大苍鹰在天上盘旋。

婆娘带着两个孩子上了山，走到大森林，婆娘想：“不能让他俩待在一块，不然，野兽见了也许不敢来吃他们；再说，两个孩子在一起哭起来声音大，叫人听见了，岂不坏事。”进了大森林，连她自己都有点怕起来，心想快点丢掉孩子回家去。

走不多久，她看见一堆乱石，石旁尽是枯草，她想：就这儿罢，先把小的去掉。她暗地里朝小根的背上使劲一推，小根摔在地上，哭起来；大根还没弄清是怎么回事，婆娘就骗他：“哎呀！不得了，快跑！老虎来了！”说着抱起大根就奔。

大根大声叫：“弟弟！弟弟！弟弟！”

小根在后面哭叫着：“哥哥！妈！哥哥！妈！”

婆娘不理，拼命地跑，像真有老虎追他们似的。

跑了好一阵子，直等听不到小根的哭声才停下来，大根却哭得更厉害了。

“我要弟弟！我要弟弟！”

“哭什么，弟弟给老虎吃了！”

“我不嘛！我要弟弟，我要弟弟！”

婆娘一看，这儿正是山上的坡地，坡下坑坑洼洼的，跌下去，爬不上来。她使劲把大根往下一推，大根滚了下去，撞在山石上，哇的一声，便昏了过去。

“此时不走，更待何时？”婆娘想着就往前直奔。

哪里知道，森林里的路很不好认。况且又在晚上，林子里又黑，那婆娘干了坏事，心虽也慌，走着走着就迷了路，尽在林子里打圈圈，进得去，出不来。

她越走越慌，就在这时，林子里窜出条吊睛白额的猛虎来。这猛虎一声大吼，扑上去，把那妇人咬死吃了。可叹那婆娘要把两个孩子喂野兽，谁知自己倒先喂了老虎。

且说，小根跌在乱草堆里，妈抱着哥哥跑了，他也不知道究竟是怎么回事，只会直哭。这哭声惊动了树根下洞里的一位兔奶奶。她听得洞外有孩子哭声，心里好生奇怪，这半夜三更，怎会有孩子在荒山上哭，就关照两个兔娃娃在窝里好好待着，别乱走动。她悄悄爬到洞口一看，小根在那里哭得声音都哑了，四边没有一个人。

兔奶奶很不忍心，嘀咕着：“什么人这么狠心，把这么个可爱的孩子掷在这儿！”她问小根，“你妈呢？”

小根哭着说：“她抱着哥哥跑了。”

兔奶奶叹了口气，又问他：“你叫什么名字？”

“小根！”

“你认得不认得路回家？”

“不认得。”

兔奶奶想：“这事没办法了，不能眼看着孩子饿死，我收留他吧。”

她就对小根说:“小根,你跟我回去罢!我每天找些果子来养活你。”

小根点点头,就跟兔奶奶走进洞去。这个兔洞还真大,小根呆着倒不嫌小,就这样跟兔奶奶兔娃娃住在一起了。

从此以后,兔奶奶就像教育她的两个兔娃娃那样教育他,告诉他山上有哪些猛兽,看见它们就得逃,“我们做兔子的,可不能跟人家打架,只有逃走,所以我们要学会跑得快。还有耳朵要灵,时常要竖起耳朵来听,一听见有什么声音,就得准备逃,不然就没命。”

小根很听话,跟着兔奶奶学,不久,就能跑得很快,连兔娃娃也赶不上他,而且,耳朵也很灵了,一听见什么声音就跑,等他长大了,耳朵变得特别长,眼睛也有点红,胆子却分外的小,真像兔子了。兔奶奶喜欢得什么似的,说:“小根!你真像是我们家的孩子!”

再说那夜晚,大根摔在山坡下,昏了过去。天上有个神鹰把一切都看在眼里,心里很生气,骂道:“好狠心的婆娘,要害死儿子,这事我不管谁管。”他就一拍翅膀呼的一下,飞下来衔起大根向天空飞去。

等大根醒过来,已经来到高山的山洞里,眼前是一只大鹰正瞪着眼睛看着他。

“你是谁?这是哪儿?我妈妈呢?”大根一下坐起来问。

神鹰咯咯咯地笑起来,他的笑声很可怕,吓得大根直哆嗦。

“你妈妈要害死你,是我救你到这儿来的。这儿是快接近天的高山,不信,你来看!”

大根从洞口望去,只见一片茫茫的白云,什么都看不见。他说:“我什么都看不出!”

鹰发出嘶哑的声音说:“训练训练,你就会看得出的。以后，你就是我的儿子，我会教你许多本领。”

就这样，大根和神鹰一起生活了。神鹰每天去打食回来给他吃。大根渐渐长大了，他觉得肩膀有点痒，手一摸，忽地长出两个翅膀来。嘴变得尖了，眼睛也变得明亮了，他能透过云层，看到山下的麻雀。神鹰见了很喜欢，说：“这样，才更像我的孩子了。”

神鹰教会他飞翔，教会他搏斗，教会他认清许多事物。

他告诉大根：“这世界上有许多坏东西，专干坏事，我们不能胆小，要消灭他们。”

大根把鹰的话牢记在心里。

过了不知多少时候。有一天，大森林里，忽然来了个山魔。它青面獠牙，脸上红红绿绿，十分可怕。身子有丈把高，浑身都长着长长的黑毛。它力大无穷，几个人合抱的大树，它能连根拔起。胃口也大，见什么吃什么，好像永远吃不饱似的。它进了森林，把麋鹿、山羊、野马等各种动物都抓去吃了，还说：“俺到哪儿，哪儿就属于我的，我爱怎么样就怎么样，谁也管不着。”

这事给神鹰知道了，就对大根说：“咱们去灭掉它，不然，这里不得安宁。”他就带着大根盘旋在林子的上空。谁知林子里的动物，都怕山魔，没等天黑都躲进洞睡觉去了。山魔找不到吃的，也在密林里呼呼大睡。神鹰和大根找了一宵，没找到它。

第二天，天刚蒙蒙亮，小根在洞里，实在饿得受不了，便悄悄地随着兔奶奶出洞来，找些萝卜吃。附近的都吃光了，他越走越远，走到了林子边，忽听得一声大吼，像天崩地塌似的。小根一回头，见个怪物向他扑来。他心知是山魔，叫声不好，拔腿就跑，山魔没扑到他，紧跟着就追上来。幸亏小根的腿最能跑，山魔在后面喘着气直追。

正在这时,神鹰在天空看见了,对大根说:“今天看看你本领学得怎样了,快下去救那孩子,先啄瞎那山魔的眼睛!”大根一听,呼的一声,像道闪电似的,直向山魔冲去。山魔没防备,听得头上有声音,抬头一看,大根正巧向它啄来,一下就把它的左眼珠啄了下来。山魔一阵剧痛,去抓大根,大根已转身飞去,只抓下几片羽毛。大根一回身,又朝山魔扑来。山魔捂住左眼,右眼又被大根啄了一口,顿觉天昏地转。它火冒三丈,猛地向大根撞去。谁知它两眼已瞎,一下撞在山石上。它的力气太大,一声巨响,撞得大山石下雨般的落下。一刹间,把它砸得粉身碎骨,埋在山石下面,再也起不来了。

这时,大根早已飞上了天,再回头找那孩子,那孩子早已逃得无影无踪。

神鹰飞到大根身旁,夸奖他说:“孩子!你干得很出色。”大根说:“可是那孩子不知怎样了?”

神鹰朝山下叫:“小根!小根!”

小根从乱草堆里探出头来,奇怪地问:“咦?谁在叫我?”

神鹰和大根飞了下来,神鹰对大根说:“那就是你弟弟!”

“我弟弟?”大根还不明白是怎么回事。

神鹰叫小根过来,把过去的事一五一十讲给他们听,兄弟俩听了抱头大哭。

“那么,我们的父亲呢?他现在怎样了?”大根擦干了眼泪,急着问神鹰。

“别着急,他还活着,现在海上打鱼,我和你们一齐找他去。”

大根,小根一听很高兴。他们就跟着神鹰到海边找父亲去了。神鹰和大根在天上飞,小根在地上跑,亏得他跑得快,不然,怎能追上他们呢?

天有不测风云，方才这是大晴天，忽然吹来一阵北风，卷来一片乌云，接着下起瓢泼大雨来。风越刮越大，雨越下越密。霎时间，风拔起大树，雨遮住去路。

神鹰和大根迎着风飞，十分吃力，只得飞往高处，躲过雨层，只苦得小根沿着山脚，躲躲藏藏地跑着。

他们历尽了千辛万苦来到海边，神鹰往海面定睛一看，叫声："不好！"

原来，王老实这天一清早，驾了小船出海，为了想多打点鱼，他直向海中央摇去。谁知遇上这一场狂风暴雨，没来得及撒网，小船已被风浪抛向半空，落下来撞在礁石上，被打得粉碎。王老实落水，在海里挣扎，跟着就要没命了。

神鹰忙对大根说："看见那海上遭难的人没有，那就是你父亲，快去救他。"

大根急着向海上飞去。王老实刚从海浪中冒出头来，大根飞来，拦腰抓起他的身子，拎出了海面，直向海岸飞去。

飞到海岸，王老实早已昏去。小根和神鹰已经赶到。他们围着王老实，大根和小报叫着："爸爸！爸爸！"

王老实醒过来，睁眼一看，眼前一个像鹰样的人和一个像兔样的人，还有个真正的大鹰，不由吓得紧闭双眼，嘴唇发抖，吐出句话来："你们是谁？"

大根说；"爸爸！我们是你失散多年的大根和小根！"

听说是大根和小根，王老实连忙睁开眼，坐起来仔细打量着他俩。大根和小根虽已变得认不得了，但眉宇之间，还留下小时候的样子。

"你们真是大根和小根？"

大根和小根一下抱住了父亲："爸爸！你认不得我们了？"

王老实摇摇头说："怎么你们都变了样了？"

神鹰在旁咯咯笑了起来。“女大还十八变呢！别说男孩子了！”

王老实又吓了一跳，忙问大根，“他是谁？”

大根告诉父亲：“他是孩子的救命恩人，也是孩子的义父。”

“这究竟是怎么回事？我都糊涂了。”

大根和小根就把他们的经历说给父亲听。王老实听了很感谢神鹰和兔奶奶。说着又哭起来。

神鹰说，“好了，好了，别哭了，王老实！你也不必再回乡了，就在这儿打鱼生活罢！两个孩子留给你，你们父子团圆啦，今后一起过好日子吧。”又回头对大根说，“你已经长大了，以后帮着你爸爸打鱼，可别忘了我平时对你的教导，对坏人坏事，就得去拼。”

大根点头答应：“我忘不了您教我的话！”

神鹰又对小根说：“你是个好心人，可是胆子太小，只会逃，遇到坏人，任凭你逃得多快，也会遭殃，要拿出勇气来，跟他们斗。今后你得跟你哥哥学。”

小根连连点头：“我记住您的话。”

“好了，我要走了，今后好好过日子罢！”神鹰说完张开翅膀就飞，父子三人苦留不住，只见他拍着翅膀向天空飞去。

这时，雨过天晴，蔚蓝的天上没有一丝云彩，长空万里，只有神鹰的身影在空中翱翔，越飞越高，越飞越高……

国王登上了飞碟

重要的情报

深夜,天上飘着鹅毛大雪。

辛萨国国王曼达可夫第十三世还在皇宫办公室里不安地踱来踱去。他正焦急地等待着一个重要的情报。

办公室宽广而阴暗,墨色的窗帘遮住了高大的窗子,厚重的门紧闭着,墙上按着曼达可夫一世的画像。他生着鹰爪鼻,留着翘胡子,瞪着一双绿莹莹的眼睛,在昏暗的壁灯光映照下,更显得阴森可怕。

不知是焦急的缘故还是空气调节器失调,国王觉得很闷热。他把窗帘拉开一条缝,把窗户打开些,一阵北风吹来,使他打了个寒战。正在这时,直线电话的铃响了。

"国王陛下!空军司令部派驻西斯兰州伊尔太区第二十八情报处少校参谋赖白拉奉命向您直接汇报……"

"少废话!快说!发生了什么情况?"国王不耐烦地打断了对方的话,急促地问。

"是!今天凌晨二点五十六分,在本区上空发现一个巨大的碟子形状的怪物,全身发光,没有声音……"

"赶快拦截,用EY12氢弹头导弹打!"国王急忙下命令。

“已经来不及了。我们在天空巡行的林格 124 超光速飞机马上追上去……可只听到轰的一声,我们的飞机也失踪了!”

“失踪了?”

“是失踪了!从此地面站和它失去了联系。我们正派侦察机在寻找它的残骸。”

“那么,那个怪物呢?”

“也不见了!”

“怎么会不见的?”

“不知道!”

“岂有此理!”

“是!”

国王啪的一下挂上耳机,嘀咕着:“这是第二次情报了,和十分钟前在乌达斯卡发生的事完全一样……”

他又开始踱步,心里考虑着:“它十分钟飞越了大半个国土,这怪物的飞行速度真快。问题是它飞越国境,全国的监视系统竟然没有得到任何一点情报。这会不会是米星国发射的新式武器呢?如果他带有核弹头,岂不是可以取得第一次打击的完全胜利吗?问题的严重性就在这里,而且,这怪物神出鬼没,忽然现形,忽然不见,这究竟是什么东西呢?”

他要和他的科学顾问耶耶也夫研究一下,于是,按动电视通话器的电钮。可是对方竟没有反应,荧光屏上仍是一片墨黑。是机器坏了吗?在这紧要关头,竟然开这么个玩笑,真是不可容忍的事。他拿起内线电话叫他的侍从秘书。

但,通往侍从室的电话也坏了。

国王非常生气。他向门口走去,要吩咐卫兵把侍从秘书叫来,然而,就在这时,电话铃响了。

他匆忙转身拿起话筒,正待发作,却听到对方慌张的声音:

“报告国王陛下！全国的电话、电视、电报以及所有电的通讯设备刚才都停顿了三分钟！”

“发生了什么故障？”

“经过检查，没有发现任何故障。”

“那是什么缘故？”

“不知道！”

“不知道，不知道！你们全是蠢猪！”他生气地挂上电话，头脑里昏昏沉沉的，他把要找科学顾问的事也忘了，跌跌撞撞地走到柜子旁，打开柜子，拿出一瓶烈性的兰特卡酒，满满地倒了一杯，一饮而尽，然后，无力地倒在窗下的大沙发上……

奇怪的来客

当国王迷迷糊糊的时候，仿佛听到轻轻的开门声，又听到细碎的脚步声，走到他的身旁。他以为是卫兵。

“没有命令，你进来做什么？”他闭着眼睛问。

没有回答，只听见一阵嘻嘻的笑声。

国王睁眼一看，使他大吃一惊，站在面前的竟是个十三、四岁的女孩。她穿着式样新颖的连衫裙，一双闪亮的红皮鞋，头上扎着粉红的蝴蝶结，圆圆的脸上带着甜蜜的笑容。

“你是谁？谁允许你进来的？”国王大声问她。

“我就是我，没有谁允许我进来。”女孩笑着回答。

“你是谁家的孩子？怎么敢私自闯进皇宫来……甚至闯到我的办公室来？我的卫兵呢？”他向门口叫唤。

“用不着叫唤！”女孩镇静地对他说，“他们正像你所说的全是蠢猪。至于我，我可以按照我的需要，在任何时候到任何地方去，谁也阻拦不了。”

国王这才眯起眼睛仔细打量女孩，好奇地问："你究竟是谁？"

"宇宙人。"女孩平淡地告诉他。

国王从沙发上跳了起来："宇宙人！宇宙人？"他又仔细地看看女孩说："不，不，你骗不了我，宇宙人不是这个样子，她应该长得……长得……长得什么样，我也不知道，不过，不过，不会和地球上的人一样，更不会是个女孩子……"

女孩一听，哈哈大笑，她笑得那么厉害，连眼泪也笑出来了。她说："你既然不知道宇宙人长得什么样子，怎么能肯定我不是宇宙人呢？为什么我就不能长得和地球上的人一样呢？而且，宇宙人中就不能有女孩子吗？"

"那……那，你是怎么来的呢？"国王被问住了。

女孩微笑着拉起国王走到窗前，拉开窗帘，推开窗子，从袋里摸出个很小的圆筒似的东西，轻轻一拉，就成了个很大的望远镜，她把它交给国王，指指西南角的天空："你看！"

国王拿着这只奇怪的望远镜向她指着的墨黑的天空望去。天呀！这是怎么回事？他看到夜空中停着一个巨大的怪物，形状像个圆形的碟子，发出五彩夺目的光辉，照耀得半个天空都亮了。他不禁惊呼起来："飞碟！"

女孩点点头："是的，要是你没有这只望远镜，你就什么也看不到，除非，我们有意让你看到。"

"就是它，使我们的两架飞机失踪？"国王有点生气了。

"那是他们对我们不友好，竟然想掇拾我们。我们给了它一点小小的惩罚。放心吧！你们可以在阿尔彼斯泰山谷里找到它们。不过，时间要到三天以后，那里的迷雾才会消失。"

"那么，干扰我们电话、电视的……"

女孩点点头说："不过短短的三分钟。因为，我们在进行一次地球磁场的测验,引起的一点小小影响。”

“你们到这里来想干啥?”国王迷惑地问。

女孩招呼国王在椭圆形长桌旁坐下,自己坐到他的对面,然后一本正经地说:“现在我们开始第一次宇宙人和地球上的一位国王的会谈。首先,我要谈我们的情况,以及到这里来的目的,然后,我们将听取你的意见。”

“好吧!”国王显然有点手足无措。

“我们的星球——我不知道你们叫它什么名字,我们管它叫 x 球,也是属于你们称作银河系的一员,那里一切自然条件几乎和你们一样,所不同的,我们那儿没有所谓国家,没有霸权,没有战争,没有剥削,大家共同劳动,共同享受劳动所得。我们的历史比你们长,我们的科学比你们进步。我们愿意和所有星球上的人友好往来。根据我们历次对你们星球侦察所得的资料,对你们已有所了解。现在我们邀请你们派代表到我们星球去作客。为了表示我们的和平愿望,说明我们没有任何一点敌意,大家把这个邀请任务交给了我们儿童宇宙考察队。这就是我的来意。”

“你们来了多少人?”

“连我一共三个孩子。”

国王沉思了半晌,问:“你们去过别的国家没有?”

“没有。”

“那你们为什么选择我们这个国家呢?”

女孩笑而不答。

“也许这是我们的幸运,我们的光荣吧!”国王说,“但是,你们那里有没有核武器?”

女孩笑了:“我们没有核武器,可是,我们有一种消灭核武器的粉末。”

“粉末?”

“是的,这种粉末只要从天空中洒一点下去,下面储藏的核武器就会变成废物,我们这次来,把这种粉末也带来了。”

国王眼光一闪说:“那我有个请求,能不能允许我以及我的大臣到你们飞碟上去参观一下呢?”

“当然可以!”

“那好吧,明天下午一点正,我们准来。不过,这事你得严守秘密,包括你们这次到我们国家来访问的事。”

女孩微笑点头说:“好吧,明天零时三刻在这里等,我来接你们去!”说着她向开着的窗户走去。等到国王跟上去时,连她的影子也不见了。

国王在窗口愣了一刻钟,忽然,快步走到电视通话器旁,按了一下电钮,大声下达命令;“马上召开御前紧急会议。”

御前紧急会议

会议一直开到第二天上午十一点半。

经过激烈的争论与详尽的研讨,拟订出一个“金钱豹方案”,由国王宣读:

“为了迅速地完成我们统一全球的伟大计划,利用飞碟降落我国的大好机会……”

光头的耶耶也夫插了一句:“这是上帝的恩赐!”

国家军事机密大臣三角眼的胡里斯基轻轻地说:“好在这件事全世界都还不知道……”

国王白了他们一眼,他们不作声了。国王继续念下去:“特拟本计划,各有关方面必须按此执行:

“第一条:盗取飞碟上能消灭核武器的神秘粉末。

“第二条：劫持飞碟，迫令宇宙人为我们驾驶，如不成则迫令交代驾驶技术，把宇宙人枪杀之……”

耶耶也夫说：“盗取和劫持这两个字眼不好听，应该换个好听点的。”

国王又白了他一眼说：“管它呢，我们说好听就是好听。”他继续往下念。“第三条：利用无形的飞碟飞往米星图以及其他有核武器的国家上空，散布消核粉末，使他们的核武器统统失效。第四条：发动一场核战争……”念到这里国王不禁笑容满面：“那时候，只有我们是核大国，当然可以征服全世界……”

大家听了也都得意地哈哈大笑起来。忽然，国王板下脸宣布：“现在我命令，耶耶也夫和胡里斯基一点钟以前到这里来，随同我到飞碟上去，执行‘金钱豹方案’的第一第二两条计划……”

“您亲自去？”胡里斯基低声问。

“当然，这样重大的事，我对你们任何人不放心。”国王说。

“只去三个人？”耶耶也夫有点胆怯。

“他们只来了三个孩子，我们还怕对付不了？”国王对大家下命令：“其余的人，回去作好战争准备，要严守秘密！”

“是！”全体起立，大声答应。

飞碟上的战斗

一时正。宇宙女孩出现在皇宫办公室里。

国王向她介绍了两位大臣后问：“我们怎么去法？”

“请跟我来！”女孩领他们到窗口，示意他们爬出去。

国王到窗口一看，窗外什么也没有，只看到窗下树木和石砌的大道：“你要我们从窗口跳下去摔死吗？”

女孩笑着把手向窗外一挥，窗外立即出现了一只精致的天蓝色的小汽艇，停在空中。

“请!”女孩把他们一个个搀上了汽艇，国王和他的大臣战战兢兢地坐好。女孩开动了汽艇向高空飞去。

只一眨眼，他们就到了飞碟的门前。飞碟大门是用水晶做的，门前的台阶用黄金砌成。门前站着两个看上去年龄不过七八岁的小男孩，穿着一样的制服，上面钉着闪光的钮扣，都戴着有个大红绒球的帽子，手里挥动着鲜花在欢迎贵宾的到来。

女孩带国王和大臣上了台阶，两个男孩向他们献了鲜花，女孩向他们介绍:“这都是我们考察队的队员。”

国王看他们年龄比女孩更小，觉得更惊讶。两位大臣心里想:“对付这样小的孩子，简直不用花力气。”

这时候，他们觉得眼前电光一闪，像是照相用的镁光灯一亮，但他们没发现任何记者以及照相机。待他们进入飞碟，却发现里面像座设备完善的少年宫。建筑物的中间是个圆形的大球场。环绕着球场的走廊后面是各种活动室，有音乐室，工艺室、美术室、游戏室、谜语室、棋室、图书室、阅览室……

“这么大的地方为什么只有你们三个孩子?”国王问女孩。

“本来这是座少年宫，我们把它改建为飞碟的。宫里有许多小朋友，因为我们要做远距离访问，他们没空来，所以只有我们三个……”

说着话，他们走到一间放映室门前，女孩招呼他们说:“进去看场电影吧!”

“你们的电影是什么样的，我倒想看看。”国王和大臣们进了电影室，灯马上就暗了，电影放映了，但是看不到放映机的光线，也看不到银幕。四周都是银幕，声音从四面八方来，就好像进入了戏里的环境一样。映的是一部历史片，女孩充当了翻译。

剧情大致是讲,在古代某一个星球上,有个将军要霸占整个星球,因而爆发了一场大战,最后,那个将军死在自己制造的新型武器下,战争结束了,那个星球依然存在,而且更美好了。国王觉得没意思,两位大臣却被剧中爆炸场面吓呆了。

看完电影,国王急着问:“你们那个能销毁核武器的粉末放在哪里,能让我们参观一下吗?”

女孩点点头,带他们上了楼,楼上安放着飞碟的机器。女孩指指一间屋子门上的窗口,让他们往里看。国王和大臣们抢着张望,只见里面放着一只很大的金盆,盆子里像山似的堆着金光闪闪的粉末。国王说:“能让我们进去看看吗?”

“这是很贵重的东西,不到使用时,任何人不准进去看!”女孩冷冷地回答他。胡里斯基一听就伸手去袋里摸手枪,国王察觉,连忙使了个眼色,他才把手抽出来。

“那么,你能让我们参观一下这里的驾驶室吗?”

“可以。”女孩爽快地领着他们走上了一架曲折的扶梯,推开一扇银色的门,请他们进了驾驶室。

驾驶室很简单,四壁都是各种各样的电钮。地板明亮得可以照见人,屋里只有一个小桌和两把椅子,没有其他家具,方才在门口见过的两个小男孩正对坐着下棋呢,一架新型的钢琴放在中央。

国王看了很吃惊,忙问:“没有机器,没有驾驶盘,你们是怎样驾驶它的呢?”

两个小男孩听了咯咯地笑起来,他们过去揭开钢琴的盖子,国王和大臣们看到琴上安着密密层层的琴键。

一个男孩指着女孩说:“你让她弹起琴来,飞碟就会按照她的曲调起飞,要东就东,要西就西。”

“原来是这样!”国王突然翻了脸,从袋里摸出手枪指着女孩说:“听我的命令！过去！开动机器起飞！”

两个大臣也立刻摸出手枪来对准两个男孩:“举起手来!”

两个男孩笑嘻嘻地举起手,女孩从容地走向钢琴,在琴凳上坐下,转过身有礼貌地问:“国王陛下！要飞到什么地方?”

“米星国。”国王命令她。

“去做什么呢?"女孩平静地问。

“这你不用管。”国王回头吩咐两个大臣,“把这两个孩子带到粉末储藏室去,到时候,听我的命令撒粉末。”又回头对女孩:“把储藏室的钥匙交出来!”

“是按照金钱豹方案办吗?”女孩若无其事地问。

国王和大臣们听了吓得几乎跳起来,国王口吃地问:“你……你怎么知道……知道金钱豹方案?”

“通过电波,我们早已测知了你们的心思和活动!”

国王心慌了,但仍故作镇静地喊:“你们知道了,也得按照我的命令办!”他扬了扬手中的枪。“不然,我就杀了你们!”

女孩听了大笑起来:“在你们进门的时候,我们用TW光线照了你们一下,你们的武器就失效了,不信,你们试试看!”

国王和大臣们慌了手脚,连忙察看自己的手枪,发现枪筒变形,显然没有用了。

胡里斯基生气地把枪往地上一丢,叫一声:“我叫你死!”突然向女孩扑去,这时耶耶也夫也向男孩扑去。但奇怪的是他们俩却相撞了一下,跌倒在地上,女孩和男孩都无影无踪了。

他们正在惊慌四顾时,不知从哪里传来女孩的笑声:“不要妄想吧,你们是捉不到我们的。我们选择到你们这儿来,正因为听说你们是喜欢侵略人家,所以特地来教训教训你们。现在就给你们一点小小的惩罚,使你们的战争狂热冷静一点……”

这时,国王突然觉得像有一盆冷水从头上浇下来,冷得全身发抖。但摸摸身上却没有一点水。这冷气越来越厉害，不消半分钟，他已经全身麻木，倒在地上，话也讲不出了。“送国王回去！”那女孩的声音。国王看见两个男孩把他抬起来，从窗口抬上小艇。小艇飞快地驶到皇宫办公室的窗口，两个男孩从窗口把他抬进屋里，安置在沙发上后，便回去了。

是梦是真

不知过了多少时候，国王睁开眼睛，他觉得身上还很冷，回头一看，窗门开着，北风呼呼地吹，窗外还是黑夜，雪还在下。“这究竟是梦是真？”他想打电话问问他的科学顾问，但，他的脚冻麻了，起不得身，他只能静静地坐在那里想着、想着……

克雷博士和熊的传说汇编

自从拳击场惨案发生以来,世界各国的大小报章杂志纷纷报道,采访通讯,特写评论不一而足,面对这一案件的内幕,更是众说纷纭,莫衷一是。有的认为这是一件国际性案件;有的认为是当事人精神失常所致,并无政治背景;有的认为这与拳击师的个人恩怨有关……总之,这是件轰动世界的新闻。本记者为此,经过向各方面细致调查,并获得有关方面提供的不愿公开的材料,以及将各地报章杂志上登载的有关(甚至是无关)的材料,加以整理剪辑,以飨读者。这里不加一词褒贬,也不妄加臆测,纯属客观报道,其中蛛丝马迹,有待读者自己分析。

一、一篇秘密的学术论文

(记者按:克雷博士于前年应《生物进化》杂志特约,撰写了一篇题为《人类进化历史的新探讨——兼论与寒带白颈熊的血缘关系》。此文寄给杂志社以后,久无消息,经博士再三探询,杂志社始答复;该文原送国家科学院征求意见。科学院认为该文所提出之论点,实为旷古奇闻,未能遽加可否,因而搁置甚久。后此事不知如何为国防部战略理论研究处所知,来文调去原稿。据云此稿迄今尚存该处,并据闻有关方面非常重视该文,但认为未可轻易发表。记者辗转探索,几经周折,始得一窥,而该稿不得外借,仅于阅读之间,择其要者,匆匆摘录私抄数句,发表于后。)

"……由此可见,百余年来,达尔文,赫胥黎之流,所创言:人类系由三千多万年前森林古猿发展而来之说,实已过时。其后,以所发现的古猿化石牙面上呈 Y 形花纹之论据,尤为不足……据今激光分析血素所得的资料……及其生理激素的原子结构……X、Y 射线的辐射反映……从$\left(\frac{1}{\sqrt{X}}=X^{-\frac{1}{2}};\frac{1}{X^{3}}=X^{-3}\right)$的方程式……电子力学的数据……足以证明人类的祖先是寒带白颈熊,而非森林古猿……

"……寒带白颈熊之特征:性格温柔,易于驯服,而力大无穷,且好斗。可以按人的意志行动……

"……根据所获材料证明,人类中之'返祖'现象,也屡见不鲜……大抵由于其激素所致……

"……根据以上种种事实证明:我国公民是唯一继承了祖先纯粹的优良血统,这是全世界所没有的,最可贵的……"

二、莱塞可夫大将的两篇政治演讲稿(摘记)

(1) 在国家体育学院毕业典礼上:

"……所以,体力的发展是一切体育运动的最终目的……而体力发展是为了战争,战争是国民至高无上的权利与义务,也是人类生活发展的最高阶段……诸位!将来的光荣前途,并不在体育上,而是在战争中,在战争中使出自己的全部体力,克敌制胜,为国家贡献出所有的力量……"

(2) 在安得尼亚加盟共和国理工学院开学典礼上:

"……人类智力的发展要有计划,按比例;普遍的单一的智力,(如纺织女工只会纺织)与个人的全面智力的关系……所有智慧只能集中在领袖一身……个人只需要有为其本身劳动所必需的智力,其他的智能都是多余的……全民的服从性是最高的美德……就个人来说是如何执行得最好的问题……”

三、一次重要的谈话
——莱塞可夫召见克雷博士——

(记者按:据记者探悉莱塞可夫大将曾召见克雷博士作了长时间的谈话,内容从未发表。现根据不愿透露姓名人士提供的材料,也只能获知其谈话内容的提要,发表于下。)

(1) 关于熊的体力发展的普遍推广问题。(——返祖)

(2) 关于人的智力发展的限制问题。

(3) 关于世界的统一问题。

(4) 关于试验问题。

(5) 关于报酬问题。

四、克雷博士参观动物园

(摘自《青年消息报》通讯栏。)

……今天,春光明媚,鸟语花香,在伊尔斯动物园中开来了一辆奶黄色爱斯基摩人牌小轿车,车子在动物园蛙形办公大楼前的大草坪上停下,车门打开,走下了身穿米色夹克衫、大裤脚的克雷博士和他那漂亮的夫人以及乌黑头发的七岁小克雷,随同前来的还有他的秘书助手等人。肥胖的动物园主任阿·伊丽芙娜今天穿上粉红横条的连衫裙,染过的黑发下堆满了笑容,带着一群天真的孩子迎了上去。

“我作为本园所有动物的主人，今天有幸来接待久负盛名的高贵来宾克雷博士和端庄美丽的夫人，以及她的小天使，感到是有生以来最大的幸福……”

在阿·伊丽芙娜致欢迎词以后，孩子们向贵宾献了鲜花。然后，在动物园全体高级工作人员陪同下，博士一行参观了动物园。

他们观看了张开大嘴的河马，吐出红舌的蟒蛇，勇敢的狮子和威武的老虎。当然，小克雷最感兴趣的是欢蹦乱跳的猴子，而博士却全神贯注在几头健壮有力的黑熊身上。他详细地询问了饲养员关于每一头熊的习性、生活习惯、嗜好，甚至它们的生活趣闻。当他看到两头黑熊戏耍打架时，不禁喜逐颜开，他特别对那头叫做“大力士”的黑熊感到浓厚的兴趣……（下略）

五、克雷博士与龙林院长会见纪实

（摘自《奥斯顿化工学院学报》）

……

在铺着精致地毯的长方形的尤林院长办公室里，克雷博士与尤林院长对于人的智力发展问题，展开了一场有益的探讨。

尤林院长说：“对于可尊敬的博士关于人的思维能力、热情和性格方面，对于多才多艺和学识渊博方面，所持的论点，我不得不表示不同的看法。正如众所周知，丢勒是画家、铜版雕刻家、建筑师，同时他还发明了一种筑城学体系，这种体系还被近代筑城学重又采用；列奥纳多·达·芬奇不仅是大画家，而且也是大数学家、力学家、工程师；马基雅弗利是政治家、历史学家、诗人，同时又是近代的军事著作家；路德不仅在教会中成为一个英雄，而且创造了现代德国散文……这些光辉灿烂的人物正是他们那个时代的巨人……”

克雷博士却微笑地摇摇头，喃喃地说：“那个时代……过去的时代，难道我们当前的时代还需要这类人物吗？我们的时代是强权控制一切的时代；因此，也要改变人的智力、性格，并且不需要热情……”

尤林院长目瞪口呆地看着克雷博士达五分钟之久……

顽固的尤林院长为了证实他自己的论点，邀请了他最得意的学生——斯坦纳金来见一见克雷博士。

斯坦纳金是本届将毕业的优等生。他修长而瘦弱的身体，鼻梁上架着一副显得过大的旧式玳瑁边的眼镜，蓬乱的头发下一双忧郁而带有迷茫神情的眼睛，站在博士面前很腼腆不安。

但是，博士却对他感到很大的兴趣，除了提出些常识性的问题外，还详细地询问了斯坦纳金的身世、家庭出身、祖辈的职业，以及他对自己前途的看法。

斯坦纳金羞涩地回答说：“我愿将学到的东西贡献给社会，也许这是有益的。”

克雷博士大声笑起来：“愿上帝——如果他还存在的话——保佑你获得成功。”

（下略）

六、辛萨王国重振旗鼓参加世界拳击赛

（摘自伊萨尔出版的《世界体育新闻报》“体育珍闻”栏）

……辛萨王国自五年前在世界拳击比赛中，败于奥兰国勇猛的选手约翰·摩鳖尔以后，一直一蹶不振。今据该国国家统一体育协会主任 B. 伦次发表谈话，声称该国近年来对拳击比赛项目，非常重视。国家拨出巨额经费来从事这方面人才的培养

工作，并在全国范围内遴选有惊人的体力与纯熟技术的选手，以备在这次世界拳击比赛一鸣惊人。这次参加比赛的选手必将引起世界的重视，因为他们所显示的威力，不单是代表他们个人，而且也代表国家国力的强盛……对于伦次的这段谈话，各方面人士表示将信将疑，皆拭目以待这次比赛中辛萨王国选手的表现。

七、伊丽芙娜提出控诉

（摘自《每日新闻报》的“社会新闻”栏）

伊尔斯动物园主任阿·伊丽芙娜最近向县地方法院提出了一项控诉，对素负盛名的克雷博士提出不守信誉、强占动物的控诉；并怀疑博士有虐待动物的行为。她在记者招待会上，含着满眼的泪水（从这点上也可以看出伊丽芙娜对她所豢养的动物，怀着多么深厚的感情啊。）向记者诉说事情的经过。以下是她的发言：

“……我曾经怀着满腔热情接待过可尊敬的克雷博士到动物园来参观。我永远忘不了他那衣冠楚楚的绅士风度以及对动物学的渊博的知识，所以当后来他提出要暂借我们的‘大力士’——哦，它是一头健壮的黑熊——去作一次科学上的实验时，我就慷慨地答应了。当然，应该说明，他是通过有关当局的证明来的。但是由于我对自己动物的爱护和关心，我和他说明暂借的期限只限一个星期，他当场就答应。当我提出要派个饲养员随同前去时，他却坚决拒绝。他再三请我放心，他的助手是精通动物习性的，甚至可以说是这方面的专家，‘大力士’到他的实验室里一定会得到精心的照顾。他甚至说：‘我们将以上宾的待遇来款待它。’我是在这样的情况下才将‘大力士’交给他用动物车运去的。

“然而,一个星期过去了,第二个星期又过去了,到了第三个星期的星期三,我再也忍不住了。我好不容易找到了克雷博士,我说:‘我确信博士不是个健忘症患者,可能是由于某种不得已的原因,把归还“大力士”的事耽误了。’博士却笑着对我说;‘正如你所说的,有个不得已的原因,那就是“大力士”觉得这儿的生活太美妙了,它不肯回去,它甚至把你那个单调的动物园给忘了。’尽管我不能相信博士是个不诚实的人,但,我也不能相信我的‘大力士’会不愿回家来。在费尽口舌的交涉以后,我提出让我亲眼看看我的‘大力士’,博士在无可推诿的情况下答应了我的要求。

“又过了两个星期,我才被通知到博士郊外的别墅中会见‘大力士’。当然,博士的别墅是精致的,甚至是豪华的,它简直像个古代罗马的城堡。但是,我的‘大力士’却居住在什么地方啊,他们把它像囚犯似的关在一个潮湿的地窖里。当我在黑暗中看见它时,我的血也凝固了,我的眼泪夺眶而出(说到这里伊丽芙娜哭了起来)。天哪,我的‘大力士’变得多么苍老了,它面容消瘦,四肢无力,没精打采。当它用那失神的目光凝视我时,我的心都要碎了。

“看到了‘大力士’处于这样的境遇中,我当即向管理人员——那天克雷博士没有接待我——提出要求把‘大力士’带回去。那个瘦长个子的管理人员嘲笑似的问我:‘你不放心你的宝贝吗?’我说:‘我实在不忍心看见它这副样子,它显然是病了。你们怎么把它关在这样阴暗潮湿的地方?’那人却哈哈大笑起来说:‘我们明天就将带它到一个光亮干燥甚至是快乐的地方去散步,这你总放心了吧!说着他们就很不礼貌地把我赶了出来。

“这是我最后一次，也是仅有的一次会见‘大力士’。以后，他们不知把它关到哪里去了，我几次去找克雷博士，可是连个人影也找不到。我实在急得没有办法了，我不得不向法院提出控告，并要求社会舆论给予我支持……”

八、一则“寻人启事”及一篇“家庭访问记”

（这则“寻人启事”登载在《惠斯兰州日报》的第二页下面不显著的地位上）

寻人启事：斯坦纳金，奥斯顿化工学院优秀生，22岁，身材修长，身体瘦弱，神经健全，近视眼，戴眼镜，操重浊的西部口音。穿米色长裤，褐色上衣。上星期六自院中返家途中失踪，迄今下落不明。如发现有上述特征的人，无论生死，请通知洛克街26号他的家属。

（第三天，一家报纸发表了一篇该报记者的访问记，转载于下——本记者有所删节。）

……这是一幢近郊区老式二层楼房，房外有块小小园地，园地外围以木栅。园内种着蔷薇和月季，花香扑鼻。看来，这是过着闲适生活的中等家庭。

接待我的是位年纪六十岁左右的老妇人安娜卡娅——斯坦纳金的母亲——鬓发已斑白，身子还硬朗，但由于她儿子失踪给予她的严重打击，使她脸颊消瘦苍白，两眼深凹。她丈夫早年得了癌症去世，大女儿远嫁到寒冷的北方去了，现在身边只有个寄养在她家的九岁小外孙女丽娃跟她作伴。家里是够寂寞的。

我们坐在一间狭小而整洁的会客室内，窗外阴霾密布，大风摇撼着窗棂，给屋里平添几许忧郁和凄凉的气氛。小丽娃紧紧偎依在外祖母的身旁。外祖母的眼神由于忧伤已失去了光彩，只呆呆地望着我。

“您只有这一个儿子吗?”我问她。

“是的,他父亲去世后,我花尽心血把他姊弟俩抚养大,想不到,现在我又失去了他……”她的声音颤抖了。我为了避免引起她过度伤心,换了话题:

“那天发生了什么事故呢?”

“我也不很清楚。那天学校里放假了,下午四点多钟,他独自驾车回家——这是后来我到学院去打听才知道的——就失踪了。他的车子丢弃在公路旁,是警局发现通知我的。”

我想了想:从奥斯顿化工学院回来要经过一条荒僻的公路,在那里作案是很容易的。我问她:“车子有损坏吗?”

“没有,很完整。”

“那么,警局怎样估计呢?”

“他们说可能是拦路绑架,可是,我不同意。因为您知道斯坦纳金是个稳重的孩子。他除了读书外,很少交际,既没有谈恋爱,也没有参加任何社团活动。像他这样安分守己的人有什么理由要绑架他呢?”

对这样的问题,我当然作不出任何解释。沉默了一会儿,安娜卡娅低声地说:“我有种预感,他……我的孩子一定遭到了不幸……”

于是,我讲了许多例子(有的是编造的)来说明斯坦纳金不一定会出什么事,有一天他会健康地回来的。其实,我自己也不相信自己所说的,无非是对一位可怜的老妇人无可奈何的宽慰罢了。

……

最后,我去看了一下斯坦纳金的卧室,卧室的陈设很简单,但到处散放着许多书籍,尤其是诗集,其中雪莱、拜伦、泰戈尔、普希金的尤其多。

“他喜欢念诗?”我问安娜卡娅。

她点点头,补充说:“还喜欢拉小提琴,常常在有月亮的晚上,站在这个窗口拉着忧郁的曲子。”

……(下略)

九、古堡魔影

(这是登载在梅斯克洲出版的《每日晚报》的“社会新闻”栏上的一篇报道。虽然文章不长,但颇引起读者注意。刊出后,报社接到许多电话和信件,探询该事详情及有无发展。嗣后行政当局表态,认为事属荒诞不稽,耸人听闻,不宜宣扬。遂无下文。本记者认为此事虽与本案无关,而不无参考价值,因摘录于下。)

……圣·路易古堡建成于1657年,原为路易公爵之私宅,占地百余亩,建筑雄伟,精致。虽历经战火,但因地处僻壤,故未延及。巨厦年久失修,园地也已荒废,经政府征用后,稍事修缮,而未复旧观。且近年来,重门深闭,门前亦未悬牌,故不知是何机关占用。其中人迹罕见,鸟雀群集,常于深夜,有车驶入,车灯明暗,益为古堡增添神秘色彩。

十五日薄暮,有三五顽童,缘木为梯,爬登围墙,意欲私入园内,攀上古木,窃取鸟蛋也。岂料在墙头之上,遥闻有小提琴之声,声极哀怨,扣人心弦。顽童循声细察,遥见池塘之旁有二人背身而立,其一身材魁梧,背微驼,正俯首拉琴。顽童无知,竟坐墙头倾听。少顷,其人转身面对顽童,顽童一见,大惊失色,心胆俱裂,有从墙上跌下者,也有因惊成疾者。

原来:所见之人,毛发披面,目光炯炯,似人而熊,似熊而人,提琴持弓之手，皆生黑色长毛，恐怖殊甚。

顽童纷纷奔归，告其父母，父母前来古堡探讯，皆受门警严词拒绝，斥为无事生非，无理取闹，因而未能得知真情。

乡里间皆认为儿童不会说谎，且不止一个儿童所见，而所见究系何物，实不得而知，门警之态度，尤为蛮横无理，岂欲掩耳盗铃耶？

……

十、神秘的拳击选手

（摘自伊萨尔出版的《世界体育新闻报》“大会简报”栏）

……世界拳击比赛即将开始，各国代表团于日内络绎到达，众所盼望已久的辛萨王国代表团也于昨日下午乘机抵达。

自从辛萨王国国家统一体育协会主任B·伦次在数月前发表谈话，声称：该国已培养出新的拳击选手巴拉塔利亚将参加本届比赛，并有把握将一鸣惊人，击败奥兰国素负盛名的约翰·摩塞尔，以报数年来的旧仇，并恢复辛萨王国在体坛上的盛名。

奇怪的是这位宣传已久的拳击选手巴拉塔利亚之面目，从未为人所见。即在国内比赛中，也只限于内部竞赛，被允许参观比赛之观众寥寥无几，且观后对竞赛情况皆讳莫如深，外人不得与闻，更何况国外之观众。因而此人有“神秘的拳击师”之称。

据闻神秘的巴拉塔利亚于昨日下午与辛萨王国代表团同机到达，因而引起观众莫大兴趣。专程赶赴机场欢迎者，莫不以一睹庐山真面目为快，机场上人山人海，皆拭目以待。

当巨型“浮图X19号”飞机降落后，辛萨王国代表团官员及运动员逐一走下舷梯时，观众互相探望，有熟悉该代表团运动员的人仔细观看后，告观众云：巴拉塔利亚不在其内，观众大失所望。

后据记者从有关方面探悉:巴拉塔利亚已于昨晚深夜乘专机到达,由该代表团另派专人护送至宾馆下榻云。

辛萨王国对一拳击运动员竟采取如此神秘措施,用意何在,实在令人费煞。

……

十一、拳击场惨闻

(摘自《世界体育新闻报》特写)

夕阳西下,华灯初,几乎全城的人都拥向了麦克琴拳击场,把这座战后创建的能容纳万人的圆形建筑物挤得水泄不通,就连楼下的售票处和休息室里也都是各式各样的人。他们没有票子进场,便在这儿静候楼上传来的战讯,以便先"知"为快。

二楼拳击场中,不消说已座无虚席。场地的四周笼罩在黑暗中,强烈的聚光灯照射在中央的方形台上。这时正在进行的比赛是叶鲁那的格列特对棱诺拉提的罗得斯。观众对这场比赛反应是冷漠的。他们恨不得台上的决斗早点结束——不管谁赢都行,可以让下一场等候已久、望眼欲穿的节目早点开始。

下一场,就是预告中的辛萨王国的巴拉塔利亚将要登场了。观众急于要看一看这个神秘选手的真面目胜过要了解他的技艺如何。他们在纷纷预测这个人物的长相,互相争论、吵嘴,甚至打赌。

"我说他是个长着大胡子的。"

"去你的,他一定是个英俊的青年人。"

"你敢打赌?"

"一千美金!"

"再加五百!"

“一言为定!”

近台的地方已挤满了各地报刊的摄影记者、电视记者,他们争夺着优越的角度,来争先拍摄这动人的情景。

好容易这一局的比赛完了,谁也没注意他俩中谁胜谁负,是格列特还是罗得斯,观众的脑中只记得一个名字——巴拉塔利亚。

观众觉得这一次中间休息时间特别长,虽然,它并没有超过规定的十分钟。

有的不耐烦地喊起来:“靠,时间到了!”

有更急躁的大声叫:“快开始吧!”

于是引起全场的嘘嘘声,鼓掌声,大家一致在催促。

台上出现双方的助手们,穿过绳子,爬了出来,在对角放好随身带来的帆布矮凳(上一场的矮凳早已拿掉了)。接着电铃响了,观众们立即骚动起来。这实在是一种莫名其妙的骚动,只不过是表示难以压抑的兴奋心情。铃声响了多久,骚动持续得多久,直待铃声停止,全场才静了下来。大家睁大眼睛,屏息以待巴拉塔利亚的登场。

但是,使人失望的首先被一些助手们拥簇出来不是巴拉塔利亚,而是他的对手克拉美勒的选手哈罗马。

哈罗马倒是个英俊的小伙子,肌肉柔软,光滑清白,神态略带些腼腆。由于他的体型优美,当他向观众打招呼时,也博得了不少掌声。

接着从台的右角一群人拥着一个头上披着雪白的长毛巾的人走了出来,登上踏步,窜过绳子,来到台中站定,观众的呼吸都要停止了,他们等候已久的巴拉塔利亚终于站在他们面前了。

观众还来不及鼓掌,台上的巴拉塔利亚已把长毛巾取下了。观众到这时候才看清了他的长相。

“啊！”全场不约而同地发出了一阵叫声，这声音简直震撼了这座大厅。接着是一片静寂，全场鸦雀无声，都被这意料不到的景象吓呆了。

巴拉塔利亚身材高大，背驼，全身长着黑色长毛（他只穿了条裤衩），头上长发披肩，额上的长发几乎遮住了他的脸部，两眼深凹，炯炯有光。一张血红的嘴，显得特别大。表情迟钝，呆呆地望着台下，与其说他是个人，不如说他是个人样的熊更为确切。

近台一位瘦弱的妇人，看着看着，“哎”地尖叫了一声，昏了过去，这才使全场观众惊醒了过来，又是一阵骚动。警察和医务人员把那妇人抬了出去，这是第一个牺牲者。

比赛开始了，年轻的哈罗马对着这样一个似人似兽的怪物，显然有点怯场。他简直有点微微颤抖。

巴拉塔利亚恶狠狠地盯着他（他的目光已够怕人），突然，他踱到全台四分之三的地方，抡起拳头就照对方的面门打去。哈罗马连忙招架。一场拳击在进行着，巴拉塔利亚的拳技虽然显得有点笨拙，但，每一下却是那样有力。哈罗马东躲西闪，怕被巴拉塔利亚扭住，但，最终还是失败了。

巴拉塔利亚在哈罗马的鼻子上狠击了一拳，这个年轻人倒了下去，嘴唇破了，鼻子在流血，他仰天躺在地上只会哼哼。

裁判员马上赶过去，在他身旁数着：“一，二、三……七、八……”

巴拉塔利亚在一旁静候着，准备在他挣扎起来时，再给一击。哈罗马弯动他的膝盖，想爬起来……

“ON！”突然响起一声像狮子吼似的声音，在空中回荡。这是巴拉塔利亚对着他一声怒吼。

哈罗马被震昏过去。

“十!”裁判员数到十,哈罗马的膝盖没有离开地面,按照规则他就算被打败了。助手们过来把他抬了下去。裁判员过去,拉起巴拉塔利亚戴着手套的手,把他高高地举起来,向观众表示他是个胜利者。

巴拉塔利亚轻而易举地打败了他年轻的对手,赢得了全场的掌声,但也有观众在悄悄地议论,以技艺论,哈罗马不可能得到这样的下场。他不是被打败的,是被吓倒的。

在观众的议论声中,第二场比赛开始了。这次是巴拉塔利亚遇上了他的劲敌——不负众望的上届选手奥兰国的约翰·摩塞尔。

对于摩塞尔,观众是熟悉的,这个稳健的中年人有着一副安静的神态和冷峻的目光,他长得很平凡,像普通人一样,却蕴藏着非凡的机智。

搏斗一开始,巴拉塔利亚像对付哈罗马一样的战术,先声夺人向摩塞尔展开猛攻。摩塞尔并没有像哈罗马那样地被吓倒,他巧妙地不使巴拉塔利亚接近,只远距离地躲闪,灵活地移动位置。他遵守拳击家的一句格言——在没有把握取胜时,时间就是胜利。

但,尽管这样,他还是没有躲过巴拉塔利亚的猛然一击,踉跄地倒退,幸而台旁的绳子拦住,使他没有从台上跌下来。而就在这一刹那,巴拉塔利亚抢上一步,挥拳向他面部猛击。摩塞尔忍受着,沉着地坚持着,上半身几乎倾倒在绳子上,但没有倒下去。

在他们扭在一起时,裁判员把他们分了开来。观众可以清楚地看到摩塞尔的背上,被绳子勒的一条血痕。摩塞尔趁个空隙向巴拉塔利亚猛击一拳,也使他倒退了几步。

就在这个观众看得喘不过气来的当儿,近台边传来了轻轻的一声“暴风雨!”这话几乎只有巴拉塔利亚听见。

巴拉塔利亚猛然向摩塞尔冲过去，改变了战术，拳头不是一拳、两拳，而是十拳，二十拳，转动得像个飞快的车轮，像一阵旋风向摩塞尔卷去，把他打倒在地。

观众来不及喝彩，裁判员已在摩塞尔的身边数了起来："一、二、三、四、五……"

摩塞尔的身子动了。

"七、八、九……"

这位拳击老手，以他坚韧不拔的毅力，从地上爬了起来，赢得了全场掌声。

下一个战役开始时，摩塞尔仍然东躲西闪，争取时间来恢复力量。一旦时机成熟，他便发动了反攻。他以同样的战术来对付巴拉塔利亚，如果说方才巴拉塔利亚的拳头像阵狂风，那么现在摩塞尔的战术就像场暴雨。

这时，巴拉塔利亚只有招架之功，而无还手之力了。摩塞尔利用巴拉塔利亚长头发遮住眼睛之际，使出他的"撒手锏"——左直拳，对着巴拉塔利亚的下巴向上一拳，巴拉塔利亚感到自己像是腾空起来，然后重重地跌在地上。观众们从惊呼中站了起来，他们眼看一座巨人倒下来了。

裁判员踱到巴拉塔利亚身边数着："一、二、三、四、五、六、七……"

巴拉塔利亚一动不动地躺着，闭着双目，眼看是没有希望了，观众中已发出了唉叹声。

"九！"裁判员数到"九"的时候，猛听得观众中一阵轻微的脚步声，几乎和裁判的"九"同时出口，轻而尖利地叫道：

"斯坦纳金！"

于是，奇迹出现了。

巴拉塔利亚蓦地醒来，像没有受过任何打击一样，一下子就跳起来，猛地推开裁判员直向台旁奔去，向台下四边张望，似乎在寻找什么。

“斯坦纳金！”又一声轻轻地呼唤。

巴拉塔利亚看见了一位头发斑白，身材瘦小的老妇人，他认出这是他亲爱的母亲安娜卡娅。他急忙地窜过绳子，跳下台去，大叫了一声“妈妈！”两人拥抱在一起了。

世界上只有一颗母亲的心，才能从上万的人群中，认出被改了名、变成兽样的儿子。也只有一颗纯真的儿子的心，才能从昏迷中听到母亲一声轻轻的呼唤。

安娜卡娅是为了排遣自己抑郁的心情才远道而来参观这次拳赛的，想不到会无意中遇见了失踪已久的儿子。当他前次被举起手来接受观众欢呼时，她已经怀疑他是斯坦纳金了，她悄悄地走近来看，当他被打倒在地时，她的心揪紧了，不由自主地叫出了儿子的名字。

母子俩紧紧地拥抱着，他们听不见全场观众惊异的呼声和裁判员的吆喝声——比赛并没有结束啊。

这时，从一旁闪出个衣冠楚楚的绅士来，他匆匆走到巴拉塔利亚——现在该恢复他的原名了——斯坦纳金的身边。当他看到安娜卡娅时，不禁吃了一惊，但是马上镇定下来，上前来轻轻地拍拍斯坦纳金的肩膀，微笑着而带着命令的口吻说：“上台去！国家的任务和我的试验都没有结束呢。”

斯坦纳金回头一看，是克雷博士（他是一直护送他来的）。顿时，他的眼中露出异样的目光。从他见了自己母亲以后，似乎神志清醒了过来，一切旧恨新仇都集中在他的目光中，克雷博士有点觉察，往后退了一步。

经过一阵可怕的沉默，斯坦纳金发出了一声雷鸣似的吼声：“残忍的畜生！”说着向克雷博士一拳打去。克雷博士应声而倒,斯坦纳金猛扑上去,骑在他的身上,拳如雨点打着。

还待在台上的比赛助手们,起初为斯坦纳金这一突如其来的行动惊呆了。当他们想到这位老年的绅士不能跟摩塞尔相比,是经不起老拳时,便纷纷跳下台来劝解,要把他拉起来。这时候,斯坦纳金已控制不住自己的意志了。他狂怒地向每一个来拉扯的人挥拳乱打。全场秩序大乱,喊叫声、奔跑声、妇女们惊慌地叫声响成一片。

一个警官带领了一队警察赶来,他们想把斯坦纳金揪住,但他力大无穷,一个人对付着一队警察,边打边走。观众恐怕自己吃亏,纷纷躲避,向安全门逃去,把安全门都堵塞了,有的人挤倒在地被别人踏伤,有的人挤得透不过气来,因而昏倒。据后来统计,当场受重伤的达三十余人,轻伤的不计其数。

斯坦纳金和警察们搏斗,他一步步向观众席的中间道退上去,直遇到后面的窗口。不知为什么,他忽然发出一阵狂笑。接着迅速转身从窗口跳了下去……

斯坦纳金身受重伤被送进了国家医院。

……

十二、最后的消息

(摘自《世界体育新闻报》“社会新闻”栏)

……

昨天从国家医院传出的消息说:“斯坦纳金经过输血抢救,已脱离了危险期。医生对其严重的骨折,正在进行有效的治疗。医院当局严禁外人探望;连记者也在拒绝之列。有关方面曾向斯坦纳金的母亲探问(她一直陪伴在她儿子病榻旁),这位老妇人守口如瓶,只是说‘无可奉告’。”

但据医院中传出一则令人惊异的消息称:“斯坦纳金经输入人血后,全身的黑色长毛已经脱落;驼背也日见恢复。现在看来,他已经像一个正常的人了。连他的声音也变了过来,这种生理变异值得科学界郑重考察……”

十三、呓语

(摘自《世界体育新闻报》“社会新闻”栏)

……

在拳击场中被疯狂的选手打伤的老人克雷博士,因受伤过重,且年事已高,经医院当局全力抢救后,现尚未省人事,处于昏迷状态。

在昏迷中,时发呓语。呓语断续,不能尽知其意。如,“……统一世界的初步试验失败了……”

“……人类智能的发展与感情的联系是不可征服的……”

“……自然的规律不可违反……”

“……人不是熊……”

有人认为其梦呓有着深刻的含义,“是经过一番试验后,得出的教训”。有人认为:“梦呓就是梦呓,什么道理也没有”。但有的人却说:“他的呓语比他的论文清醒……”

……

火萤与金鱼

秋天的夜晚。

在那浓绿的山谷中，在那块青石与赭土的覆盖下。

“唧铃铃，唧铃铃”传来一阵阵金铃子的歌声：

轻纱般的白云，
　飘浮在深蓝的夜空，
银盘似的圆月，
　傍依着山腰的青松，
翠柏偎着红枫，
摇曳在晓风中，
野菊吻着清溪，
清溪歌声淙淙。

是啊，淙淙的溪水从山涧缓缓流下。

小溪，小溪，无数的小溪汇成了一条清澈见底的小河。

夜是这样的静啊！只能听到溪水的流声和秋虫的低吟。

河岸旁的芦苇入梦了！
河岸旁的青草入梦了！
河岸旁的雏菊入梦了！

它们梦得那样甜蜜，
　也许它们在梦里，
看到这水底晶莹的彩石。
　也许它们在梦里，
看到金鱼们快活地游戏。

金鱼在快活地游戏。

她们披着各色美丽的鱼鳞，在皎洁的月光下，在碧绿的河水里，闪耀着彩色的光芒，穿梭般交织来往，矫健地上下翻腾，变幻出千万种花式，蔚成神奇的图案。

在这般欢乐的时刻里，在那绿纱似的水草中，在那青灰的河石上，躺着一条小金鱼。她害了一场重病，落去了一身彩鳞。现在她变得银光灼灼，通体透明。可是任是怎样，金鱼总该是条金鱼，没有一片彩色的鱼鳞，在她，总不是一件好受的事。

她在轻轻地啼哭。

虾大夫用他特有的长须，作为听筒，按在她惨白的胸口上仔细地诊听，然后抬起头来说：

"很好，很好，没有什么。"他卷起听筒，"简直是完全好了。"

小金鱼听了，兴奋地瞪着眼看着虾大夫。

一旁，倒引起了田螺护士的着急，她轻声地问：

"您看，她那鱼鳞……我是说她从前那身美丽的彩鳞……"田螺护士说话，永远是那么小声细气的。

虾大夫没等她说完就摇了摇头，向田螺护士瞪了一眼，他那对大眼有多么威风，吓得田螺护士不敢吭声了。

"虾大夫，虾大夫！"小金鱼也轻声地叫他。

"好好睡吧！孩子！就快出院了。"虾大夫说着一弓身就跳走了。田螺护士跟过来，虾大夫回头叮嘱：

“好好地看护她，别再提那鱼鳞的事！”

“嗳！”田螺护士连忙答应，可又轻声地解释，“我是说，怪可惜的，她那身鱼鳞多美……”

“多美，多美，什么是美？”虾大夫显得有点生气，小河里的居民们都知道，除了那怪脾气的蟹老头以外，虾大夫的脾气也是不好惹的。田螺护士连忙把话咽下去。

“什么是美，也许有一天你们会知道，也许你们现在还不知道，也许……也许，也许我要回去了！”虾大夫一边说着，一边穿过水草游去了。

田螺护士沉默下来，看着小金鱼，她不知该祝贺她呢，还是该安慰她，倒是小金鱼懂得她的心情。

“阿姨！你去睡吧，太累了！”

田螺护士看了看小金鱼瘦小的身体，略带苍白的肤色，叹了口气。

“好吧！你也睡吧。”她替小金鱼拢上一层水草，缓缓地游到一边去，疲倦地打了个哈欠，轻轻缩进壳里，睡着了。

远处传来一片欢笑声。

小金鱼从水草里探出头来，看看瞌睡着的田螺，听着遥远的笑声，她再也忍不住，就悄悄地游出来，拨开水草织成的纱帐游走了。

她游到一片碧绿的大荷叶下面，远远地看着朋友们欢快的舞蹈。她多么想游过去，挤在她们舞蹈的行列里，可是她知道，若是她被发现了。立刻会引起一阵惊讶和骚动，朋友们不会让一个没有痊愈的同伴来参加晚会的，她立刻会被大伙护送回医院去，说不定还得听田螺护士的一阵唠叨。

她懂得这些同伴们是多么爱她，在她病势沉重的夜晚，焦急地听着她微弱的呼吸，望着她吐出的一个个水泡，大家睁大了眼睛，满脸的忧虑，直等到虾大夫说："放心吧，不碍事了！"这才慢慢地离去。

现在，她是在寂寞地偷看着朋友们的欢乐的晚会，她没敢游前一步，为的是怕打断了大伙的兴趣。

忽然头上的荷叶振动了一下，使她吃了一惊，连忙躲进水底。过了一会见没见动静，她又好奇地探出头来向荷叶上张望，她发现了一只小虫躺在荷叶上，柔软的轻翅，盏着微黄的身子，黯黑的脑袋，低垂在胸口。

"你是谁？"小金鱼问他。

"啊！对不起，"那小虫睁开眼喘着气说，"我是只老火萤，飞不动了，掉在这儿，歇歇气，吓唬了你吗？孩子！"

"不，没什么，可是……"小金鱼仔细看看他，"火萤？你是说那晚上闪着光亮的灯，在天空上骄傲地飞着的？"

火萤轻轻地叹了口气说。

"是的，但那已经是我年轻时候的事了。现在，我老了，我的萤灯已经熄了……"

小金鱼沿着荷叶游了一周，证实了这陌生朋友的话。她怀着无限的同情，可又找不出一句适当的话来安慰他，只是呆呆地朝火萤望着。火萤也仰起了头，看了她一眼，显然他的眼睛有点"老光"了。

火萤慢吞吞地说："要是我的眼睛还没有完全坏了的话，我想，你该是条小金鱼！"

小金鱼点点头，并打了个转。

"可是……说实在，我好像没有看见你有一片彩色的鱼鳞……"

这句话使得小金鱼多么难受啊！她自己也不知为什么，突然掉头游走了。

“小金鱼！小金鱼！”火萤连声叫起来。

小金鱼回头看看他，火萤连忙道歉：’

“真是对不起，我不该说这样的话！”

小金鱼感到一阵说不出的滋味，涨红了脸，转回身来。她觉得在一个陌生的老人家面前，自己那样的使性，多么不好意思啊。

她低声地说，声音轻得几乎听不见：

“没什么，……不过……这也是没办法的事。我生了一场病，鱼鳞全掉了。”

“是的……是的……”火萤不知怎么说好，“我……我完全不知道……”

“得了，我们不谈这些吧！”为了不使火萤太窘，小金鱼忙转换了话题：“老伯伯！你成天在天上飞，讲点天上的故事给我听吧！”

“好，好！”火萤说，“讲故事解闷，真是再好也没有了。”

火萤显得高兴起来：“……我可以讲些天上的故事给你听……”

“我也可以讲些水里的故事给你听。”小金鱼也高兴起来了。

就这样，每天夜晚，待田螺护士睡着了，小金鱼便悄悄地拨开纱帐，游出了医院，来到这片荷叶下面，听老火萤讲故事。当然她自己也讲了许多故事。他们讲个不完，说个不尽，直到拂晓的清风吹醒了睡莲，山谷间传来了悠扬的牧笛，火萤才缓缓飞去，小金鱼才轻轻地游回她的病房。……

可是，他们谁也没说出过他们埋在心底的愿望，直到有一天……

有一天，也许是故事太长了，也许是讲得太慢了，金色的朝霞已布满了蔚蓝的晴空，映红了碧清的小河，同时，也染上了晶莹的露珠……

露珠在荷叶上顽皮地打转。

火萤把它一顶，露珠弹起在阳光中一闪，轻轻地落在小金鱼张开的小嘴里。

清冽的露水沁入了小金鱼透明的心肺，她快活得咯咯地笑起来。

火萤也爽朗地笑了，他继续地顶着露珠，小金鱼贪馋地一个个吞下。

"如果你有一颗像露珠似的明亮的萤灯，可多好！"小金鱼偶然想起，说出这么句话。

接着远远传来田螺护士的叫唤声：

"小金鱼！小金鱼！"

小金鱼匆匆地向火萤说了声"再见"，就游走了。

火萤也缓缓地飞起。

云雀的歌声响彻了山谷。

金色的彩霞映得河水通红了。

傍晚时分，明朗的天空，忽地飘来一朵乌云，传来一声响雷。

一刹间，大雨倾盆。雨点落在山石上，雨点落在大树上，雨点也落在锦绣似的花朵上。

一只五色斑斓的花蝴蝶，从花丛中狼狈地飞起来。她想高飞，但大雨点纷纷地落在她的身上，终于，她的翅膀被打湿，再也飞不动了，降落在一棵大树根下，一片落叶旁。

落叶轻轻抬起，原来是火萤在叶下躲雨，他看到身旁这可怜的伙伴昏昏迷迷的情形，便顶起叶子盖在她的身上。

隆隆的雷声远去，雨过天晴。

花蝴蝶从昏迷中醒来，她奇怪地看着身旁的陌生朋友。

“我还没有死吗?”她问。

“当然，当然，受了点风湿，不会的。可是，该去晒晒太阳，不然也许会伤风的。”火萤诚恳地回答。

花蝴蝶拍了拍翅膀，抖开了树叶，阳光照得她睁不开眼，她伸了伸腿，回头对火萤说：

“我该怎样谢您呢，老伯伯！我知道，要是没有您，这场雨会把我打死的。”

“说什么谢呢.这是应该的!”火萤看着蝴蝶那美丽的翅膀，在阳光下闪耀着光芒，不禁赞叹起来：“你的翅膀真美啊!”

“请不要夸奖我的翅膀吧，老伯伯!”她大声地说：“我飞过很多的地方，凭着我的双眼，我能辨出谁也看不到的颜色。凭着我的触角；我能辨出谁也闻不出的气味。因此，我知道了很多天地间的秘密……”说着她笑了。

“告诉我吧！老伯伯！你有什么愿望，也许我能帮助你!”花蝴蝶说得那么诚恳。

“我有什么愿望呢，我生活得很好。”火萤看着她，停了一会儿。忽然抬起头来说：“要是你真能帮助我的话，……我有一个朋友，一条小金鱼，她很不幸，缺少一身像你翅膀一样美丽的鱼鳞……”

“哦！是这样！好吧！老伯伯！在下一次下雨的时候，赶在天晴之前，把你的朋友带来吧！我在东面大河边的芦苇上等你们，我会帮助她的……”

说着，花蝴蝶展开翅膀向着雨后的青山飞去了。

雨后的山色分外青翠。

山涧的流水更湍急了，它哗哗地向山下流去。

溪水冲走了砂石，砂石随着溪水淌下。

在那溪水下，小河的水底，有个老蚌，他正在翻身。砂石纷纷落下，一刹间，压上了他的贝壳。

他无力地呻吟着。

忽然一条小金鱼游来，她奋然用嘴顶去厚厚的泥沙，来回忙碌地营救了老蚌脱险，自己也累得喘不过气来。

老蚌得救了，他展开了贝壳，闪出头来，飘动着银白的丝须，带着重浊的乡音喘着气问道：

“救我性命的，难道……难道就是你这个小东西吗？”他惊异地看着小金鱼。

“要是没有别人，那就是我了。”小金鱼不好意思地回答。

老蚌点点头。

“唔，唔，了不起！我该怎样地夸奖你呢，咳，不，该说是怎样地谢你！”

“快别这么说了，帮助老人家，那是应该的。”

老蚌听了哈哈大笑起来：

“不错，不错，我至少也活了一二百年了，该算得上个老人家。”他游近小金鱼，亲切地说；“孩子，年纪愈大，懂的事愈多。你有什么要求，尽管告诉我，也许我能帮助你！”

“我没什么要求，我活得挺好！”小金鱼说。

“咳，谁都该有个愿望，想想吧！你希望什么？”

“我希望能帮助一个不幸的朋友，”小金鱼想了一下说，“是一个年老的火萤，他的萤灯灭了，我真为他难受。”

老蚌沉默了，这是个难题，他考虑了一会儿，忽然抬起头来，严肃地对小金鱼说：“跟我来！孩子！”

他慢慢地摆动身体，向前游去，小金鱼好奇地紧跟着他。

不知游了多少时候,也不知游了多少水路。一路上老蚌默不作声。小金鱼看看他的脸色,也没敢问他。

终于,他们来到了一条更清澈也更辽阔的大河的河底。老蚌在一块河石上歇了下来。

"你到过这儿没有?"他问小金鱼。

小金鱼在四周游了一圈,她发现这儿比她居住的小河更加美丽,深蓝天空上的点点繁星,映在这碧清的河水里,到处闪动着飘忽的光芒。一阵微风吹过,水波轻荡,星花缭乱,犹如节日夜晚灿烂的焰火。而那水草细如绿雾,更把小河点缀得好比仙境一般。

"我从来没到过这么美丽的地方。"

"是啊,这儿真是个美丽的地方,谁都会喜欢它的,就连那天上的流星,也愿意降到这儿来……"老蚌微笑地说。

"流星?"小金鱼觉得有点迷惘。

"这是个秘密,我从来没有告诉过谁。我怕那些不懂事的鱼虾们,来打破这儿的清静、弄脏这儿的河水,……"老蚌说得那么神秘,更引起了小金鱼的好奇。

"快说吧,老伯伯!"她央求着。

"每年七月七日——恰巧就是今天晚上。深夜的时分,西天有一颗流星落到这条河里来,你要知道,流星总是喜欢落在最清澈的河水里,谁要是有那份勇气,在流星没冷却以前,把它衔去安在什么地方,它就永远在那里闪耀着光芒。但如果待它冷了,谁也别想再移动它。它已经变成了金刚石……"

老蚌说着,向东边一指,小金鱼顺着他所指的方向望去,眼前突然显现出一片青光,定睛细看,原来是一堆金刚石。

"啊!"小金鱼不禁惊呼起来:"方才我怎么没看见它?"

"许是你的眼花了。"老蚌笑着说:"你能熬得住吗?一夜不能合眼……”

“老伯伯,您不知道,我们金鱼是从来不闭上眼睛的……”

“那很好!”老蚌点点头,“守着吧,一等流星落下,赶快去衔,……我只能把秘密告诉你,可没法帮你更多的忙了!”

“我真是多么感激您! 老伯伯!”小金鱼恳切地说。“您已经很辛苦了,快去休息吧!”

“是啊,是啊,我是有点疲倦了。”老蚌说着打了个哈欠,伸了伸腰,就把贝壳合上了。

小金鱼浮上来,望望天空。天空上的星星在向她眨眼。

小金鱼笑了,水面上浮起了一个个水泡。

像过去一样,火萤停在那片荷叶上,不同的是他今晚显得十分焦急,呼唤着:

“小金鱼! 小金鱼!”

河水犹如镜子似的明亮,水波不兴,但不见小金鱼的踪影。她到哪儿去了呢? 她要是听到了花蝴蝶的话,会多么快活啊! 火萤越想越着急。

一条花背龙睛的金鱼游来,火萤忙问:

“你看见小金鱼没有?”

“怎么,她没来?”那条金鱼吃了一惊,“我去找。”

她急忙游去,一边连声叫着:“小金鱼! 小金鱼!”

另一条绿首红尾的金鱼游来,火萤又问:

“你看见小金鱼没有?”

“没有呀! 她到哪儿去了呢?”

说着,她也连忙游去,一边大声地叫着:

“小金鱼! 小金鱼!”

最后田螺护士尽她所能游到的速度游过来,一边也在叫着:

“小金鱼！小金鱼！”忽然她看见了火萤，她问：

“你看见小金鱼没有？”

“我也正在找她呢！”

“真是个顽皮的孩子！”田螺嘀咕着游走了。

火萤还在呼唤着“小金鱼”。

水底鱼儿们的呼声像是他的回声。

回声逐渐轻微，后来成了梦呓一般，鱼儿们四散到远处找去了，火萤却只能厮守在这片荷叶上。

他叫着叫着，直叫道支不住了，才昏昏沉沉地睡着了。

一钩新月，一天星斗。

一颗流星，划破蓝空，从西天飞来，迅速下降。

一声清脆的“叮咚”声，星星落入河中，溅起万道银光，水波荡漾，星星直往水底沉去。

这声音惊醒了老蚌，他展开了贝壳，探头一望，忙推了推身旁的小金鱼。

小金鱼显然是惊呆了；被老蚌这一推，才清醒过来，奋力向星星游去。

星星的光亮眩得小金鱼睁不开眼，但她依然向前游。

游近了星星的旁边，她顿时感到一阵难耐的灼热，几乎不能靠近。

但小金鱼略一踌躇，打了个转，猛然向星星扑去，要把星星衔住，可是星星太热了，烫得她嘴唇焦烂，只得退了下来。

而她吐了个水泡，又冲了上去，终于把星星衔住了。

小金鱼的嘴烫红了，逐渐从脸起红遍了全身。像是个红宝石塑成的。

老蚌在旁感动地大声叫着：

“快，快，快去吧。别让它凉了！”

小金鱼飞速地向前游去，一路上星星闪耀的银光，照亮了河道，连水底的小石头都看得分明。

这光亮惊动了远近的水底居民，从水草中，从石缝里，从泥洞口拥了出来，互相询问：

“发生了什么事情？”

大家忙乱地向着光亮的来处游去，一看究竟。

小金鱼什么也不顾，一个劲地飞快地向前游。

居民们看见她都惊呼起来：

“是小金鱼！是小金鱼！”

远处没看清楚地，或是被光亮眩花了眼的，却大声叫着：

“是颗星星！是颗星星！”

不管是看清没看清的，都随在她后面追。

在寻找她的金鱼们和田螺护士，也看见了她，一起赶来，并大声地叫着；“小金鱼！小金鱼！”

小金鱼开不得口，她一心要赶在星星冷却之前，把它送给火萤，她瞪着眼直向着荷叶的方向游。

近了，近了，那片大荷叶就在前面。

荷叶上，火萤睡得那么沉，连大家的喊声，也没把他吵醒，他确是太疲倦了。

小金鱼看见了他，朝着荷叶一跃两上，把星星按在火萤的背上。

火萤一惊，猛然飞起。回身一看，身后出现了一颗光芒夺目的萤火，他惊喜得不知所措，直在天空打转。

小金鱼看得咯咯地笑起来。

跟来的居民们，虽然还没有明白全部的经过，但眼看着这么件奇事，也都快乐得笑起来。

火萤飞落到荷叶上，问小金鱼，

“这是怎么回事?”

“我也不知道!”

小金鱼说着，含羞地沉到水底去了。

蒙蒙的细雨，像是千万支绣花的针儿，在这锦缎似的海面上，绣出各式神奇变幻的花纹。

河水向东流去。

火萤在河面上低低的，而又是迅速地向前飞。他那柔软的翅膀振动，发出细微的响声。轻快矫健的姿态连蜻蜓也比不上他，而他那微黄的肤色，又像是新涂了一层油光，似乎雨点都沾不上了。

小金鱼顺着河水，紧随着火萤向前游。

她不时冒出头来叫他：

“歇歇吧，歇歇吧！老伯伯!”

“怎么?你又忘了，你答应过不再叫我老伯伯的。”火萤大声说。

金鱼抬头看了看他，确是，在他身上已经再也找不出一点“老”的痕迹了，甚至于看上去比别的火萤还年轻呢。

她一边游，一边笑着说：“我又忘了!”

“那么，快点游吧!”为了显示自己的体力，火萤飞得更快了。

雨越下越密。

小金鱼望了望天，猛然游到火萤的前面，冒出头来喊：

“歇一下，歇一下，你的翅膀全湿了。”

“不碍事，不碍事!”火萤依然向前飞。

“不行，不行，我不能让你这样，快歇到河边树下去!”她失声喊，像是下命令一般。

可是火萤没服从她的命令。

“一定得在天晴之前，把你带到她那儿。我说过，就得做到。”

忽然迎面飞来一只花蝴蝶。火萤仔细一看，正是那天遇到的。他高兴地叫起来：

“她来了，她来了！”

火萤迎上去招呼她：“你怎么不在大河边等我们，倒飞回来啦？”

花蝴蝶向他端详了一下问：“你就是那个火萤？”

“怎么？不认识了吗？”

“哎呀！你怎么一下子变得这么年轻了！”花蝴蝶惊叫起来。

“这有什么呢！”火萤倒显得不好意思起来。

“我因为担心你年老，打湿了翅膀飞不动，才赶回来找你的。谁知……”

“不谈这个吧，”火萤焦急地打断了她的话，“我把小金鱼带来了，快去告诉她吧，该怎么办！”

花蝴蝶低头一看，小金鱼也正浮在水面上看他们呢。

花蝴蝶对火萤说：

“你就歇在河边的芦苇上吧，让我带她去。”

火萤依了她，在一枝芦苇上歇了下来，花蝴蝶盘了一转，低飞到小金鱼的身边喊：

“小金鱼，别怕！跟我来！”

小金鱼点点头，好奇地跟着她向前游去。

忽然眼前一亮，她游到一条大河里来了。这正是那晚上老蚌带她来的地方，为什么花蝴蝶也把她引到这儿来呢！小金鱼正想问，却听到花蝴蝶在叫她：

“小金鱼！快来瞧！”

小金鱼把头伸出水面，雨不知在什么时候已经停了。

东边蔚蓝的天空上高悬着一条七色的彩虹，虹脚正落在这条清澈的大河里，河中彩浪涟漪，金波荡漾。

花蝴蝶低声告诉她：

"小金鱼，快游过去吧，游到虹脚下去，你将会发现多么奇妙的事情！"

小金鱼迅速地向前游去了。

她快活地在这彩色的河水里跳跃翻腾，在虹带下穿来穿去，一刹间，她消失在这五彩缤纷中。

在芦苇上遥望的火萤忧急地惊叫起来：

"小金鱼！小金鱼！"

花蝴蝶飞过来，安慰他：

"别着急，你瞧！她就快出来了。"

果然，小金鱼出现在河面上，她已经染上了一身彩色的鱼鳞，像彩虹一样的光艳，像彩虹一样的娇美。

火萤看得惊住了，他喊了声：

"啊！真美啊！"

小金鱼的脸羞红了，她不好意思地窜到河底去了。

夜晚。

依然是那缀满繁星的夜空，依然是那清澈见底的小河，而今晚却显得分外美丽。

这里洋溢着欢乐，一个愉快的晚会已经开始了。

为了这难逢的盛会，河面上朵朵睡莲都展开了，每一株睡莲上站着一只火萤，而在那株最大的睡莲上，却挂起一颗星星。原来那就是已经恢复了光亮的老火萤。

星星的光，萤火的光，照亮了莹洁的小河。

河里的水草已被编成神奇的花样；有的如珠串的垂帘，有的似锦绣的洞门，有的却像空悬的秋千。

金鱼们就在这花草丛中，按照她们古老的习俗，游起她们的土风舞蹈。

其中最美丽的就是我们那勇敢的小金鱼。

她们一起欢乐地歌唱！

世界上
　什么东西最美丽？
世界上
　什么事儿最高兴？
是高山的风号？
　是流水的声音？
是野菊的清香？
　是桂花的芳馨？
是夜莺的歌唱？
　是秋虫的低吟？
是天边的彩虹？
　是夜空的繁星？
都不是，
　都不是，
最美丽的是一颗
　愿意帮助别人的心。
最高兴的是
　帮助别人的事情……

她们的歌声浮出水面，飘过小溪，荡漾在青山翠谷之间。

金铃子沉默了，他也为这优美的歌声陶醉了。

马和鲫鱼赛跑的故事

你有没有听说过鲫鱼和马赛跑的故事？鲫鱼在水里，马在陆地上怎么能赛跑？可就有那么一回事，这事发生在不久以前……

在大清县东门外有条大清河，这条河真不小，外通大江，内通小流，水清见底，游鱼成群。大清县的人都说："有了这条河，别说四面八方的人都招来了；就连大川小塘的鱼也招来了，这条河硬是好嘛！"

那年春天，一大清早，李老汉牵着一匹枣红大马来到了河边。这马高头长尾，红鬃白蹄，长得十分精神，李老汉拿他比儿子还疼，把马松开了缰绳，让他自由自在地去喝水，老汉自己找个地方歇腿去了。

那大马兴冲冲奔到河边，先不喝水，低头四处瞧瞧，望见不远的水里，有一群小鲫鱼在做吹泡泡游戏。其中有一条大眼的小鲫鱼吐的泡泡比谁的都大，到水面上好久才破，乐得她大声叫起来：

"我第一，我第一！"

"这回不算，这回不算！重来，重来！"有的鲫鱼表示不服气。

也有帮小鲫鱼说话的："干吗重来？是数她的最大嘛！"

"重来就重来，看我吐的总是比你们的大。"小鲫鱼倒是满不在乎。

大马看着她们吵吵闹闹的样子,心里好笑:“这些小家伙,真是好玩!”想着就对她们一声长嘶:

“小鲫鱼!”

那条大眼的小鲫鱼一听到马叫声,掉转尾一转身,见是枣红马,乐得像箭似的窜了过来。

“长面孔叔叔,你来啦!”她笑着大声叫。

“别顽皮!”枣红马心里喜欢她,可脸上却摆出一副长辈的样子来。说实话,论年纪,讲辈分,小鲫鱼该叫他公公啦,可因为他长得年纪轻,大家都管他叫叔叔,还给他加了个外号“长面孔”,他也不动气,只是随口喝一声,小鬼们也不怕。

“您怎么好久不来啦?”小鲫鱼问。别的鱼儿也都游过来了,都抢着叫他。

“我忙着!你妈呐?”枣红马一本正经地说。

“妈妈在家里。”小鲫鱼说,“我知道,您又要下乡去啦,上我姥姥家去。”

“嗨,这回到小柳乡,”枣红马点点头,“去问问你妈!有什么口信要我捎去。”

“小柳乡,小柳乡!”小鲫鱼学着说,“还提那个老名字,现在叫春风公社春柳大队第五生产队了!”

“别啰唆!快去问问!”枣红马吆喝着,心里喜欢这小鬼的聪明。

“不用去问啦!我妈自己要上姥姥家去了!”小鲫鱼笑着说。

“你妈自己去?几时去呀?”枣红马觉得奇怪。

“这就要去,还带着我一起去。”小鲫鱼神气地说。

“是真的?”枣红马还有点不相信,“你妈这么大年纪,游这么远的路,路上又不好走……”

小鲫鱼没等他说完就“格格格”地笑了起来。在水里转了个圈说：

“您别操心啦，不等今儿天黑咱们已经到姥姥家了。”

枣红马听了笑着摇头：“真是小孩子说话，没高没低的。你知道小柳乡在哪儿吗？离这儿有多远？旱路都得走一整天，水路更比旱路远……”

“可我们准比您先到！您要是不信，我跟您打赌！”小鲫鱼嚷着。

枣红马听了又气又好笑：“你来跟我比赛跑？”

“唔，您在地上跑，我在水里游，谁先到我姥姥家，谁是大好佬。您要是输了，我叫您三声长面孔叔叔，您都得答应！”小鲫鱼狡猾地说。

“你要是输了呢？”枣红马问她。

“我……我跳三回‘出水舞’给您看。”“出水舞”是小鲫鱼的拿手戏。

“哼！”枣红马鼻子里喷气，“你这小家伙倒学会了说大话，给你妈知道了不刮掉你三块鳞片才怪呐！”

“我才不说大话呐，不信，咱们走着瞧！”小鲫鱼嚷着。别的鱼儿都笑了起来。

枣红马不理她，看看天色不早，担心李老汉着急，就赶紧低头喝水。

“您可多喝点水，别到半路上跑不动啦。”小鲫鱼还在边上叫。

枣红马饮了一口水，向小鲫鱼喷去，小鲫鱼“格格”地笑着躲开了。

小鲫鱼游得老远又翻转身来叫：“叔叔！咱们就这样说定啦！”

究竟枣红马跟小鲫鱼一家是怎么认识的呢？原来，小鲫鱼一家祖祖辈辈住在小柳乡，有一年发大水，小鲫鱼奶奶的奶奶被大水冲到了大清河，后来就在大清河安了家。

从大清河到小柳乡的小柳河也不算远。但是这条水道得绕好几个弯，又是荷湖，又是莲泾，又是藕塘，最后才到小柳河。更麻烦的是这些河流常常淤塞。每逢雨多水涨的年月，地主流氓沿河筑坝，要农民拿出钱来才肯放水。小鲫鱼姥姥家没有办法逃出来，就一直忍受着住了下来。近十几年来，小柳河起了新的变化，可是鱼儿们仍旧害怕到小柳河去探亲。小鲫鱼的妈妈也为了怕路上水流不畅，回转不来。后来认识了枣红马，就常常托他带口信到小柳乡，问候小鲫鱼的姥姥。自己一直没有敢走动。

这回小鲫鱼家不要枣红马捎口信，小鲫鱼还要跟他比赛跑，一同到小柳乡去。枣红马心里感到十分奇怪，但也没把这事放在心上。

枣红马来到李老汉身边，李老汉让他架起大车，车上装满了化学肥料。李老汉吆喝一声；枣红马仰起头喷了口气，长嘶一声，身子一耸，四蹄飞起，只见身后扬起一阵灰土，转眼不见了。

从大清河到小柳乡水道曲折，可是走旱路也得绕弯，一些小坡土丘，不爬过去就得绕路；一路上有地方宽有地方窄，路基高低不平，多费了不少时间。亏得枣红马道路熟，放开缰绳飞跑，赶到小柳乡，太阳已经快落山了。

李老汉卸了车，枣红马来到了小柳河边，猛地一看，愣了一下。

“这是小柳河吗？一年没来，全都变了样了。”

如今的小柳河变得又宽又大，河水清得简直赛过大清河。河边上一排杨柳，迎风摇曳。河面上新架起一座大石桥；桥上人来车往，十分热闹。桥下面大帆船经过，不用担心碰着桅杆。

枣红马没顾得细看，先低头往河里瞧。他想找到小鲫鱼的姥姥，把小鲫鱼的话告诉她，也让老人家笑笑；谁知小柳河里的鱼太多，穿梭似的游来游去，把眼睛都看花了，也没找到小鲫鱼的姥姥。

枣红马顺着河沿走去，不一会来到了田野边一座小鱼塘边上，实在走得累了，就低下头去喝水，这时不禁使他大吃一惊，原来跟他打赌的那条调皮的小鲫鱼，正和一群鱼儿们在玩"捉尾巴"游戏，她们笑着闹着把个小鱼塘都闹翻了。

就在这时候，小鲫鱼也看到了枣红马，一声大叫，冲了过来。

"叔叔！您怎么到现在才来？"

"你，你！"枣红马目瞪口呆，惊异得一时说不出话来。

"快来看！快来看！"小鲫鱼招呼大家，"他就是和我打赌赛跑的那个叔叔！"

小鱼儿们都赶来看枣红马，枣红马觉得很不好意思，脸都羞红了，红得比他身上的枣红毛还红。

可是枣红马急于要知道小鲫鱼怎么会比自己先到的。

"你怎么游得这么快！"枣红马问她。

"这么快！"小鲫鱼学了他一句，神气活现地说，"告诉您，我和妈晌午就到啦，早在这儿玩了半天啦！"

"你们是怎么来的？"枣红马又问。

"当然是游来的，还能飞来吗？"

"嗨，我是问你，怎么会游得这么快？一个半天就到了。"

"这个我不告诉你。"小鲫鱼神秘地笑着。

周围的鱼儿们听了也都笑了，其中有条比较大的鲫鱼游过来朝着枣红马说：

"我来告诉您吧。说起来也没什么稀奇，去年大兴水利，这儿大河小河都疏通过了，再也不会淤塞了……"

“去年疏小柳河的时候，不知挖出了多少河泥啊。”没等她说完，另一条鲫鱼插嘴说。

“都挑到田里去当肥料了。”又一条抢着说。

“就算河水通畅了，可是从大清河游来，总得绕许多弯子啊？”枣红马还是搞不明白。

“您还不知道，”还是那条大鲫鱼说，“去年冬天咱们公社修了垄沟……”

“垄沟可大了，四通八达，从县城大河可以通到小乡田沟。”那条鲫鱼又插嘴了。她像唱歌似的念着：“有了垄沟，旱涝不愁……”

“咱们这儿修了垄沟，大清河的水直通过来了。”又一条鲫鱼凑上来说，她指指小鲫鱼，“她就是这样抄近路过来的。”

“路又近，水又畅，怎么不快呐！”那条大鲫鱼又补充说。

枣红马听完，叹了口气说；“嗨，怪我没注意这些事。”

小鲫鱼笑着说：“现在您输给我了，该让我叫您了吧！”接着她就扯开喉咙连喊了三声“长面孔叔叔”。

枣红马笑着喷了口气，算是答应了。可又假装板起面孔来吓唬她：“你这么没规矩，告诉你妈去！”

“我妈跟姥姥一起参观水浮莲去了，您找不着！”小鲫鱼说着一转身游到河底去了，别的小鱼儿们也笑着跟她游走了。

枣红马笑着看看她们，摇摇头，又喷了口大气。

小鲫鱼在姥姥家住了半个月，天气渐渐热了，过了端午节，小鲫鱼和她妈妈要回家去。

这天傍晚，小鲫鱼玩够了回来，倒下便睡了。她正睡得香甜的时候，忽然被一阵“咕嘟，咕嘟”的声音惊醒了。小鲫鱼伸出头去一看，天已经大亮了。原来是枣红马又到河边来喝水了。

小鲫鱼真高兴，一边叫着，一边游过去。

“叔叔！叔叔！我们今天回去啦！”

枣红马侧头一看，见是小鲫鱼，也很高兴，低头说：“是吗，可真巧，我也就要动身了！”

“您骗我！”小鲫鱼不相信。

“是真的，麦子收了，我要运麦子回县城去！”枣红马正经地告诉她。

小鲫鱼相信了：“那可真好极了！”接着她又笑着说：“这回您还跟我比不比呀？”

枣红马也笑了：“怎么，你又要跟我比赛吗？”

“嗬，您要是高兴比，咱们就再比一回，反正我比您快！”小鲫鱼神气地说。

“那可不一定吧。”枣红马眨了眨眼睛，“也许这回我跑得比你快呐。”

小鲫鱼非常不服气，大声嚷着说：“好吧，那咱们就再来比一次！”枣红马点着头笑了。

那天清早，朝霞映红了小柳河的时候，小鲫鱼和她妈妈就动身了。她们比来的时候，路更熟了，所以也游得特别快，没到晌午就回到了大清河。

小鲫鱼急着要去找大清河里的小朋发，告诉她们上回怎样赢了枣红马，这回枣红马准定又输给了自己。

小鲫鱼游到小朋友玩耍的河边，果然看见了她多日不见的朋友们，高兴地大声喊叫着：“我回来啦，我回来啦！”

小鱼儿发现了她，立刻拥了上来，一起大声笑着。

“你怎么这么晚才到呀？”许多小鱼儿都问她。

“还晚呐，你们还不知道呢，我跟枣红马叔叔比赛……”

她话还没说完，大家都笑了起来。

小鲫鱼弄得莫名其妙，傻着眼看大家：“你们笑的什么呀？”

“你抬头向那边看看。”有一条小鱼儿向河边一撅嘴。

小鲫鱼顺着方向望去，只见河边上有一匹大马，蜷起四条腿，放平尾巴，在那儿休息着，不看别的，单就这一身枣红的皮毛，就认得出是枣红马了。

小鲫鱼呆住了。

枣红马回转头来笑着向小鲫鱼打招呼；“怎么样？小鲫鱼！不好意思过来了吗？”

经他这一叫，小鲫鱼才清醒过来。她连忙游过去问道：

“叔叔，您，您，您怎么这么快？”

“这么快，我已经在这儿休息好久了。”枣红马站起身来说。

“您是怎么来的？”小鲫鱼又问。

“当然是跑来的，还能飞来吗！”枣红马也学着当初小鲫鱼的样儿回答。

“咳，您快点告诉我，这回您怎么先到了？”

枣红马只是眨着眼睛微笑，不肯立刻回答。

小鱼儿们围着小鲫鱼，七嘴八舌地告诉她说；从大清县到小柳乡修了一条公路，又平，又直，又宽广，连路上的桥梁也重新修造过了，所以枣红马才来得那么快。

“咳，我怎么一点都不知道！”小鲫鱼懊恼地说。

“这回你输了吧”枣红马逗她说。

鱼儿们听着都笑了起来。小鲫鱼不等枣红马开口，就高兴地跳起“出水舞”来。

部分美术片简介

特别车队(1993 年)

导演:杨凯华

编剧:包蕾、龚运华、李绍然

剧情简介:

《特别车队》是一部以动物为主角的黑帮题材动画片,属于剧情型。里面的特别车队是一群特种兵,团长是狮子,大伙叫他"狮哥",还有牛哥、象哥、猴上尉等等,以及一个叫妮妮的女熊猫。坏蛋颇有个性,叫"老狒",是只狒狒,还有一只独眼山猫,他们还有个上司,叫"教父",是只羊。

金色的海螺(1963 年)

导演:万古蟾

编剧:包蕾

剧情简介:

从前,海边住着一个勤劳的青年,他每天出海打鱼。有一天,他从早到晚一条鱼也没打着,只打到一只金色的海螺,少年把海螺带回家,轻轻放进水缸里。原来,这只海螺是蓝海仙女海螺姑娘变的,她在珊瑚岛上天天看到青年摇船、打鱼、唱歌,心里很羡慕,于是她有意让青年把她打捞上来,带到人间,变成一个美丽的姑娘,天天帮助青年煮饭、缝衣,二人结为知心朋友,一起劳动，一起唱歌。三年过去了，海螺的母亲——海神娘娘终于发现女儿的行踪，她不相信女儿在人间和一个穷打鱼的一起会比在珊瑚岛上生活得幸福。因此，她要海螺天亮之前必须回到仙岛，否则就叫人间遭水淹。青年得知这一消息后，不顾生命危险，冒着狂风巨浪，三闯仙岛与海神娘娘说理，无论海神娘娘如何威胁、利诱他，他始终不为所动。海神娘娘终于被青年的忠诚和勇敢所感动，同意女儿永远和青年生活在一起。

画廊一夜

导演：徐景达、林文肖

编剧：鲁兵、包蕾、詹同渲

剧情简介：

儿童美术展览会开幕了。突然来了一辆黑色轿车，里面钻出两个造型奇特的漫画人物——“帽子”和“棍子”大人。顾名思义，这两位是整人能手。果然，他们踏进展览厅，一看陈列的作品，极为恼火，立即大肆糟蹋，有的被打上“×”，有的踢倒在地，有的翻了个身……展览厅内的作品都遭到“帽子”和“棍子”两位大人的猛烈攻击，无一幸免。于是，他们把展览会给封了，不准参观。随后，两位大人马上用电话向上级报告了他们的战果。夜深人静，展览厅里忽然热闹起来。画中的人物和动物都活动起来了，他们自己动手，利用各自的特长，把展览厅里的全部画稿修复一新。这时，有一个画中的坏蛋趁大家不注意时，偷偷溜出展厅，到办公室向两位大人告密。当“帽子”和“棍子”闻讯再次赶到展览厅时感到非常奇异，因为画幅中的每个人物早已有所准备，他们与“帽子”和“棍子”进行了激烈的战斗。由于画中人物团结一致，两个坏家伙被打得落花流水，终于在一个爆炸声中彻底完蛋。黑夜过去了，迎来了新的一天，儿童美术展览会重新开放，参观的儿童观众更加兴高采烈。

像不像（1978 年）

导演：唐澄、邬强

编剧：包蕾、詹同渲

剧情简介：

一天，老师领着小朋友们参观动物园。老师给小朋友们讲大象的特点，并要每个小朋友回家画一个大象。小明在参观时东张西望，顾不得听老师讲大象的特点，回家后怎么也画不出来，最后东拼西凑画了个猴脸象身的怪物，妹妹小芳说他画错了，他还不服气。突然，怪物活了，领着小明来到动物园，所有的动物都笑起来，弄得小明很不好意思。后来，在老师的帮助下，小明克服了做事不专心的缺点，终于画出了大象。

二、包蕾创作谈

养“猪”杂谈

那年，写了一篇《猪八戒吃西瓜》以后，在朋友们的鼓励下，去年又陆续写了《猪八戒回家》、《猪八戒学本领》、《猪八戒探山》等篇；这回收集起来，出版了一本《猪八戒新传》。朋友们开玩笑说：“……养了几年猪，养猪之事可得闻乎？”我说：“交代一下写作经过，原无不可，但主要倒是想把写作中接触到的一些问题，提出来向大家请教！”因而拉杂写成此文，无以名之，名之曰《养“猪”杂谈》吧！

提起养“猪”，说来话长。有一回有人告诉我说，出版社收到一封来信反映：“孩子们很喜欢《西游记》，希望吴承恩同志多写一些这样的作品。”当时听了，觉得这位写信的同志，虽有不到之处，但反映孩子们的这份心情，却也无可厚非，而且，孩子们喜欢看孙行者、猪八戒的故事，也确是事实。只是，“吴承恩同志”已没法请他“多写一些”了。就说《西游记》中，也尽有一些不太合适儿童们看的地方，因而产生了个想法：是不是可以仍以这些孩子们喜爱的形象，来写一些适合现在孩子们看的、对他们不无好处的童话呢。当时，这一想法，也只一闪而过，并没真的去考虑，也缺少这份“续貂”的勇气。

后来在和孩子们接触中，常常看到这样一些现象：他们在做某一件事的时候，并不是完全不明白“对”或“不对”，只是有时候掌握不住自己罢了。就拿“贪嘴”的事来说，我就遇到过一件有趣的事:有个孩子把我准备夜晚写作时候吃的饼干都吃光了,第二天我问起他,他说:“我倒不是一口气把它吃光的,是分好几次吃的。”“为什么要分好几次吃呐?”“我想到您晚上要吃的,想给您留下些。后来,吃了一次又想吃一次,渐渐剩下不多,就索性把它吃光了。”我听了倒很感激他原先有过的那份好心,只是这孩子在其他事情上,也有过类似的情形,再说也不只他是这样。我想要是能把这样的事,写出来提醒他们,让他们自己觉得该怎么办,岂不是好。

有一回,看见孩子们聚在一起,在谈西游故事,这时候,我产生了一些联想。我也是爱看《西游记》的,对其中的孙猪两位,更感兴趣,我总觉得这猪八戒的性格具有某些可爱之处。他不是坏人,可是毛病也不小。他纯朴、天真,却又好吃、懒做,这些特点很突出,形象很显明,对于他,成人很理解,孩子们也容易理解。我想是不是就以这些素材来写个猪八戒的故事呢。

但当时也并没写起来,直到有一次偶然看见一张“不要乱抛瓜皮”的图画,忽然有所触发,便构思成这一吃西瓜的故事,一口气把它写成了。

写好以后,心里却又嘀咕起来:“这算不算童话呢?”“是不是作兴把古典文学作品中的人物这样来运用呢?”“这样来处理这些个现成的人物形象可以不可以呢?”这一大串的问题使我很苦恼。再一想,当年吴承恩写西游之前,也已有了一些西游故事,我再添些也不罪过,至于算不算童话,且不去管它吧!就这样拿去发表了。话虽如此,这些问题却还常挂心头。

后来,我在农村的时候,《猪八戒吃西瓜》已摄制成美术片来镇上放映。我问了些看过的孩子,他们倒还是比较喜欢的。这就使我想到,自己写的其他一些童话,若是拿来讲给这些孩子们听,他们未必就这样感兴趣。当然,这些传统故事中的人物,他们熟悉，是个原因，而我其他那些童话中的洋味，他们听不惯，也是很可能的。如何在童话创作中，多吸收一些中国传统的东西，倒是自己今后该好好学习的课题。于是，我就想再写几篇猪八戒的故事，通过创作实践来学习。当然，我不是说，要向传统的东西中学点玩意，只能去仿古作文，为现成的人物作新编（要是只能这样，岂不笑话）；也不是说，可以不向外国儿童文学作品中吸收养料。我是说，在我，当时是想再写几篇这一类的故事，在写作中间，尝试去学点传统的东西罢了。另外，我也并不是说可以“无批判”的学习，这些都是误会不得的。

农村回来以后，就把积累的一些素材，整理一番，逐渐构思成“猪八戒回家”这一故事。它在《少年文艺》上发表后，颇引起朋友们的一番议论，原因是这中间有些和《西游记》里的设想很有出入（如天堂之类）。这样是否允许，各有不同的意见。我对这些问题，也不敢贸然肯定，而同志们能关心这篇小东西，却使我很感兴奋。

在同志们热情的关怀下，我又开始酝酿以学习为题材的《猪八戒学本领》。

曾经遇到过这样的孩子：当我指着报纸上某一个字问他的时候（我知道他是念过的），他认不得，却叫我“等一等”，立即跑去把去年念过的课本拿来，急忙地找到了我所问的那个字，指着说：“你瞧！这不是！”“不错，是这个字，可是它念什么？是什么意思呐？”他却瞪着眼瞧着我回答不出来。我虽然觉得好笑，但想想自己“到用时再翻书”的情况也不是没有过。说来也还是学习上不够认真、怕艰苦吧。而另外，在学习中间，思想上放松懈怠也是重要原因，常常看到孩子们拿到一本新书，翻翻头上几课，觉得很容易，上课时候也不仔细听了，头上不带劲，往后就觉得越来越难。回想自己小时候，暑假里，姐姐把下学期的算术预先教了，于是就自以为了不起，再不把算术课放在心上。等大考时，却得了个“戊”。在孩子中间，自满和爱夸耀的现象也是有的。这些都成为我构思中的一些素材。

然而，要把生活中的这些素材演变成个西游故事，还是有困难的。猪八戒这个人物在学习上犯些毛病倒是很有可能。但总不能颠三倒四地让他来学几何、代数。起初，我是设想他为了师父要吃豆腐，猪八戒去学做豆腐，教他的是个孩子，他看不起，结果豆腐没做成，闹了许多笑话。可是这样写来，总觉得不很合适。说的好像是“不该自高自大”，没集中在学习问题上，故事情节不像《西游记》里的，又缺少幻想，所以就把它放弃了。这中间，恰巧有个同志给我“出题作文”，约我写篇“孙行者学本领”，我不想写。又联想到，在农村时，有同志劝我写个“猪八戒儿孙满堂”来宣传“猪多肥多……”，我也觉得不合适，没写。但这些却使我想起个有趣的问题，要是猪八戒也会像孙行者那样，拔根毛吹口气变出些小猪，这些小猪该是个什么样儿。这个想法，使我决定要猪八戒向孙行者学本领了。

按照民间故事中的惯例，我把孙行者的看家本领也概括为“三”种。猪八戒因为没存下“三”心，所以学不成。故事的原始轮廓就这样定了下来。但，该构思怎样一些情节呢？起初单从《西游记》的套子去想，让孙行者变化妖魔去点化（也是戏弄）他。这个套子原也很有喜剧因素，可是不一定就能紧紧扣住主题，设想了许多方式都失败了。最后，还是从猪八戒这个人物出发，想到他不爱动脑筋，没记性，把它夸张起来，就连自己的“家谱”都不记得了。孙行者若有面镜子，借给猪八戒照照，让他自己看到身上的一些毛病岂不很好。再一想凭空让孙行者多件法宝，也不必要，而镜子里照出的东西是反的，何不让行者变个与老猪一般的模样呢，这就是后来写成的八戒的大哥——猪大戒的形象,并从这两个形象的活动中生发出一些情节来。把这些基本的情节设想好了,就去求教一些朋友,他们说是"还缺少些什么,这么个懒猪,怎么会要学本领呢?"这一指点,启发了我。咱们一些民间的东西,都是有头有尾的。这个头还得要想好。于是又构思了一些情节,朋友们听了不满意,自己也觉得不合适,虽然看来也像是《西游记》里的事情,可总是感到别扭,仔细一想,这些情节都不是"同根生"的。有人告诉我老艺人编排故事,就像荷叶、荷花、莲蓬、藕、拉起来是一条根,分开来各自自己的结构;不是长在一起的东西,是泥是水都要去掉。这话对,这个头也还得从整个东西来想,猪八戒不会凭空要学本领,他得遇上些什么事由,原来也曾设想过他吃了妖怪的亏,可是这里的妖怪不能是个没来由的,它是困难的化身。八戒吃了亏也不能立刻省悟过来要学本领(他这人昏瞢)。所以后来设想他遇到的两个妖怪,是欺软怕硬的家伙,设下个诡计也是要先试探下他们弟兄的本领,八戒手段差,这就吃了亏,经师父教训,立志要学,可还是不太坚定。我觉得这样写起来顺一点。

当然,这些构思也并不是就很巧妙,限于自己的水平和能力,就这样吧。但一等到动手写,问题又来啦,过去虽已写过两篇猪八戒的故事,可没这篇长,也没这篇复杂。就说行文开头也不能老一个样儿,接连开了几个头都不行。想到我们老小说里,一开头就有它的气势:《三国志》谈"天下大势",《水浒》写"放走一百单八个星宿",都有笼盖全局的气势。我这么篇小玩意,原谈不上这写,但一开头除了把读者引入故事境界中去之外,并微露主旨所在,却也是我们一些旧说部或短篇故事常用的手法,于是我决定先谈孙行者的本领高强,作为后来八戒向他学本领的张本。是否有当,不敢说,但总算把头开了。

接下来,在刻画人物上,问题就更多了。是原封不动,完全保持原来的模样呢？还是重新来塑造个“新猪八戒”“新孙悟空”？这问题虽然在写前两篇时也遇到过，这回更突出。想来想去都不行，若说原封不动，我终究不是吴承恩，事实上也办不到，而且这回是要他们为我的主题服务，表现另外的内容。所以非“动”不行。而若是变得面目全非，读者会说这不是“猪八戒”“孙行者”了，也大可不必去冒他们两位的大名了。后来想到一些改编得好的戏曲，大都是从原来的人物性格出发，再加以丰富，使原来的面目更有光彩。我也来学习学习看：极力保持原来的性格，但在某些地方作了增强或削弱，如八戒本来有点爱“搬弄口舌”，我觉得这点不太好（八戒可以“以己度人”“口出无心”而不该“有意挑拨”），这点我把它去掉了。而把他写得更孩子气一些，我想这样做即使把他贪吃、懒惰等缺点更夸张几分，也可无损于这人物可爱的一面。当然，由于自己的能力不济，没能写好，而这个企图是有的。在人物关系上，我去掉了那个“紧箍咒”，让他们师徒关系更好一些，也让孙行者显得更主动些。沙和尚让他保持原来忠厚、诚恳、忍苦耐劳的特点外，尽量使他更风趣一些。至于唐僧，是最感棘手的人物，我这里不去描写他那些遇事手足无措，胆小懦弱的方面，而把他作为一个正派长者来处理，在情节中设法减少他出场的次数，这也是无可奈何的事情。

对这些人物作这样的改动，是否合适，我也不很有把握，先就做这样的尝试吧。

再就是语言上，也是个难题。《西游记》的语言是非常丰富多彩的，我可没这点能耐，但同时，《西游记》里有些文字却又比较生僻，不合适儿童阅读。若是用现代语言，或夹杂一些现代语言，看来总不舒服。我想，既然写的是《西游记》故事，出现的也是《西游记》人物，基本上得保持《西游记》的原来风格，尽力来学习《西游记》的语言。自己旧文学根底差，就用“熟读唐诗三百首，不会吟诗也会吟”的办法，把《西游记》放在枕边、身边随时翻阅，虽是这样做了，但等写时，却还是很难，主要是自己词汇的贫乏，原来的词汇不能运用自如，又不能换上现代词汇，又怕以词害意，常常为了一个词汇焦思苦想了半天，真是“学到用时方恨少”。还有，《西游记》里有许多谚语、俚语，使得人物的对话格外生动有趣，我肚子里却没有这么多材料，现在虽也学着用了一些(特别是南方的)，比起《西游记》来，太为逊色了。

问题还不止此，我想给儿童读的东西，语言上还应注意朗朗上口，这就得在音节上要下点工夫，我是不懂音韵的，更觉吃力。后来想到还是去向戏曲学习，特别在“对白”上，我力求“好念、好听”，但又不要太戏曲化。这就比完全仿《西游记》语言更麻烦一些。我试着这样做了，但未必做好。书出版以后，同志们认为语言还是太深了些，太旧了些。这意见是对的，说实话还是自己文字能力差，虽替自己定下了许多要求，却也没能达到。

另外在写作中间，也有意向各种民间文艺里去学习点东西，象《猪八戒学本领》里猪八戒和那妖怪老汉的一段对话中，就用了相声里的一些套子，以及后来在写《探山》时，其中猪八戒变胖女人和小娃们对话的一节，也是从相声和儿歌中学来。而评话艺人在掌握语言节奏上的技巧，也给予我很大的启发，如在写“学本领”时，写到八戒吹毛变出两只小猪，叫小猪“使点本领出来”，下面写了几次都写不好，后来想到说书的在这类的“节骨眼”上，常常是用很快的节奏，有声有色地一口气说出来，而又把动作交代得很清楚，音节很响亮，我也就试着来学学这个技巧。这才写成了下面的一段。

再就是一些景物描写，当然不能像外国小说那样花很多笔墨细致地来写，而我们中国旧小说中，常见的形式是用一段韵文或诗句来咏叹一番,《西游记》也不例外。我也没有完全照搬这种形式。因为我想这种表现形式,也有很多局限性,而且常流于繁琐,不一定要去学它。我们传统手法中,描写景物常常与人物的心理活动,情节开展起相辅相成的作用,这却是最值得学习的地方。因而我没有用韵文来写景,但想适当注意一些音节。同时力求简练,避免拖沓。主要倒是考虑如何把景物与人物交融的问题,因此在《吃西瓜》中渲染"天气之热",《探山》中描绘"山势之高",原意都是想突出人物,让孙行者与猪八戒处在同一境遇中,表现出不同的态度,以取得"对比"的效果。这些地方,想虽这样想,但由于自己的底子薄,终究没有能写好。

以上拉拉杂杂地谈了这些,只是把这几篇东西的写作经过(《探山》一篇稍后于《学本领》那篇写成,遇到的问题差不多,这里不再详谈了),以及写作中碰到的困难,自己的一些想法,做了个"招供"。我在前面已经说过,只是想通过这次的创作实践,向传统的东西、民间的东西学习学习。虽说这样的学法,有点像练"描红"或"临碑帖",十分幼稚,不足为训,而且我也没有练得像样。倒是这次学习过程中,自己的这些主观意图是否对头,很想得到朋友们的指正,无论是艺术构思上,人物性格的处理上,情节结构上,景物描写上,语言问题上,都希望多加指点。

童话创作上的民族形式问题是个大问题,我没这份修养来谈这么个大题目。可是要想把童话写得能为我们中国孩子喜闻乐见,这个心愿是有的,因而很盼望能在理论上多知道一些,在创作上多摸索一些。写这篇杂谈,一方面也为了给做研究工作的同志提供些材料,另一方面,还希望引起对这些问题的学术性研讨,则自己必然能从中获得教益,

幸甚!幸甚!

《儿童文学研究》发刊词

说今天儿童文学园地，还是一片荒芜似也未必尽然。几年来，由于园丁们辛勤地劳动，也已长出了几许清新可喜的幼苗，间或也看到了一些枝叶茂盛的树木，鲜艳美丽的花朵。

然而，回首四顾，这里还是留下了一大片未经开拓的荒原，有待耕耘。即以成长起来的花木来看，也还是品种不繁，干株不坚，既无参天古木，也少奇花异草。

尤其是理论方面更为寥落，偶有一二篇文章，散见报章刊物，也犹如空谷回声，令人有不胜寂寞之感。

值此"百花齐放，百家争鸣"之际，儿童文学园地，也应有所改观了吧！

这虽是本"内部刊物"，但也并非"同人杂志"。开辟这样一个角落，正希望全国各地关心儿童文学的同志们来此呐喊，既可各抒己见，也可互相争辩。只要有裨于儿童文学的成长、发展，评花选种，固所欢迎，嬉笑怒骂，也无不可，只要持之有故，言之成理，虽一得之见，也可发表，即大块文章，也尽量容纳。总之，我们是殷切地希望着儿童文学园地也能热闹起来。

同时，我们还有个"雄图"：只要稿源充足，读者欢迎，将来我们就把"内部"化为"外部"，成为一个全国发行的杂志，但这个"雄图"的实现，尚有待于同志们的大力支持，惠赐稿件。读者们时加指正，以求改进，使我们积累经验，增强信心。早晚能够“如愿以偿”。

现在，发刊之初，因未能很好组稿，内容单薄，分量不足，在所难免，尚祈读者原谅。

希望来日，春光明媚之时，儿童文学园地上万紫千红，鸟语花香，呈现一片欣欣向荣的气象。我们创办这本小小的刊物，却是怀着这样一个美丽的理想。

我们相信好的理想总会实现。

闲话童话

× ×同志：

来信收到。由于您没空参加这次童话创作座谈会，不幸我又在这次会上“发”了个短短的“谬论”，您要我把这次发言的记录交给您。而我发言原无底稿，临时写的大纲，也付纸篓，因此实在“交代”不出，仅就记忆所及，汇报如下（其中遗漏或补充在所难免，谅之！谅之）：

会前问了一下同志们，被告知说“最近童话有点不景气，来稿中童话比小说少了”。原因不言而喻，写作的人都是很敏感的。某种气候下，少写些某种题材，实为“明哲保身”之本；我万万想不到这股风竟也波及了童话。当时我想是不是由于最近的一些童话，涉及政治的太多。如《Q女王的魔法》，《老鼠看下棋》以及一些讽刺“四人帮”的童话等等。但是，然又不然，文艺不能脱离政治，正像先哲的警句：“人是政治动物”。不下笔则已，一下笔，你的政治态度总是瞒不住的。我想一些童话作家们，之所以感到难写的原因，或许在此。但是，儿童文学的对象毕竟是少年儿童，我们对少年儿童进行的是共产主义教育，只要言之成理（共产主义之理，坚持四项原则之理），原无什么不可写的。在这一点上，我们是有共同之点的，至于一些个人的牢骚之类，也就不必并无须对少年儿童言及。我们还是坚信双百方针是不会变的好。

关于儿童文学的取材问题，我还是赞同这样的说法，“无所不可，有所不为”。无所不可是指题材的广泛性，本来没什么不可写的，但我们应该照顾少年儿童年龄特点，教育上的循序渐进，有些东西就不必讲给少年儿童听；或者在讲这些问题时要注意些方法。

我总觉得就童话而言，不必去写太实的东西，即使去写也可以写得虚一点，可以让他们在年幼时，就能明辨善与恶、美与丑、真与假，让儿童从小就热爱“真善美”，厌恶“假恶丑”，这种概念的形成固然要靠整个社会力量，但儿童文学在这方面能起一定的作用。

由于我最近写了国际题材的作品，因此常常被问到这方面的问题。我有个想法，写国际题材，必须牵涉到霸权主义的问题。但，我意不必就某一侵略行动，如实地化为童话。这种侵略的思想，原是古已有之，而在如今变换的方式繁多；我们可以在世界上五光十色的事件中，考察它的中心思想，而在形式上加以夸张、想象，从而使少年儿童从小就憎恨“侵略”。因为“侵略”在任何时代，任何地方都应受到谴责的。你越写得虚（不指某一件具体事实），它的概括力也越强，让孩子可以“举一反三”地思索，让他们能“会心”地理解，在他们看到现实生活中某种现象，就会想到他所读过的童话。不仅写国际题材如此，写别的题材也是这样，如，张天翼同志的《大林和小林》、《秃秃大王》虽然并不是写某时某地的故事，或由某个具体事件化出来的，但至今读起来还会使人感到资本主义社会的可怕与残酷。这便是一个好作品的感人之处，也是童话的魅力所在。

就是我们以儿童生活为题材的童话也然，也力求避免太实，我们从儿童生活中去吸取养料，了解他们的思想、生活是完全必要的，但，写成作品时，就不必就某件具体的事件或人物来做蓝图。这恐怕是一些写作者都了解的常识了,然而还是有人因此而感到苦恼。

原因之一,是有些同志常陷于太“实”的生活中脱不出来。

这也牵涉到写作的方法问题。对于不同的素材要有不同的处理手段(表现的方式),而这种手段学得越多越好,表达起来才能应付裕如。

我常建议童话作者要向大师安徒生学习,他写童话,处理不同题材的手段实在多得很,如《海的女儿》、《丑小鸭》是一种方式(抒情诗般的),《皇帝的新衣》、《老头子的话总是对的》是另一种方式(讽刺画式的),而《光荣的荆棘路》则是另外完全不同的方式,它像一首散文诗,列举了世界历史上一些造福人类的善人和天才的殉道者,这些人中有坚持真理的革命者,探索自然奥秘的科学家,塑造人类灵魂的艺术家。安徒生把这些人想象为走向上天的一条光荣带的人们,他的构思是多么巧妙而发人深思。安徒生的童话的写法并不“千篇一律”,而是因材料而异,他的童话是我们学习的范本,当然,我们还更应该创新。

除了向世界上这些大师们学习外,我们还应该向我国的古典文学和民间文学学习。我们古典文学大师们所写的作品并不一定是童话,但童话作者可以从中学习到一些东西,如《西游记》所写的并不一定是童话,但,《西游记》中的孙悟空为什么这样为儿童所喜爱,我们就应该学习。它的变化与机智深为儿童所喜爱,他所轻视玉皇(传统势力)与妖魔鬼怪(妨碍人类进步)的性格,正是我们现代儿童所钦佩的对象。至于民间文学中那些和邪恶势力相斗的民间英雄人物,我们又何尝不能从中吸取许多丰满的形象和情节呢?

总之,我们学会了许多表达手段,就能应付这些创作上的“拦路虎”,用更多更好的创作手段,来应付创作上的困难。

我所谈的大都是些泛泛之谈，大家也都是熟知的，今天之所以提出，也无非是鼓励大家多创作些作品而已。

顺便谈一谈，有些同志提问：究竟有没有灵感？我的回答是"有的！"但，它不是什么"火花"之类，那么玄妙，不可思议。它只是一个作者在生活中有所积累，一时找不到一条线索，把它贯通起来，一旦，在某个场合，某个机遇，某个时期，忽然把这些素材能够贯通起来，表达作者某一思想情绪，这一刹那，便是所谓"文章天生成，妙手自得之"的境界，也即所谓"灵感"之来。其实，若没有生活积累，试试单从灵感出发，能写出什么东西，这才怪了。这是科学，丝毫也含糊不得。

谈这些问题，无非是想排除童话作者一些顾虑与困难，信口开河，不当之处，尚请原谅。

我说的大致就是这些，你看了当然会有许多意见，犹恳不吝指教是幸。

《包蕾国际童话选》后记

这本书在同志们的帮助下终于出版了。

顺便写篇“后记”以说明一些问题。

近几年我写了些给青少年看的国际题材的作品，这是否忘记“民族化”而追求“洋化”呢？曰：“否也。”我正是以中国青少年的喜爱方式，针对他们当中目前存在的崇洋思想而写的。较之那些一味追求情节，热闹滑稽，而将教育意义曰之为“老将”的“陈言”者，或将有异乎。

现在的青少年受了家庭和社会风气的影响，一些人的崇洋思想正在暗暗地发展，“月亮也是外国的好”，且不去说它，长大了想到外国去过“要什么有什么”，“遍地黄金”的生活者，却大有人在。我写这本书，既不否认西方技术科研上的进步，又想通过这些故事，暴露那黑暗，肮脏、残酷的社会，同时也说明了这中间存在善良与邪恶的斗争。这本书中除了一些无关紧要的外，很少提到真实的“国名”“地名”“人名”（这也许是童话的好处吧），若说虚构却都是有凭可据。有的直接来自大报上的记载，看上去像是笑话，或像诙谐的童话。我觉得这些素材丢了可惜，写下来却能为盲目追求西方的青少年们一饱眼福，大开眼界，何乐而不为哉！

这中间，有的是有其因而无其事，虽说是凭空虚构，其实倒真是诛心之论，合乎逻辑的。有的则与事实相差无几，只不过加以想象而已。

如《买星星》这篇的原始材料，来自《解放日报》（或《文汇报》，可惜写后将材料丢了）。据报载：美国有一家卖星星的公司，人们可以任意向它购买天上的一颗星星，并且死后儿子有优先继承权（当然仍要付钱），专门立有证明。价钱并不便宜，但生意很不错。这个空头生意也为澳洲商人看中，在澳洲开了一家，生意居然一样十分兴隆。亏得天上的星星多，不然早"缺货"了。这不是很好的现实童话素材吗？于是我借题发挥，写了个要征服世界的人，怕在地球上争不过，决定到别的星球上去，最后只落得到上帝那里喝咖啡去了。

再如看到某医药杂志有篇文章说人的血色素会变化。于是我在《白与黑》里设想一个残暴的白人统治者，一夜之间变成了黑人。他狼狈之极，简直无地自容，直到最后，他死了又变成白人。

又如报载一些世界性的运动会上，有些国家营私舞弊，给运动员打兴奋剂，或在击剑赛上，利用科学办法，在运动员剑未触及之际，记分牌上已记上了他的名字。这便使我写下《一场奇怪的球赛》和《喷嚏灵》这两篇作品。

国外离婚案件日增，子女无人管，流落街头者也与日俱增。他们成群结队，抢劫，杀人，吸毒，贩毒等，犯了种种罪行，使当局无法处理。《甜蜜的家庭》再现了这种生活。故事中父亲年久认不得儿子了，以致枪伤自己日夜想念的儿子。就叫安琪儿引他到天堂去向上帝哭诉吧。

这本集子大致收集了这类外国故事。我无意仇视任何国家。这些故事不过是想让我们国家的青少年看看世界上存在着这些引人笑话的血淋淋的现实。我热爱和平，最好世界上不存在害人的"撒旦"，大家一起过着和平幸福的生活。但愿我们的青少年致力于自己国家的"四化"，也不必担忧这些童话里的人物。"撒旦"终于自己会毁灭自己的。

老鼠事件

事情发生在“文革”之前，但，当时已有“山雨欲来风满楼”之势，怪吾辈“不识时务”罢了。

当时，《小朋友》杂志采用了一篇外稿，稿名《老鼠的一家》，是童话，没有把老鼠写成偷东西惯窃，而画家（詹同）还把老鼠画成蛮可爱的形象，《小朋友》编辑室拟用，鲁兵同志把它送到我处“终审”。我也以为并无什么问题，也签字通过。谁知此稿一出，竟引为一场轩然大波。

先是《新闻日报》登出一篇读者来信，意谓老鼠系“四害”之一，为什么写得它如此可爱，是有意抗拒“除四害运动”。此文发表，我仍认为批评也正常之事，这位读者对童话不很了解而已，也就姑妄置之。谁知道几天，报馆竟派记者来探访我们对此信之意见，由我接见。我仍如既往谓：“此系童话，读者有意见，尽可批评；至于抗拒‘除四害’，我社断然不敢！”后来还曾以此意见，征求过团中央派来某人的意见，他也以为然。谁知过不久，竟接作协来函，谓某月某日假作协东厅开座谈会，讨论老鼠问题，我虽有点怀疑，但以为这也是正常之事，仍欣然前往。哪想到到会竟济济一堂，并邀集儿童戏剧界名人参加，来势汹汹，俨然是个斗争会。在此之前，鲁兵因不服报纸批评，来问我，我以为“百家争鸣”原无不可，他就写了一篇不同意作者意见的文章，想不到罹此大祸。事后，他打听到大会正是某人以团中央名义所组织，怪不得谁敢不听，谁敢不表态，将我和鲁兵当作了老鼠的辩护律师看待了。可见“鼠之为害”之烈哉！

此事以后，社中即举行一次查鼠运动，凡有鼠之书及图画，概行打进“鼠洞”，连苏联大作家马尔夏克有关鼠之著作也难逃此劫。我曾笑谓：“不单中国老鼠遭难，连外国老鼠也难免也。”

此后，传说苏州查获一人竟在玄妙观兜售纸扇，扇子一面绘有牛开拖拉机者，逮捕后招供乃从《小朋友》中抄来，公安局谓是“讽刺社会主义，系反动行为”云云。

若是今日之读者听了定会发笑；现在我们还买了米老鼠之动画片在电视中公开放映，岂非大逆不道？此也是“此一时也，彼一时也”。

有许多事，“此情可待成追忆，只是当时已茫然”，如此而已。

德国的吹牛大王

“……这条疯狗后来不久，在圣彼得堡的一条小巷里与我不期而遇。我想，跑吧，我是搞不过它的！为了跑得很有体面，我把那件外衣一扔，自己则飞快地躲进了家里。事后，唤来了我的仆人，去把那件外衣捡了回来，并跟其他衣服一起放在壁橱里。第二天，听得我的约翰尼斯大声狂喊：‘我的上帝，男爵先生！您的外衣发疯啦！’我可吃惊不小。我忙不迭跳到他的身边，发觉所有衣服，全被那上衣撕得粉碎，那家伙周详地告诉我说，上衣发疯了……”

这段故事引自《吹牛男爵历险记》中的一节，像这样的笑话奇谈，在这篇文章中还不胜枚举。看了不禁令人佩服作者想象力丰富，并诙谐有趣，又合乎童话的逻辑，是童话作者的很好的参考书。疯狗病是有传染性的，闵希豪生男爵的外衣，被疯狗咬过了，因此它也发疯了，把其他的衣服都咬坏，这就是它的逻辑性。似是而非，它却另有道理，引人发笑，无怪乎这本书在英国及德国几乎是家喻户晓。

“闵希豪生”这个吹牛大王，据说确有其人，他的笑话先在民间流传，后来德国人拉斯佩把它整理成书在英国出版，风靡了英国。俄国作家丘科斯基把它改写用俄文出版。我国早先出版的几种译本，都是根据丘科斯基的改写本，从俄文翻译的。这次王克澄的译本《吹牛男爵历险记》（收在《O侯爵夫人》一书内）

则是根据毕尔格的德文本全译的，使我们得窥全豹，岂不快哉！

毕尔格是在伦敦看了拉斯佩的书以后决心把它“引进祖国”。他不仅仅是翻译，而且还增添了不少有趣的内容，使这一古老的题材，有了新的内容。虽然写的是谎言，却不是为了颂扬，而是为了揭露，他以辛辣的笔触，幽默的语言，抨击封建主的糜烂生活，揭发他们的罪行，以及他们那种妄自尊大的丑态。所以高尔基曾把它与歌德的《浮士德》、雪莱的《解放了的普洛米修斯》相提并论。革命导师马克思在给恩格斯的信中，也曾提到这位吹牛大王的大名。

这部十八世纪的德国文学作品，它的犀利的讽刺、深刻的寓意、横溢的妙语和奇特的构思，很可以作为我们的借鉴，文学工作者固然可在其中得益，即使一般读者，也会从中获得健康的笑料，

这实在是一本老少咸宜的好作品。

三、包蕾生平年表

包蕾生平年表

1918 年

11 月 13 日出生在上海一个高级知识分子家庭里，祖籍浙江省镇海县。原名倪庆秩。

1919 年

随父母去天津、北京居住。此后直到上学前，由一位五十岁开外的北方保姆带着他。

1924 年

在天津上小学。五年级时得过作文比赛头等奖。

1930 年

进上海开明中学读书。

这时，全家已迁回上海。因家境败落，搬进了当时上海的贫民区斜桥地段。

读初中时就担任学校墙报主编。初三时，以“包蕾”作笔名，翻译外国进步文章在墙报连续发表，并时常在《新闻报》发表文艺短评。同时在学校里组织进步剧社，开始以戏剧为武器进行抗日宣传工作。

1935 年

写出讽刺国民党反动统治的话剧剧本《后台》，这是他的处女作，是他正式从事文艺创作的开始。

这时，他接近了中国共产党的组织，参加了地下学联，担任了学校学生会文艺部长，自编、自导、自演了表现爱国主义思想的话剧《安重根刺杀伊藤博文》。

在震惊中外的“一二·九”运动中，因参加游行，被开明中学勒令退学。

1936 年

写出第二个话剧剧本《释放》，接着又写出了独幕剧《铁扫帚》、《汤饼之喜》等剧本。他的剧作得到了戏剧家张庚、林默涵的指点，从此成了当时进步戏剧队伍中的一员。

1937 年

经过一年多的自学，考取了复旦大学土木工程系。因经济拮据和对专业不感兴趣，未入学，去上海光夏中学教语文。

“八·一三”事变后，参加了上海各界救亡协会领导的上海文化界救亡演剧十三队，到难民收容所、伤兵医院宣传和演出。接着，参加了上海青年救国服务团，担任宣传部副部长，负责编《抗日救亡报》和抗日前线的宣传工作，并在夜校任教。

这时，他参加了地下党领导的外围组织。党领导组织的“小学教师联谊会”创办了《好孩子》杂志，他成了这个杂志的撰稿人。根据党的指示，他开始转向进步儿童剧的创作。

1938 年

坚持为《好孩子》杂志写儿童剧，每期写一个，一直写到第二年夏天，共写出《谁插的旗子》、《小同志》、《一条心》等十个反映儿童抗日活动的话报剧。

1939 年

为反映抗日炮火中儿童遭受的苦难，写了多幕童话剧《雪夜梦》。这个剧在上海很有名气的“共舞台”演出，获得很大的成功，但也因此引起日伪当局的注意，差一点被逮捕。

1940 年

此后一直在上海。在学校教书时，曾组织学生在金都大戏院（新中国成立后改名为瑞金大戏院）再度演出《雪夜梦》。这时期，他将很多精力用于到学校去辅导学生演剧。无论生活多么困难，环境多么险恶，都坚持进行儿童戏剧方面的活动。

迫于生活，也为一些电影厂编一些《火烛小心》之类的影片脚本。

1945 年

抗战胜利后失业在家，卖文为生。

1946 年

按照党组织的要求，继续参加儿童戏剧活动。首先以上海女师为基地，与贺宜、孙毅等同志一起组建党的外围团体——中国少年剧团，并写出多幕童话剧《巨人的花园》、《胡子和驼子》和童话诗《富翁和厨子》。

1947 年

参加中国共产党，并被党组织调去编地下党的刊物《战讯》。

这时。中国少年剧团引起反动当局注意，有一定的危险，就从上海女师撤出来，深入到几所小学里去工作，其间，写了独幕剧《玻璃门》、《瓶里的魔鬼》、《寒衣曲》，《求仙记》、《国王的皮鞋匠》等。

也写了不少成人电影剧本，拍摄出来的有《三人行》、《青山翠谷》、《平步青云》、《乱点鸳鸯》、《残冬》、《珠光宝气》、《女大亨》等，曾用笔名华莩、文仿等。

1948 年

担任《童话连丛》丛刊的编委，并成为该期刊的主要撰稿人，写出了第一篇童话《石头人的故事》，又写了童话诗《愚笨的裁缝》。

1949 年

上海解放后在团市委少年部工作。其间写了一些反映少年儿童现实生活的小剧本,如《大南瓜》、《修大桥》、《中朝人民是一家》等。

1952 年

团中央出版委员会在上海建立了第一家专门出版少年儿童读物的少年儿童出版社,他出任编辑部主任,在繁忙的工作中仍坚持在业余时间里写儿童剧和童话。

1953 年

领导创办《少年文艺》的工作。7 月,《少年文艺》月刊创刊。下半年加入了中国作家协会。

1954 年

当时的儿童文学作品,适合低幼儿童的很缺,就致力于写低幼童话。当年写了《小咪和毛线球》、《小山羊历险记》、《小汪汪》、《喜鹊的窠》等作品。

1955 年

继续着力于写低幼童话。写了《鹦哥学人话》,发表时用笔名叶超。又写了《小兔子"我知道"》,这篇童话后来被改编为美术电影剧本。

1956 年

积极倡导扶持、培养儿童文学新人的工作。7 月,由少年儿童出版社与上海团市委、上海作协共同举办中小学教师、辅导员的业余儿童文学研究活动,并主讲《童话、民间故事和寓言》。

写低幼童话《小熊请客》和同名童话剧以及童话《小白鸽飞向天安门》、《好办法》、《猪八戒吃西瓜》。

1957 年

主持、创办《儿童文学研究》丛刊,当时为内部发行,写了发刊词。

写低幼童话《老狼拔牙》、《鹅大哥》、《布娃娃长大了》、《理发的故事》等，故事《做新衣》、《挂挂红灯》等。

写小歌舞剧《小懒猫》、《一个大西瓜》。

反右运动开始后受到批判。

1958 年

丢了党籍，没了职务，连降三级，下放农村劳动。

写出童话《火萤与金鱼》。又先后将《猪八戒吃西瓜》、《火萤与金鱼》改编为美术电影剧本。《猪八戒吃西瓜》是我国第一部剪纸片。《火萤与金鱼》改编为动画片后取名为《美丽的小金鱼》。

1960 年

从下放地点奉贤县回到少年儿童出版社。与鲁兵一起在上海师范学院编写《儿童文学概论》。

1961 年

童话《猪八戒吃西瓜》大获成功之后，又写童话《猪八戒探山》、《猪八戒学本领》、《猪八戒回家》，又与孙毅合作将《猪八戒学本领》改编成木偶剧。

1962 年

发表了猪八戒童话的创作谈——《养“猪”杂谈》。

1963 年

将阮章竞的童话诗《金色的海螺》改编为剪纸电影剧本。

与鲁兵合编的《儿童文学概论》写出初稿。

调至上海美术电影制片厂任编剧。参加中国电影家协会并任理事。

1964 年

写童话《马和鲫鱼赛跑的故事》。

写木偶电影剧本《四点半》、《山村新苗》、《斗狼记》。

剪纸片《金色的海螺》在印度尼西亚第三届亚非国际电影节获“卢蒙巴奖”。

1965 年

“文革”即将开始。“四人帮”之一张春桥在上海天蟾舞台作报告时点了剪纸片《金色的海螺》的名，把这部片子当作批判对象。之后，剪纸片《金色的海螺》即被罗列出许多罪状，受到批判。

1966 年

“文革”开始，他的所有作品都受到批判，就连为《儿童文学研究》写的发刊词也被批为“射向党的三支毒箭”；以往在少年儿童出版社的工作，被冠以“贯彻执行修正主义文艺路线”的罪名，于是，被关进“牛棚”，受到变相的隔离，被逼迫从事各种惩罚性的劳动。

1969 年

入上海电影系统五·七干校。

1974 年

邓小平同志主持中央工作，即与他人合作改写老童话《龟兔赛跑》。

1975 年

写出国际题材童话《一场奇怪的球赛》。

1976 年

“四人帮”被粉碎，拨乱反正。1958 年错给的处分和 1966 年后被强加的种种罪名都得到平反，重新焕发创作青春。与徐昌霖、许寅合作写出多集美术电影剧本《济公外传》。

1977 年

与鲁兵、詹同一起创作美术电影剧本《画廊一夜》。

1978 年

写了童话《石蟹》、《能说会道的狐狸》、《马蹄莲》等。

与詹同一起创作美术电影剧本《像不像》。

1979 年

写有科幻色彩的机器人题材童话《好宝上学记》和国际题材童话《国王登上了飞碟》。

与贡吉荣、谷白合作将童话《一场奇怪的球赛》改编为美术电影剧本。

1980 年

担任《童话》丛刊(新雷出版社主办)顾问。

在全国第二次少年儿童文艺创作评奖中被授予荣誉奖。

写了童话《假如我是武松……》、《小猫回家》、《车马炮》、《夜星子》、《鲛人和夜明珠》、《小胖变皮球》。其中,《小胖变皮球》是低幼童话。

写出美术电影剧本《三个和尚》、《三只狼》。《三个和尚》拍成动画片后即在北京获第一届“金鸡奖”优秀影片奖。与詹同合作写出系列木偶影片剧本《黑旋风李逵》(1－5)。

1981 年

担任刚刚创刊的《巨人》季刊主编(少年儿童出版社主办。另两位主编是陈伯吹、贺宜)。

写童话《小溪流》、《徽章遗失了》、《花猫闯关王庙》、《看不见的光圈》、《克雷博士和熊的传说汇编》、《白与黑》。

动画片《三个和尚》在上海获第三届(1980)文汇电影奖最佳美术片奖,并在丹麦欧登塞市举行的第四届国际童话电影节上获银质“牧羊女和扫烟囱的人”奖。

1982 年

写童话《小霸王和癞蛤蟆》、《出蛟记》、《鹰和他的儿子》、

《石狮子的梦》、《妈妈和麻雀》。其中,《石狮子的梦》是中篇童话。

与詹同合作把民间故事《狼来了》改编为美术电影剧本。

把童话《假如我是武松……》改编为美术电影剧本。

动画片《三个和尚》获第三十二届西柏林国际电影节短片电影比赛银熊奖和葡萄牙第六届埃斯皮尼奥国际动画电影节B组奖。

1983年

写童话《三个臭皮匠变成一个诸葛亮》、《小茵和小花》、《孙悟空大战肮脏洞》。

将民间童话《老鼠嫁女》改编为美术电影剧本。

与阿达合作将张乐平的《三毛流浪记》改编为多集美术电影剧本。

与王树忱合作写出美术电影剧本《天书奇谭》。

与章超群、詹同合作编写美术喜剧影片剧本《济公新传》。

发表幼儿戏剧创作体会——《从〈小熊请客〉谈起》和介绍外国童话名著的短文——《德国吹牛大王》。

动画片《三个和尚》获菲律宾第二届马尼拉国际电影节特别奖。

夫人陈惠芳因患癌症去世。没有子女,从此过单身生活。曾患小中风,但很快康复。

1984年

写童话《储蓄箱里的宴会》,《牡丹花神》。

写完多集美术电影剧本《三毛流浪记》。

与章超群、詹同合作把中篇童话《石狮子的梦》改编为多集木偶影片剧本《石狮子》。

与特伟合作,以《西游记》故事为依据,写出多集美术电影剧本《金猴降妖》。

发表学习《邓小平文选》心得——《重读〈祝辞〉》。

1985 年

写童话《大侠霍元乙》、《鼠母三迁》、《两只木桶》。

写美术电影剧本《大扫除》。

1986 年

写猪八戒童话续篇《猪八戒钓金龟》。

写国际题材童话《甜蜜的家庭》、《买星星》、《U·F·O 在海底》、《喷嚏灵》。

写童话《一簇野草》、《玉兔报信》。

动画片《金猴降妖》在北京获广播影视部 1985 年优秀影片奖和第六届“金鸡奖”最佳美术片奖。

1987 年

写猪八戒童话续篇《猪八戒立功》。

写童话《银光灿烂的除夕》、《蜗牛冠军》、《同梦花》。

动画片《金猴降妖》在上海获首届(1984—1986 年度)上海文学艺术奖优秀影片奖;在法国布尔昂布莱斯文化俱乐部青年动画节上获青年评选委员会长片奖和大众奖。

获宋庆龄福利基金会颁发的“樟树奖”。

上海市作家协会举办包蕾儿童文学创作五十周年纪念座谈会。

1988 年

写完中篇童话《斩龙少年传奇》。

写童话《秃皮鼠大闹糊涂庙》。

写美术电影剧本《熊猫历险记》。

动画片《金猴降妖》在西安获中国电影电视技术学会声音评比特别奖。

1989 年

写出小说式国际题材长篇童话《鬼岛》。

写出回忆革命同志的系列散文《橄榄拾遗》。

写出以清代义和拳运动为背景的武打小说《骡马大店》、《火烧望海楼》。

《包蕾童话近作选》获 1982 年—1988 年全国优秀少儿读物评奖二等奖。

动画片《金猴降妖》在美国第六届芝加哥国际儿童电影节获动画故事片动画短片一等奖。

11 月 19 日病逝于上海。

（摘录自《包蕾评传》，张锦贻著，希望出版社 2005 年版）

四、包蕾作品年表

包蕾作品年表

1935 年

《后台》:话剧剧本,《开明》杂志刊登。

《照章办事》:话剧剧本。

《安重根刺杀伊藤博文》:话剧剧本。

1936 年

《释放》:话剧剧本,《读书生活》杂志刊登。

《汤饼之喜》等:独幕剧剧本,《妇女月刊》刊登。

1939 年

《祖国的儿女》:独幕儿童剧集。少年出版社出版。包括《谁插的旗子》、《小同志》、《一条心》、《胜利的新年》、《犹太人起来!》、《反攻巴萨隆纳》等 10 个儿童剧本。

《雪夜梦》:多幕童话剧,少年出版社出版。

1940 年

《晨钟之歌》:儿童诗集,少年出版社出版。

1946 年

《巨人的花园》:多幕童话剧,华华书店出版。

《胡子和驼子》:三幕童话剧,立达图书服务社出版。

《富翁和厨子》:诗体童话,《童话连丛》登载。

1947 年

《火烛小心》:三幕喜剧,华华书店出版(1949 年再版)。

1948 年

《玻璃门》:独幕儿童剧,立化出版社出版。

《瓶里的魔鬼》:独幕童话剧,立化出版社出版。

《寒衣曲》:独幕童话剧,立化出版社出版。

《求仙记》:独幕童话剧,立化出版社出版(上海儿童读物出版社 1955 年再版)。

《国王的皮鞋匠》:独幕儿童剧,《童话连丛》登载(第 8 辑)。

《石头人的故事》:童话,《童话连丛》登载(第 7 辑)。

《愚笨的裁缝》:诗体童话,《童话连丛》登载(第 4 辑)。

1950 年

《不为战贩当炮灰》:独幕话剧,通俗文化出版社出版。

《中朝人民是一家》:独幕儿童剧,新儿童书店出版(1950 年至 1951 年印五版),署名包蕾、龚炯、孙毅集体创作,龚炯执笔。

《大南瓜》:独幕儿童剧。

1951 年

《修大桥》:独幕儿童剧,新儿童书店出版,署名叶超、孙毅。

1953 年

《布娃娃》:童话,少年儿童出版社出版(1956 年再版)。

《红毛衣》:童话,少年儿童出版社出版(1955 年再版)。

《算一算》:童话,少年儿童出版社出版(1956 年再版)。

1954 年

《鹅大哥》:童话,少年儿童出版社出版。

《宝藏》:童话,少年儿童出版社出版。

《小咪和毛线球》:短篇童话集,少年儿童出版社。包括《小咪和毛球线》、《小山羊历险记》、《鹦哥学人话》、《小兔子"我知道”》4 篇。

1956 年

《小熊请客》:童话、童话剧,《小朋友》17 期刊登。

《猪八戒吃西瓜》:童话,《儿童时代》。

1957 年

《做新衣》:少年儿童出版社出版。

《小金鱼拔牙齿》:童话选集,少年儿童出版社出版。

《儿童文学研究》发刊词:《儿童文学研究》创刊号(1 月)

1958 年

《老狼拔牙》:童话,少年儿童出版社出版。

《小懒猫》:童话剧,少年儿童出版社出版。

《鹦哥学人话》:童话,收入《1958 儿童文学》,人民文学出版社;后收入《1949—1959 上海十年文学选集·儿童文学选》,少年儿童出版社出版;后又收入《童话选》,上海教育出版社 1979 年出版。

《美丽的小金鱼》:动画片剧本,上海美影厂摄制。

《猪八戒吃西瓜》:剪纸片剧本,上海美影厂摄影。

1959 年

《火萤与金鱼》:童话,少年儿童出版社出版。

《猪八戒学本领》:童话,收入《1949—1959 上海十年文学选集·儿童文学选》;后收入《童话选》,上海教育出版社 1979 年版;后又收入《1949—1959 上海儿童文学选》,少年儿童出版社 1979 年版。

1962 年

《猪八戒新传》:系列童话集,少年儿童出版社出版。包括《猪八戒吃西瓜》、《猪八戒探山》、《猪八戒学本领》、《猪八戒回家》,共 4 篇。

《赵巧儿送灯台》:民间故事改写。

《养"猪"杂谈》:创作谈,《儿童文学研究》7月号。

1963年

《金色的海螺》:剪纸片剧本,上海美影厂摄制。

《圣诞节的礼物》:短篇小说,少年儿童出版社出版。

《孙悟空三打白骨精》:名著改写。

1964年

《四点半》:木偶片剧本,上海美影厂摄制。

《山村新苗》:动画片剧本,上海美影厂摄制。

《斗狼记》:动画片剧本,上海美影厂摄制。

1978年

《画廊一夜》:动画片剧本,《电影与戏剧》丛刊《曙光》,上海文艺出版社。收入《1949—1979上海儿童文学选》,少年儿童出版社1979年版。上海美影厂摄制。

《像不像》:动画片剧本,上海美影厂摄制。

1979年

《国王登上了飞碟》:国际童话,《少年文艺》第5期。

《火萤与金鱼》:短篇童话集,四川人民出版社出版。包括《火萤与金鱼》、《马和鲫鱼赛跑的故事》、《石蟹》、《能说会道的狐狸》、《马蹄莲》等。

《好宝上学记》:童话,少年儿童出版社。

《一场奇怪的球赛》:木偶片剧本,上海美影厂摄制。

1980年

《鲛人和夜明珠》:童话,《儿童文学》第2期。

《小胖变皮球》:童话,《小朋友》第5期。

《三个和尚》:动画片剧本,上海美影厂摄制。

《三只狼》:折纸片剧本,上海美影厂摄制。

1981 年

《真假李逵》:木偶片剧本,上海美影厂摄制。

1982 年

《狼来了》:木偶片剧本,上海美影厂摄制。

《假如我是武松……》:木偶片剧本,上海美影厂摄制。

1983 年

《包蕾童话近作选》:童话集,湖南少年儿童出版社出版。包括《徽章遗失了》、《假如我是武松……》、《好宝上学记》、《小猫回家》、《花猫闯关王庙》、《车马炮》、《小霸王和癞蛤蟆》、《夜星子》、《出蛟记》、《鲛人和夜明珠》、《鹰和他的儿子》、《国王登上了飞碟》、《克雷博士和熊的传说汇编》、《白与黑》、《石狮子的梦》、《三个臭皮匠变成一个诸葛亮》,共 16 篇。

《德国的吹牛大王》:资料,《儿童文学研究》第 13 辑。

《从〈小熊请客〉谈起》:创作谈,《幼儿文学》10 月 1 日。

《老鼠嫁女》:剪纸片剧本,上海美影厂摄制。

《天书奇谭》:动画片剧本,上海美影厂摄制。

《三个和尚——从三句话到一部动画片》:文学剧本、分镜头剧本、创作谈合集,中国电影出版社。

1984 年

《买星星》:国际童话,《小溪流》第 3 期。后收入《童话百篇》,安徽少年儿童出版社 1986 年版。

《三个和尚》:文学剧本、分镜头剧本等合集,少年儿童出版社出版,署名包蕾、阿达等。包括得奖情况介绍、画面分镜头与台本、文学剧本、与小朋友谈动画片、得奖图片。

《重读〈祝辞〉》:短论,《儿童文学研究》第 15 辑。

《三毛流浪记》:多集动画片剧本(1 –5),上海美影厂摄制。

《石狮子》:木偶片剧本,上海美影厂摄制。

1985年

《大侠霍元义》:童话,《儿童文学》第5期。后收入《童话新作》,安徽少年儿童出版社1987年版。

《大扫除》:动画片剧本,上海美影厂摄制。

1986年

《济公外传》:美影文学剧本,河北少年儿童出版社出版。

《同梦花》:童话,《课外生活》第10期。后收入《童话选刊》,安徽少年儿童出版社1989年版。

1988年

《斩龙少年传奇》:中篇童话,中国少年儿童出版社出版。包括出海打鱼、海上一箭、沧海往事、黑龙求医、青灯古佛、一灯如豆、干将莫邪、邂逅相遇、宝马奇事、求剑遇险、深山借剑、途遇倭寇、真假哪吒、救丐遇仙、挂壁灯盏、指示神锅、故伎重演、石屋会亲、海上鏖战、各奔前程,共20章。

1989年

《包蕾作品选》:中国少年儿童出版社出版。包括《小金鱼拔牙齿》、《理发的故事》、《鹦哥学人话》、《小兔子"我知道"》、《小咪和毛线球》、《三个和尚》、《小汪汪》、《小白鸽飞向天安门》、《马和鲫鱼赛跑的故事》、《火萤和金鱼》、《能说会道的狐狸》、《小猫回家》、《花猫闯关王庙》、《车马炮》、《小霸王和癞蛤蟆》、《夜星子》、《鲛人和夜明珠》、《鹰和他的儿子》、《假如我是武松……》、《好宝上学记》、《三个臭皮匠变成一个诸葛亮》、《猪八戒吃西瓜》、《猪八戒探山》、《猪八戒学本领》、《猪八戒回家》、《石狮子的梦》、《国王登上了飞碟》、《克雷博士和熊的传说汇编》、《白与黑》、《买星星》,共30篇。

《包蕾国际童话选》:少年儿童出版社出版。包括《国王登上了飞碟》、《克雷博士和熊的传说汇编》、《白与黑》、《一场奇怪的球赛》、《甜蜜的家庭》、《买星星》、《U·F·O在海底》、《喷嚏灵》,共8篇。

《橄榄拾遗》:回忆散文,《儿童文学研究》第3期。

1991年

《猪八戒吃西瓜》:低幼童话选,安徽少年儿童出版社出版。包括《小熊请客》、《小兔子"我知道"》、《小汪汪》、《小金鱼拔牙齿》、《理发的故事》、《小猫回家》、《小胖变皮球》、《猪八戒吃西瓜》、《三个和尚》,共9篇。

《鬼岛》:长篇国际童话,海燕出版社出版。

分为楔子、上篇、下篇。

上篇包括奇异来客、深夜偷听、风云突变、幕后阴谋、厄运临身、九死一生、小岛历险、意外遭遇、秘密造船、流落南洋、初逢少女、匆匆辞行、柳暗花明、乔治应诺,共14章。

下篇包括登上"维纳斯"号、凶暴船长、突遇海盗、击毙恶魔、暗枪袭来、原形毕露、心如刀绞、各奔生路、母子重逢、夜袭庄园、悲离欢合、暗道取箱、乔治破谜、洞中取宝、鬼岛之谜,共15章。

1992年

《包蕾文集》:中短篇童话全集,少年儿童出版社出版。孙毅、江英编并写后记,张瑛文写前言。包括1954—1988年所写各类中、短篇童话共60篇。

1996年

《包蕾童话》:童话选集,重庆出版社。主编为鲁兵,副主编为汪习麟,汪习麟写《包蕾和他的童话》。包括《小金鱼拔牙齿》、《理发的故事》、《鹦哥学人话》、《小兔子"我知道"》、《三个和尚》、《火萤与金鱼》、《小熊请客》、《石蟹》、《猪八戒吃西瓜》、《猪八戒探山》、《猪八戒学本领》、《猪八戒回家》、《小猫回家》、

《小胖变皮球》、《大侠霍元乙》、《车马炮》、《鲛人和夜明珠》、《能说会道的狐狸》、《假如我是武松……》、《石狮子的梦》、《国王登上了飞碟》、《克雷博士和熊的传说汇编》、《白与黑》、《一场奇怪的球赛》、《甜蜜的家庭》、《买星星》、《U·F·O在海底》、《喷嚏灵》,共28篇。

《包蕾作品精选》:河北少年儿童出版社。本书为中国儿童文学名家作品精选丛书之一,宋国梵编、洪汛涛写《论包蕾的童话》,附有作家传略。包括《小金鱼拔牙齿》、《石头人的故事》、《鹦哥学人话》、《小兔子"我知道"》、《小咪和毛线球》、《小汪汪》、《马和鲫鱼赛跑的故事》、《猪八戒吃西瓜》、《猪八戒探山》、《猪八戒学本领》、《猪八戒回家》、《假如我是武松……》、《车马炮》、《出蛟记》、《鲛人和夜明珠》、《鹰和他的儿子》、《三个臭皮匠变成一个诸葛亮》、《银光灿烂的除夕》、《储蓄箱里的宴会》、《鼠母三迁》、《一簇野草》、《牡丹花神》、《玉兔报信》、《蜗牛冠军》、《熊猫历险记》、《小熊请客》、《老狼拔牙》、《小胖变皮球》、《小山羊历险记》、《好宝上学记》、《石狮子的梦》、《秃皮鼠大闹糊涂庙》、《火萤与金鱼》、《巨人的花园》,共34篇。

(摘录自《包蕾评传》,张锦贻著,希望出版社2005年版)

五、对包蕾的评论

老朋友包蕾

任溶溶

包蕾(1918—1989)是我几十年的老朋友。在我心目中,他就是一位儿童文学老作家。其实新中国成立前他还是一位有成就的电影编剧,他编剧的《珠光宝气》和《女大亨》我也看过,可是我们从未提过他这一段光荣经历。他还当过我的领导,我也从未把他当领导看,他对我嘻嘻哈哈,我也对他嘻嘻哈哈,我们两个就这么快乐来快乐去。

我第一次见到包蕾是在新中国成立前夕。专门出版儿童剧剧本的立化出版社开会,我们碰到了。包蕾从抗战开始就写了不少儿童剧,是这方面的大作家,坐在当中。我只译过一个剧本,敬陪末座,坐在一个角落里。当时包蕾穿一件纺绸长衫,风度翩翩,谈笑风生,真是一位才子。他在发言时讲了一个宁波民间故事,大家听得入了迷。他非常会讲故事,后来我多次听他给小朋友讲故事,也是讲民间故事。有一个故事我到现在还记得,说一位贫家姑娘当上了皇后娘娘,人家问她想要什么,她说只想每天早上吃到两副大饼油条。可见他对民间文艺十分熟悉,晚年他改写《三个和尚》,拍成美术片大获成功,实非偶然。

我再见到他已是在解放后,他不再穿纺绸长衫,却穿上了解放装。他代表团中央接管儿童书局,改为新儿童书店。我给新儿童书店编书，常见到他。1952年，以新儿童书店为主，加上中华、商务、大东的儿童读物部门，成立了少年儿童出版社，他担任编辑部主任（相当于总编辑），我进了少儿社，就在他领导下工作。他一点没有架子，只是我觉得他才子气太重，不大合适当行政领导。后来在整风运动中他下了台，连党籍也丢掉了。幸亏他遇到大贵人——美影厂厂长特伟同志，把他调进了美影厂，这一下他大显身手，编出了许多很好的美术片。

不过“文革”期间，他在美影厂大概吃了不少苦。运动初期，出版社的造反派曾从美影厂把他揪回来“交代问题”。那天，我们靠边人员正在花园里排好队等候分配劳动任务，他一来，马上一个180度深鞠躬，就那样鞠躬站着。他这个示范动作让我们吃了一惊，因为我们这里的造反派当时没那么凶。也幸亏接下来他们没有照搬这一套。

“文革”初期，我曾到美影厂去看看包蕾，可那里的造反派师傅挡驾不让看。他们说包蕾是个标准的资产阶级分子。我请教是怎么回事，那位老师傅说，抄包蕾家时，墙上还挂着他的夫妻合照，他身穿洋装大礼服，地地道道是个资本家。我马上明白，那是一张老式结婚照。这真是“秀才遇着兵”，我只好走人，可心里惦记着包蕾。后来到了干校，因为新闻出版干校和电影干校仅一河之隔，偶尔见到他，他对我笑笑，相对无言。

终于粉碎“四人帮”，包蕾同志恢复了党籍，又写他的童话，又编他的美术片了。他的一部部美术片其实也就是一篇篇风趣幽默的童话，我们经常见面，他还是那么乐天快活。

有一次，浙江师范学院蒋风院长请包蕾、鲁兵和我去金华开会，让我们三个人在一所大房子里独占一层。包蕾和鲁兵二位是酒友。一天下午鲁兵去寻亲访友，到了晚上，包蕾特地买好了酒和下酒菜，摆了一桌子，专等鲁兵回来喝酒谈天。我不喝酒，一个人吃了晚饭,回来陪包蕾等鲁兵。这天晚上我和他谈到了喝酒。我说我本是滴酒不进的,可是整风批判了我,我心中不服,只好借酒浇愁,每天下班先到大世界旁边的王宝和喝酒,喝了酒再回家吃饭,但又怕父母担心,不敢喝醉,几个月下来,我对自己的酒量作了总结,就是白酒半两不到,黄酒二两左右,不会醉。

包蕾说,他在"文革"时,把酒装在药水瓶里,劳动时想喝就喝一点,管他的人还以为他喝药水。我说:"你真够狡猾的。"他叹气道:"没办法啊!"接着却又大笑。我们谈到很晚了,鲁兵还不回来。我劝包蕾先吃点东西,他就是不肯,一定要等酒友来同饮。鲁兵回来时大约已经九点多了,满脸通红,原来他已在亲友处喝过酒了。可是一见包蕾等他,桌上满是酒菜,他便余勇可贾,兴致很高地说:"好,我们喝酒!"我也就不奉陪了,回自己房间睡觉,只听到他们在外面欢声笑语,就在他们的欢声笑语中睡着了,也不知他们喝到了几点。

我谨写这篇小文,纪念我这位老朋友。

包蕾的童话

洪汛涛

包蕾是以一位剧作家的身份，走进文学界的队伍的，他写过话剧剧本，也写过电影剧本。

由于工作关系，他接触了儿童，他这位剧作家就成为儿童剧剧作家，专门为孩子们写剧了。

因为他写过童话剧，接触了童话，他又开始写童话，又成了一位童话作家了。

他成为童话作家，也没有离开影剧，他写了很多电影剧本。自然，这些电影剧本绝大多数是童话剧。

包蕾是一位有成就的影剧作家，也是一位有成就的童话作家，他的成就还在于童话与影剧的结合。

这里要说的是包蕾在童话上的成就。

包蕾在新中国成立前，发表的童话作品数量并不多，他的第一篇童话是 1948 年发表于《童话连丛》上的《石头人的故事》。这篇童话，写一个冬天的黄昏，一只燕子飞完了一天的行程，休息在一个墓园石头人的肩上。夜里，燕子和石头人作了一番对话。燕子说石头人生活得太无聊了，劝他到外边去走走，看看世界上的新玩意。石头人认为自己守着墓园是神圣的，是尊严的。他的存在，证明了奇迹。他是永生的。但是石头人的说话，被坟墓里的主人斥为多嘴。石头人不敢再多说话了,燕子也飞走了。这年的冬天终了,世界上起了一场风暴,把石头人吹倒了,连脑袋也碎了,冬天过去,春天回来了,燕子再经过这个地方,这地方已起了很大的变化,人们早已把那个无聊的石头人忘得干干净净了。

这个童话,是一篇含意深远的充满哲理味的作品,燕子和石头人的对话,虽然进行得很客气,实际上是新兴力量和守旧力量的一场剧烈的论战。燕子是新兴的一方,他认为"去看看世界上的新玩意,有意思极了,什么都是新鲜的,人类似乎真有他们的聪明,发现了许多真理,发明了许多东西……"石头人是保守的一方,他认为"至于那些人类,我简直讨厌他们,他们只想着新玩意,却不知道最有价值的东西,就是最古老的东西……"石头人还认为"现在世界上所缺少的,就是对于古人的尊严观念……"燕子却不赞同他的说法,道:"可是尊严常常陪伴着寂寞。"燕子赞美春天,他说:"春天的早上,太阳出来的时候,我飞到海边去看那美丽的云彩,照在平静的海面上,一片彩色,远远地漂来了一张白帆,是夜行船回来了,我为他们高兴,为他们喜欢……"而石头人却说"无聊"。燕子说:"难道你老不喜欢春天,不讨厌冬天?不喜欢和暖的清晨?不讨厌寒冷的夜晚?"可石头人说:"对于我,那是一样的,今天的无聊换上明天的无聊……"这难道不是一场新和旧的大辩论吗?

新和旧的斗争,总是新的战胜旧的,否则这世界就不是进步,而是倒退。这篇童话,作者很有意思地让"一个孩子捡起了地上的一块圆盖形的大石头问先生:'这是什么呀?'"先生回答:"这是石头人的头脑。"孩子又问了一句:"他会思想吗?"先生回答他:"孩子,不会的,那是死硬的东西!"

"沉舟侧畔千帆过,病树前头万木春。"死硬的大脑和石头人一起，早已倒下来，击碎了。

春天总是要来临的，燕子回来时所看到的是："墓园也已填平了，各处繁殖着鲜艳的花朵，和暖的风吹着新种的小树，在轻轻地摇曳，阳光照着一片碧油油的嫩草，麻雀们在那里蹦跳游嬉，学校里的先生们也带着孩子在这儿散步。"

这是一篇写得富有诗味的优美作品，剧作家包蕾的第一篇童话，出手不凡，就引起读者们的密切的注意。

包蕾写童话的起步是晚的，但是他的起点是高的。他的大量的童话作品，则是在新中国成立以后。

新中国成立以后，他写的低幼童话有《老狼拔牙》、《鹅大哥》、《布娃娃长大了》、《小熊请客》等十多篇，都是很受孩子欢迎的作品。

《小熊请客》，写一天小熊请客，小猫咪、小花狗、小公鸡这些朋友都去了，一只又懒又馋又贪的狐狸也跟着去做客了，他强凶霸道地抢东西吃，小熊和客人们一起，用石头扔他，把他赶跑了。这小童话，已成了低幼儿童们的"保留节目"，一些幼儿园里的小朋友，都把这童话当成剧本来表演了。

包蕾在《我的创作历程》中，说他开始为低幼儿童写童话的原因是："我没有忘记幼年时代看到一本儿童读物时的喜悦心情。我常和现在的幼年儿童接近以了解他们心理、爱好、幻想和爱憎。"他还说："这是我学习写低幼作品和童话的开始。我发觉为低幼年级的儿童写作品，它的难度较之为高年级的儿童写作更高，而写童话比起写戏剧来，并不容易。但，我决心学习写这类形式的作品。"

他在1955年出版的第一本童话集《小咪和毛线球》，其中包括：《小咪和毛线球》、《小山羊历险记》、《鹦哥学人话》、《小兔子"我知道"》四篇作品。

其中《小兔子"我知道"》一篇,写了一个聪明的小兔子,由于兔奶奶和兔妈妈的宠爱,便养成了自以为是,不肯好好学习的坏习惯,什么事他没有弄清楚,就说"我知道"。有一天,他出门去,连狼也不认识,差一些给狼吃掉,幸亏兔奶奶救了他。他吃了这一回亏,才明白应该好好地学习,不再随便说"我知道"了。这个童话,还被摄制成动画电影,因为针对性强,在一些儿童中,这种不懂装懂,总以为自己都对的孩子不少,这童话刻画了这一类典型的儿童,所以教育了许多儿童,也得到教师和家长的推崇。

这集子中的《小咪和毛线球》是告诉孩子不要随便拿别人家的东西。《小山羊历险记》是告诉孩子要勇敢大胆。《鹦哥学人话》是告诉孩子应该多动脑筋。这些童话,都是对孩子进行品德教育的,也是给较小的孩子读的。因为这些作品浅显易懂,孩子们都很欢迎。

1957 年出版的《小金鱼拔牙齿》,说的是早先的金鱼是长牙齿的,因为她爱吃糖,吃糖吃得太多了,还不肯刷牙,结果全口牙齿都坏了,痛得受不住,只好请蟹大夫来把小金鱼的全口坏牙都拔掉,从此金鱼的后代都没有牙齿了。

1959 年,包雷出版了《火萤和金鱼》,这篇作品,是包蕾前一个时期的代表作。如果说以前一些童话都是为低幼儿童或中年级儿童而写的,那么这个童话就是为高年级儿童而写的。这童话写一只年老失去萤光的火萤和一条患病失去彩鳞的金鱼,他们各有各的苦痛。但当火萤发现花蝴蝶被雨打湿,跌落在树下的时候,老火萤帮助了花蝴蝶,使花蝴蝶飞舞起来。花蝴蝶要报答他,他就想起那条患病的金鱼,希望花蝴蝶去帮助金鱼。那患病的金鱼,发现老蚌在急流中被沙石压住了,他援救了老蚌脱险。老蚌要报答他,他就想起那只年老的火萤。结果,有了花蝴蝶和老蚌的帮助,火萤恢复了明亮的萤光,金鱼又有了美丽的彩鳞。

这是一篇文字很优美的童话作品。开头和结尾,作者用了两首歌,前者介绍了故事发生的时间和环境,后者是一首点明主题的主题歌。这两首歌,都是金铃子吟唱的。“轻纱般的白云,飘浮在深蓝的夜空,银盘似的圆月,傍依着山腰的青松,翠柏偎着红枫,摇曳在晚风中,野菊吻着清溪,清溪歌声淙淙。河岸旁的芦苇入梦了!河岸旁的青草入梦了!河岸旁的雏菊入梦了!它们梦得那样甜蜜,也许它们在梦里,看到这水底晶莹的彩石。也许它们在梦里,看到金鱼们快活地游戏。”“世界上什么东西最美丽?世界上什么事儿最高兴?是高山的风号?是流水的声音?是野菊的清香?是桂花的芳馨?是夜莺的歌唱?是秋虫的低吟?是天边的彩虹?是夜空的繁屋?都不是,都不是,最美丽的是一颗愿意帮助别人的心。最高兴的是帮助别人的事情……”这优美的语言描绘了美丽的环境,表达了美好的心灵,赞颂了高尚的行为。这是一个外在和内在都很和谐优美的作品。

这个童话,充分展现了作者擅长剧本的功力,把童话和剧本结合成一体来写了。读这个童话,像眼前拉过一幅幅五彩缤纷的连续画面,如同坐在电影院欣赏一部绚丽多姿的影片。

这是一曲“人人为我,我为人人”的扣动心弦的凯歌。这个童话,较之包蕾以前的童话,更有了思想、艺术的深度。

这段时期,包蕾的童话还有《理发的故事》、《小汪汪》、《小白鸽飞向天安门》、《马和鲫鱼赛跑的故事》等。

包蕾的童话,在广大孩子读者中,如同恢复了光亮的老火萤尾部挂着的星星,和金鱼身上那彩虹般的光艳一样,闪耀着银辉。

但是,包蕾童话创作的高峰,还在他1962年出版的《猪八戒新传》。

这个集子里,包括四篇猪八戒的故事。

猪八戒是《西游记》这本传奇小说中的一个人物。他有他的缺点一面,懒惰、怕苦、贪心、嘴馋、自私,常常自以为是,有时也爱说点小谎。可是他不是个坏人,而且也做过不少好事。这是一个很受孩子欢迎的人物。

包蕾借用了这么一个孩子所喜欢所熟悉的人物,一气写了四篇童话。这四篇作品,除掉猪八戒等人物沿用《西游记》里的外,故事,情节完全是崭新的。

包蕾怎么想起要写这些以猪八戒为主角的童话?这里还有个故事呢!他在《我的创作历程》中说过:“那年,出版社收到封读者来信,信中说:‘你们社出版的西游记故事很受小读者欢迎,希望吴承恩同志多为儿童们写几本……”大家看了引为笑谈,但却引起我的深思。吴承恩‘同志’早在几百年前就死了,要他再‘为儿童们写几本’是不可能了。然而现在的儿童仍然喜爱孙悟空、猪八戒形象,我是不是能仿照吴承恩‘同志’的“笔法’,来为现代的儿童续写一些他们爱看的西游记故事呢?当时,这一想法一闪而过,继而自觉荒唐,也未敢真的去写。后来碰到一些孩子们都要我讲西游记故事,我又心动了。直到有一次发生了一件事,才给了个创作的‘契机’,我决心写猪八戒的故事了。我晚上写东西写得晚了,要吃点饼干,那晚去开饼干箱时,发现里面已经空空如也。不消说是我家一个小弟弟干的事。第二天我问他,他直认不讳,并且告诉了我他的心理活动过程,原来他是打算留下点给我晚上吃的,后来,越吃越好吃,实在嘴馋难忍,便一口气吃光了。他的话倒使我笑起来,联系到常见街头的儿童乱抛西瓜皮的坏习惯,于是我就写出了《猪八戒吃西瓜》。”

《猪八戒吃西瓜》的故事是：唐僧、沙和尚、猪八戒、孙悟空四人去西天取经，来到一个荒庙，天气热，口干渴，肚又饿。孙悟空去找水寻果子解渴充饥。猪八戒也跟了去。猪八戒踏在路上，烫得难受，就不肯走了，独个去一株大槐树下歇息。忽然，他看见不远处有一个西瓜。开始，他还想留一份给师父他们吃，但他吃着吃着，便把整个瓜都吃掉了。

孙悟空知道他一个人偷吃西瓜，还乱丢瓜皮，回去路上连连作弄他，让他踩着瓜皮，跌了好几跤，跌得脸都肿了。最后，他认识到独个儿吃了这西瓜是不对的。

这个童话，完全把猪八戒写活了。当他找到大西瓜，“正待要切，却又放下手来”，他想：“师父、沙僧在庙里等候吃的，如今找到这么个大西瓜，若让我老猪一人吃了，师父面前还好支吾，猴子回来定然不依，这可咋办？”可是“欲待不吃，却又实在口馋，眼望着油绿的瓜儿，口水直滴”。于是，他“一横心，举刀便切”，又说：“师父！师父！我把这瓜儿一切四份，我老猪就先吃自己这一份，也说得过去。”他吃了四分之一块，还不解馋，又说：“一块瓜解不得渴，我再把猴子这块吃了吧，留下两块给师傅和沙僧，也好交代。”他又吃了一块，留下四分之二块，他还熬不住，“越吃越想吃了”，他说：“嗨，我把沙僧的这份也消受了吧，给师父留下一份回去，该猴子也没说的。”他吃了四分之三块了，但是他最后还是把留给师父这一块也吃掉了，他说：“师父！师父！不是老猪不留给你吃，一则老猪实在口渴，二则一块西瓜也交不了账，就让老猪代你吃了吧！”猪八戒的思想一层一层发展，把他这种自私、贪吃的性格，写得十分活脱。

我们生活中，象包蕾所说的那个吃饼干的孩子是很多的，孩子控制不住，什么东西好吃，他拼命吃，甚至于把肚子吃坏。《猪八戒吃西瓜》中的猪八戒，就是这么一个“孩子”。因为“猪八戒”像一个孩子，他的所作所为完全像一个孩子干的，这就是孩子们对猪八戒这么个人物感到亲切和喜爱的缘故。包蕾沿用了这个人物形象，新写了他的故事，受到孩子们的欢迎，这是必然的。

包蕾的这些作品的成功，还在于他写猪八戒恰到好处，没有画蛇添足，没有过分夸大好的一面和坏的一面，没有破坏这个在人们心目中早已固定的形象，保持了原有的形象，并赋以新的意思，发展成新的故事，这是难能可贵，非常不易的。

这种故事新编型的童话，虽然向来有之，叶圣陶之写《皇帝的新装》，陈伯吹之写《阿丽思小姐》，等等。但续写中国古典文学为一组系列童话故事，取得一定成功的，应推包蕾的《猪八戒新传》了。

《猪八戒探山》写猪八戒他们一路西去，路过龙盘虎踞的鹰回岭，山脉连绵八万多里，山高无路，难以经过，听说山岭之中，有个古奇洞可通。孙悟空请猪八戒去寻找这个古奇洞。猪八戒到处乱闯乱扒，跌进一个山洞里的深潭，再也爬不出来。幸亏沙和尚寻着他，将他救起。沙和尚、猪八戒一起去找，终于找到那个古奇洞。可是古奇洞门上锁着锁，无法打开，连孙悟空用金箍棒去砸也没用。他们去问仙岛上的祖师。祖师不知开锁方法，要他们去问山里人。他们找到一位樵夫，樵夫会唱一只歌儿，歌中说，这锁的钥匙藏在青青石箱山里。他们又从牧羊小娃那里得知西北山坳里真有个青石箱。果然在青石箱找到钥匙，于是他们打开古奇洞石锁，穿过古奇洞，到了山的那边。

《猪八戒学本领》，写猪八戒他们一日来到荒野无人之处，天色已晚，猪八戒自告奋勇，到远处去化缘，弄点吃食。他在路上，遇到一窝妖怪，妖怪见是猪八戒，命令小妖和他比本事，因为猪八戒平时不肯学习，竟然在小妖面前出足洋相，受尽戏弄，幸亏孙悟空救了他，打死妖怪。猪八戒这才感到自己没好好学本事，竟然受妖怪欺侮，就提出向孙悟空学本事。但猪八戒并不虚心，也没恒心，更无巧心。孙悟空要他读三卷天书，他开始想好好学，但很快就放松下来。这天上路，猪八戒自恃天书带在身边，就自告奋勇去探路了。他来到一处，遇见一位相貌和他相同的人，说是他的大哥大戒。大戒邀他去家作客，并要看看他的本事。猪八戒吹嘘了一大通，但是真的要他变，他却变不成，连连出丑。原来这大戒是孙悟空变的，故意要试试他，教训教训他，要他踏踏实实地学本事。猪八戒这才口服心服。

《猪八戒回家》，写猪八戒他们到了西天，他原想到了西天可以享现成清福，但是看到西天罗汉还在伐木造屋，西天仙女也在纺纱织布，心觉奇怪。如来佛爷问他们留在西天将做些什么。孙悟空愿在灵山上栽种果子，沙僧愿在天河里养育鱼苗，猪八戒没有说，孙悟空推荐猪八戒，说他善于种地，佛爷就将三千净土给了猪八戒，要他去开荒种地。这使得猪八戒大为失望，于是他忙逃出天堂，想回到高家庄去，路上遇见一个妖怪自称杀猪大仙，很快的就被他缚住。妖怪要猪八戒叫他爷爷，长年做他的奴才，每天只准吃一碗稀饭，否则就要把他杀掉。猪八戒这才懊悔没听孙悟空的话。原来这妖怪就是孙悟空的化身，猪八戒请孙悟空原谅，就一起回灵山去了。

这一组猪八戒的新故事，引起小读者极大兴趣。包蕾匠心别具，为童话创作开辟了一条新路，并取得了成功的经验。

这一组作品，作者用词造句，文笔一悉仿同《西游记》，这可看出作者在文字、语言上是下了许多工夫的。

《猪八戒新传》的问世，奠定了包蕾在童话界的重要地位。

以后，也有一些作者，写过猪八戒的新故事，但相形见绌，不能与包蕾的作品比拟。也有一些作品，弄得不中不西，不伦不类，实属“添足”、“续貂”之举。

“文化大革命”间，包蕾搁笔十年。“文化大革命”结束，他写了大量的童话作品。主要的有《石蟹》、《能说会道的狐狸》、《马蹄莲》、《徽章遗失了》、《“假如我是武松”》、《好宝上学记》、《小猫回家》、《花猫闯关王庙》、《车马炮》、《小霸王和癞蛤蟆》、《夜星子》、《出蛟记》、《鲛人和夜明珠》、《鹰和他的儿子》、《国王登上了飞碟》、《克雷博士和熊的传说汇编》、《白与黑》、《石狮子的梦》、《三个臭皮匠变成一个诸葛亮》等等，以及一些低幼童话。

包蕾的这些童话，有的像民间传说，有的像科幻小说，有的写古老的年代，有的写预想的未来，有的写中国的现实，有的写虚构的国家，有的写民族神话里的宝物，有的写最新的科学工具……包蕾在作种种新的尝试，新的探索，为童话开辟一条条通道。这些作品，题材多样，其中不少民族风格鲜明、构思奇特、文字俏皮活泼、充满讽刺幽默，是不可多得的佳作。

就拿他的《石狮子的梦》来说吧！这个童话是非常新颖的。它写的都是“真实”的，在东安大街上有一个东安小学，1981 年的一天，全校师生们把两个石狮子从污水池子里拖出来，洗刷干净，重新安放在大门外边的石墩上。这两个石狮子既高兴，又激动，做起了一个个的梦。第一梦，是本世纪的第一年，八国联军侵略中国，占领这个城市，那时这所小学是一个王府。王府的主人早已逃跑了，留守的官员把珍藏的金银财宝献给了洋强盗们。爱国的义和团勇士们，夺回了中国人民的财宝，杀了强盗和汉奸。这时强盗们放枪了，石狮子为了掩护他们，踩死了开枪者，但枪弹还是打在石狮子的肚子上，留下了一个半寸大小的洞。第二梦，是过了四十多年，这王府又成了日本宪兵的办事机构，专门屠杀坚贞爱国的志士们，这里常常有一辆辆装满人的汽车开进开出，那是从外面抓进来的爱国青年，和送出去枪杀活埋的无辜人民。这天石狮子实在看不下去了，看到一辆汽车开来，就一头撞出，把车头砸坏，救了车上的那些人。第三梦，是半个世纪以后，这王府是国民党的特务机关。仍然，白天有打得血肉模的人押进去，夜晚运走他们的尸体。一天，八路军来接应里面的人越狱，他们把里面的人一个个从高墙里救出来。当最后一个出现在墙上时，被特务们发觉了，开枪把他们打伤，他们被捕了，正在这时，一位志士一头撞在石狮子上，牺牲了。石狮子为来不及救他而伤心，流下了血的眼泪。

第四梦，是解放了，全城一片欢腾，放鞭炮，挂彩灯，一些孩子把石狮子也披红挂绿地打扮起来，这一对石狮子也十分高兴，跳到人群中起舞了，第五梦，写新中国成立后这里成为一个小学，常常有外宾来参观。石狮子见到过这么一件事，一个外宾要在石狮子前拍照留念，走时漏了一只皮包，一个学生拾到后交给了校长。外宾收到皮包，送来了一百元美金，这学生把钱退了回去，使得石狮子称赞不已。第六梦，是本世纪六十六个年头后的一天。来了一群青少年，他们把石狮子说成是“四旧”，要把他们砸烂，可砸来砸去没砸碎，只好把他们推倒滚到小河里去，就这样，这对石狮子在河里浸了十多年。

这个作品，尝试用童话形式反映真实的历史，时代是真实的，地点是真实的，事件是真实的，只是人物是虚构的，把许多人物的事，集中在几代的“铁牛”身上。石狮子是真实的，但是石狮子的人格化，赋予的生命、感情和行动，是虚构的，这作品中，作者试图把这许多假假真真，巧妙地融会贯通在一起，编织成一个富有幻想色彩的童话，这是独具匠心的做法。

虚构的童话，怎么反映真实的生活？历来是童话作家们所想突破的难题，大家都在向这方面努力，但突破的方向是不同的，有的把这作为突破口，有的把那作为突破点，尽管做法不同，但幻想和现实必须和谐结合，这目的是一致的。包蕾所作的努力，是十分有益和可喜的。

这个童话，作者一共写了石狮子的六个梦，也就是六段历史的回忆。这六段历史在人们的心里是刻下深深的烙印的。

但这六段历史，每一段都是一幅波澜壮阔的图景，都是一首气势磅礴的史诗，要把这样伟大繁复的历史事件，压缩在这短短的童话篇幅中，是一件大为不易之事。作者，除以铁牛这一家几代人和石狮子作为见证者把故事一以贯之外，还选择了一个个富有典型意义的事件的小侧面，让历史事件通过这些小侧面反映出来。这使人想起了，这似乎是一个演不完的多幕剧，石狮子的梦，一个梦就是一幕戏。这使人想起了，这作品的作者包蕾也是一位影剧家，他把影剧的结构运用到童话中来了。

包蕾这位童话作家，曾经在影剧创作上作出成就，我们从他的童话中可以看到许多影剧里的东西，他的出奇的结构，多变的手法，故事之充满悬念和跌宕，都是吸收影剧的长处。所以，可以说包蕾的童话是一位影剧家的童话。

他的童话充满戏剧性，他的童话是很好读的，是很受孩子们欢迎的。

包蕾是一位勇于辟径闯新的大童话家。

他的童话都是富有新意的。

我所认识的包蕾

贺　宜

包蕾同志和我已有四十多年的交往了。说起初次相交,还有一番曲折。

我虽记不清具体的日期,但初次的会面,在脑中还记忆犹新。1939 年初某天,记得上海"少年出版社"的负责人丁一之约我去看他中学时代的一个同学倪庆秩。这倪庆秩就是我们今天的包蕾同志。

那天我和搞美术工作的邢舜田同意在丁一之陪同下,一同来到了同孚路一条弄堂里包蕾的家中。那时他婚后不久,床侧还悬挂着他和爱人一张放大的彩色玉照。房间里是闪亮的家具,他西装革履,服饰整洁,翩翩一佳公子也。我对他遂以一般上海滩的公子哥儿视之,虽然丁一之盛道包蕾才思敏捷,重友情等优点,总没有改变我对他的成见。那时我们不过是泛泛之交。

过了一段时间,我们交往渐深了。有两件事,我对他逐渐改变了看法。第一件事,他在少年出版社发表了几部作品。"少年出版社"是一个不公开的出版机构,专门出版以少年儿童为读者对象的读物,那时候上海已沦为孤岛,周围地区全为日寇所占领。上海一地的租界,日寇虽还未占领,但租界当局不仅慑于日寇淫威,不敢触犯日寇的意志,对当时在租界上进行抗日宣传活动的各种刊物和出版社横加干涉与取缔。有时为了取媚日寇。还把逮捕的抗日活动分子引渡给日本宪兵队。因此,在租界上进行任何抗日活动,是有相当危险的。所以,少年出版社不得不采取秘密方式来出版和发行。当时经常在这个出版社出书的人有苏苏(钟望阳)、笑苹、包蕾和我。写得最多的是苏苏和我,包蕾也出版过几本作品。不过他的作品都是儿童戏剧方面的。我记得当时他写的很受小读者欢迎的剧本有《胡子和驼子》、《巨人的花园》、《雪夜梦》等,都是较长的多幕剧。他的作品虽然不是直接宣传抗日的,但是有异于当时流行于学校的那些粉饰太平、为国民党统治涂脂抹粉的剧本,多半针对当时小学生的思想认识和对生活的一些想法,用很有戏剧性的故事把它们编写出来,他的剧本富有特点,既可欣赏阅读,又很有演出效果。

我从事儿童文学,他从事儿童戏剧,我们的工作对象都是儿童,而文学与戏剧,又有不少相通之处。我们有了共同语言,友谊就深一层了。

第二件事,本来他是在学校里专习土木工程的,半途上改行搞儿童戏剧,这件事需要很大的勇气和决心,因为当一个建筑的工程师要比做"猢狲王"有社会地位,而包蕾竟能舍弃前者而选择后者,如果没有对儿童工作的深刻了解,是绝难办到的。这引起了我的敬重。更何况据我的了解,他在新中国成立前的漫长岁月中,没有固定的职业,除了迫于生活,有时为一些电影厂编一些如《火烛小心》之类的电影剧本之外,其他时间都用来为儿童剧创作和辅导学校演出。这在旧社会中,甘为儿童献出自己的一切,不断探索着既有意义的又有趣的作品来与当时充斥市场的无聊的、有害的儿童读物相逐鹿,是很罕见的。因此,我解除了对他的隔阂,感到他越来越亲近了。

1940年,我到江西教书去了,他滞留在上海,那时因为日寇交通线的封锁,我与他断了联系。日寇投降后,我于1946年初春回到上海,又与他晤面了。他告诉我这几年来的坎坷生活和坚持儿童戏剧活动的困难状况。我还为他不能不抽出相当的时间精力,为一些电影厂编写成人看的电影剧本而感到惋惜,觉得如果他不分散精力,全副精神搞他的儿童剧,肯定会在这方面作出更多的贡献,却没有看到他在这方面的经历,为他日后从事美术电影编剧以及写作童话,作下很好的创作准备。他在艺术上更熟练了,积累了一些重要的创作经验和技巧。

1946年,我们在上海组织了一个中国少年剧团,我是名义上的团长,实际上我对儿童戏剧完全外行,全赖包蕾和他的朋友们奔走?举凡演出需要的编剧、导演、演员以至剧场等工作,全由他们出力活动,我不过是坐享其成而已。这个剧团是:"小学教师进修会"主办的,目的不但在学校里开展戏剧活动,主要向儿童作争民主要自由,反对国民党发动内战的教育。在包蕾、孙毅、英郁等同志的努力下,在学校里搞了几次演出,除一些正规的儿童剧,还演了一些活报剧;效果很好,这全是他们的功劳。

在这同时,我编了一个《童话连丛》的刊物,包蕾又成了它的主要撰稿人之一。他为《童话连丛》写了几个儿童剧,如《玻璃门》、《国王的皮鞋匠》等有趣和有意义的剧本。他的剧本有两大优点,就是戏剧性很强,而且很儿童化,既适于阅读,又有演出效果。

1951年,我调到北京去工作,那时解放后不久,党为了开展儿童文化教育工作,在上海办起了全国第一家少年儿童出版社,包蕾就任了该社的编辑部主任(相当于今天的总编辑)。我在北京听到了这个消息,为少年儿童出版社深庆得人,也为包蕾担任了一个完全符合他志趣的工作而欣慰,我相信少年儿童出版社的工作在他参加领导下，一定能飞跃地发展。

1959年，我回到上海，获悉他已经犯了“错误”，在一个女同志带领下，被下放到农村去劳动了。这位女同志以“左派”见称，善于打小报告和表现自己，笑话很多。记得“文化大革命”中有一次军宣队号召大家报名到农村去插队落户，这位女同志率先报名，还打报告坚决请求领导批准，说“自己的心，早已飞到黑龙江畔”了。她原以为这次仍和往常一样，在受到一通表扬之后，对己丝毫也不会有所损失，不想这次军宣队竟批准了她的请求，要她准备出发到黑龙江去插队落户。第二天，这女同志连忙用家属的名义，打了报告，说明自己存在困难，请求免予插队云云，此举全社腾笑，弄巧成拙，结果她在社里待不下去了，只好请求调往别的单位存身，包蕾在这样一位女同志带领下，所受的折磨之多之甚，不言而喻了。

不过，包蕾为人极风趣幽默，是一个乐观主义者，虽身处逆境，仍能泰然处之。他虽饱经忧患，但达人的风度毫不减退。他谐谑，谑而不虐，足令人解颐。有一次，他的牙齿因病全拔光了，他对我们自嘲说：“想不到我跟他们一样，竟成了一名‘无齿（耻）之徒’了。”我们听了，都不由得大笑。我常以为适合搞儿童文学的有两种人，一种是小学教师，还有一种是“乐天派”。因为他们最容易和小孩子打成一片。包蕾就是这第二种人。他和我的孩子们都很亲热，甚至也爱跟他们开开玩笑。我的孩子们都很欢迎他，常说：“只要听见屋子里满是笑声，就知道包蕾叔叔上我家来了！”

1960年他从下放的地点回到社里，我们相见甚欢。但在当时“左”倾路线下，党的知识分子政策仍不能得到贯彻，包蕾被调去搞美术电影的编剧去了。我为儿童文学战线失掉了一位闯将而感到遗憾，我担心他不能适应新的工作和环境，但是不久我知道他在新的工作岗位上表现很好,能够编出几个深受小观众喜爱和很有美术片特色的脚本出来。他还是整天乐哈哈的,根本没有感到什么不称心,我心里放下了顾虑,使我对一个信念更深信不疑了:凡是真心实意热爱儿童的人,无论把他们放在哪一种儿童工作上,总是能为儿童做出有利的事业来的。

1966 年,史无前例的十年动乱开始前夕的某一个晚上,包蕾、张乐平、鲁兵和我四人在一家小酒馆小叙,酒足饭饱,我们便同到包蕾家去闲谈。鲁兵已经酒后酣卧长沙发上了,我们三人闲谈之间,谈到了将要开展的"文化大革命",乐平担心说,"文化大革命不知怎么搞法,我恐怕革命要革到我的头上来。"他对我说:"你大概没有妨碍。"我说:"我们谁也没有反党反社会主义、搞修正主义,大概都不是革命的对象。"包蕾说,"革命对象谈不上,不过碰到些小风波,恐怕还是难免的。"我们这次谈论,事后都证明是错误的估计。这次"文化大革命"横扫千军,把一切知识分子都打得落花流水,我们四人都没能逃此一劫,被关进了"牛棚"。包蕾与我相会时,每每偷偷谈到他在劳动中戏弄造反派的事情,仍能纵情大笑,不失他"乐天派"的本色。

1983 年,他的老伴陈蕙芳同志以癌症不治身死。包蕾别无子女,与老伴相依为命,他的老伴甚为贤淑,对他襄赞甚力,我每次去他家,她都热情招待,得到她的噩耗,我亦压抑甚久。我想包蕾遭此打击,非常人所能忍受,可是,除了最初几个月颇见包蕾消沉之外,后来就很快恢复了常态,他所到之处,笑声仍不绝于耳,他的"乐观主义"的色彩,仍然没有减退。

包蕾的创作,向来是以儿童戏剧为主。这种现象持续了几十年,可是后来他鉴于儿童的需要,要加以改变。有一次在"四人帮"粉碎后的某日,他忽然开玩笑地对我说:"我也要写童话了,抢你的饭碗。"我说:"现在写童话的人虽然多起来了,但是好的童话似乎还不多，正需要有更多的人来支持这个工作。你能写几个童话出来，一定叫人满意，这是值得我们大家高兴的。"隔了一阵，他果然动笔写了几个很有特色的童话。他的富于幻想的气质是很适于写童话的。我很赞赏他的童话，想象力很丰富，而且笔调又很幽默，一定能赢得小读者的喜爱，这对于我们童话爱好者们也是一个很好的借鉴。

包蕾是少数从事儿童文学工作较早的同志之一。他熟悉新中国成立前后两个时期儿童文学发展的情况。去年我获悉他曾患过"小中风"，健康情况不大好，我很担心他的病情发展，但又因自己行动不便，不能去探望他。我每次向熟悉他的朋友打听关于他的情况，每当人们告诉我他的健康有所康复的消息，很为高兴。如今见他在一些儿童报刊上发表一些有趣的新作，我更为安慰了，知道他的健康日有增进，仿佛又听到了他爽朗的笑声在耳际荡响。他虽然现在已年近七旬，但他豪迈欢畅不减当年，我盼望他老当益壮，继续写出一些深受小读者欢迎的作品。回想在新中国成立前漫长的岁月里，工作条件如此不利，他尚且能安贫乐道，夙志不移，自动对儿童文学事业有所建树，在儿童文学小百花园苞蕾初放、春色满园的今天。他定能奋其余勇，为小百花园耕耘播种，这是我可以以一个老友的资格提出希望的。

一个童话作家的甘辛

——在《猪八戒新传》的背后

孙　毅

作家特有的责任感

《猪八戒新传》是六十年代具有独特魅力的儿童文学作品，获得了广大少年儿童喜爱，就连成年人也赞不绝口。《新传》出过农村版，还译成蒙古文、维吾尔文、盲文，香港出了英文版。如今还一版再版。

《猪八戒新传》包括《吃西瓜》《学本领》《探山》和《回家》四篇作品。其中《猪八戒吃西瓜》由作者自己改成美术电影剪纸片。我特别喜爱《吃西瓜》和《学本领》，曾将这两篇改成木偶剧由上海木偶剧团演出，每一场都博得小观众满堂笑声。

由于包蕾在创作上不墨守成规，不拘泥于一定的程式与框框，他总是根据主题、人物情节的需要，熔古今中外形式于一炉，所以他的作品能不断创新。但是在创作探索的过程中，有时候自己的新作品归在哪一类，连他自己也还弄不清。当《新传》的第一篇《猪八戒吃西瓜》写成后，他竟吃不准这个“新生儿”该称它神话呢，还是童话？说它是神话吧，它毕竟不是《西游记》；说它是童话吧，主要人物又是猪八戒和孙悟空，并且故事的情节结构，规定情景，文学语言和幽默诙谐的艺术风格，与《西游记》简直可以乱真。如果没有看完《西游记》全集的读者，看了《猪八戒新传》，还以为是从《西游记》的某一章一节选编出来的呐。

包蕾的“新生儿”《猪八戒吃西瓜》一诞生，他就寄给我看。他把笔名改成“文仿”，即有“模仿文学”之意。作品寄给我不久，问我能不能用时，我兴奋地告诉他我非常喜欢，并已发藕了。他还忐忑不安地叨念着，可不可以将古典文学作品中的人物加以创新改造呐？至于像不像童话，还是让读者去评定吧！

《猪八戒吃西瓜》终于在1956年的《儿童时代》上发表了。作品得到广大读者好评，被誉新蜜活，他这才放下心来。上海美术电影制片厂特伟厂长，看到这篇童话十分喜爱，急着想找到作者去改编美术片，因此，到处打听“文仿”其人。当他知道作者就是自己的老友包蕾时，大笑不止，此事即成为趣谈了。

继《猪八戒吃西瓜》之后，在五年内才写完其余三篇。1962年《猪八戒新传》才由少年儿童出版社出版。俗话说，万事开头难。有人曾问我，包蕾是怎样想起运用古典文学作品中的典型形象，进行再创造，并赋予新思想、新内容的？关于这个问题，是耐人寻味的。我曾在《童话》第二册中写了《猪八戒怎么吃起西瓜来了》一文中作过介绍。那是由于出版社收到一封读者来信：“希望吴承恩同志多写一些像《西游记》这样的作品”。当时这封信便成为茶余饭后笑谈，因为要三百年前的小说家吴承恩“同志”再写《西游记》是不可能了。别人听了一笑置之，而包蕾却以作家特有的敏感和责任感，沉思冥想起来，他想小朋友是那么喜欢《西游记》中的孙悟空和猪八戒，是不是可利用这位小说大师创造的、为孩子们所喜爱的艺术形象，来撰写一些适合现代孩子们阅读、对他们有教益的故事呢？

理想是创造的前提，可是要实现理想不下一番苦功是不行的。因为文学是描写人的思想意识、感情行为的。虽然《西游记》里的孙悟空、猪八戒已成为典型的艺术形象，但要再创造赋予他们新的使命，还必须深入一步了解熟悉他们，而作者不可能深入到《西游记》的历史时代和生活中去，可是他抱着"熟读唐诗三百首，不会写诗也会吟"的决心，将《西游记》这部名著，日置案头，夜放枕边，手不释卷地一遍二遍……苦读钻研起来。老天不负苦心人，孙悟空和猪八戒的艺术形象在他心中活起来了，不论是他们的声音笑貌，还是心理意念，他都能得心应手地描绘出来。

我曾翻阅过不少有关的资料，感到包蕾创作的途径与吴承恩有着相似的规律。吴承恩从小就喜爱古代神话和民间传说，也正是由于吴承恩经过长期的学习和积累，对神话和民间传说有着渊博的知识，而且对运用神话这种艺术形式又有着实践经验，他在写《西游记》之前，还曾写过一部志怪小说《禹鼎志》。吴承恩喜爱的神话和民间传说中也当然包括《西游记》的传说了。因为《西游记》不是某个作家独立创作出来的，它是经过漫长的历史时期，由群众的集体创作和作家的个人创作结合起来的产物。唐代以后，取经故事在民间流传得十分广泛。宋代说书人把它编成"话本"，经过四、五百年的加工和创作，取经故事在流传中不断地丰富和发展，《西游记》的基本轮廓才逐渐形成。到了明代，吴承恩在民间流传的取经故事基础上，进一步加工成为现在的《西游记》。因此，对神话、传说中的人物故事，加工整理再创造，古已有之。吴承恩也是一例。

作家有了神话、民间传说的借鉴，进行再创造时，可以不需要生活，可以胡思乱想地诌出来吗？这当然是自欺欺人之谈。

文学艺术是人们思想意识的反映,人不是生长在真空里的,他是受一定历史时期的意识形态所影响,作为作家、艺术家也必然是有意识地,或潜意识,下意识地,甚至所谓无意识地反映他们那个时期的意识形态,就连明代中叶吴承恩所写的神话小说《西游记》也不例外。

吴承恩生活在明世宗嘉靖年代,嘉靖皇帝昏庸,迷信道教,朝政在奸相严嵩父子把持下,极其腐败,民不聊生,他对封建社会黑暗统治的怨愤和不满都反映在他的《西游记》中。他用锋利的笔触加以讽刺和鞭挞。同时,他也希望出现像孙悟空那样正直勇敢、聪明机智、顽强乐欢的人物。他还塑造了像猪八戒这样,浑身有不少毛病的助手,来帮他共同完成取经大业。《西游记》虽有时代和阶级的局限性,但吴承恩还是用优美的艺术形式反映了他的反抗思想。

同样,在包蕾有了《西游记》这部古典名著作借鉴要进行再创造时,虽然他不论在艺术形式上、人物描写上、故事结构上学习描摹得如何惟妙惟肖,得心应手,如果没有作者自己对历史和现时世界与人生的意念和观点,他是不可能完成自己理想的作品的。包蕾自己也说,借鉴的目的是利用前人创造出来的艺术形象,写出适合今天的孩子并对他们有益的作品。他是这样想的,也是这样做的,当他开始重新学习《西游记》的同时,就注意今天孩子们的生活,从中吸取营养,来构思他新的创作。

如他在日常生活中,有意识地讲《西游记》的故事给孩子们听,他发现,每逢他们听到猪八戒的故事时,个个都笑得前俯后仰,猪八戒的性格突出,形象鲜明,他纯朴天真却又好吃懒做,拿猪八戒作为模特儿编成故事,既有趣又易有寓意。于是他决心给猪八戒写新传了。

故事里的故事

正如包蕾说的，要为猪八戒写新传，必须编几个故事，但胡思乱想是不行的，必须到生活中去寻找火花。的确，生活中处处闪烁着火花，有的人看不见，真所谓踏破铁靴无觅处。可是有的人却满眼星光灿烂，却是得来全不费工夫。我就讲讲作者是如何在生活中觅得火花的故事。

《新传》里第一篇故事是《猪八戒吃西瓜》，作者是从何获得灵感的？这里就有几个小故事。有一天深夜，当他写作感到困倦，肚子有点饿时，他就下意识地去摸饼干筒，可是打开一看，已空空如也，原来是邻家贪嘴的小客人，分几次替他吃完了，因为好吃，吃了还想吃，本来想留一点给伯伯的，却忍不住地吃完了。这使他十分感兴趣，于是星点般的火花，在他心中燃起来了。

在日常生活中，他又注意地看到孩子们吃完西瓜，乱扔瓜皮，有时瓜皮满天飞，他们竟打起“瓜皮战”来了。就在“不要乱扔果皮纸屑”的宣传画下面，就有人被西瓜皮滑得四脚朝天。就这样，一张宣传画把生活都串起来了。

在构思过程中，他感到贪嘴是儿童心理的反映，也是猪八戒的缺点，他就抓住这一点，把故事编缀成了。

故事是说那贪嘴的猪八戒，找到了大西瓜，切成四块，一份自己先吃了，其余三份想留给师父，悟空和沙僧，可是他越吃越想吃，念念有词地替自己找理由，将西瓜一块又一块地吃了个精光，为了消除痕迹，他将西瓜皮乱扔得无影无踪。悟空看在眼里笑在心里，为了教训猪八戒，作了法，使八戒踏在自己扔去的瓜皮上，摔了四个不同姿势的跟头，八戒跌得脸上又红又肿，不得不呻吟着说：“是我不该独个儿吃了个大西瓜，这猴子一路上倒请我吃了四块西瓜皮。”读者看到此，不禁要失声笑了。包蕾觉得得意之处，就是使四块瓜皮一块又一块地飞回到八戒的脚底下，让他自讨苦吃。自己教训了自己。读者也在哈哈大笑声中得到了教育。《猪八戒吃西瓜》的素材看起来，得来全不费工夫，其实是功到自然成啊！万事起头难，这个头起得好！

第二个故事，《猪八戒学本领》也有他一段经历。作者1958年下放农村时，在劳动之余帮助生产队做扫盲工作，他为了形象化的说明学习的意义，回到市里度假时，买了唐僧师徒四人和几个动物玩具木偶，写了个《孙悟空学本领》木偶戏，说孙悟空在取经路上被妖怪打败了，为了救师父，重又学了本领消灭了妖怪。他以食堂窗户为舞台，为社员们演布袋木偶戏了。大人、小孩围挤在食堂窗口，十分有兴趣的看木偶戏。还是小朋友提出的问题，启发了他，小朋友说：“孙悟空本事那么大，为什么还要学本领，猪八戒为什么不去学本领？”问题提得很有道理，他立即酝酿《猪八戒学本领》的创作。

他又来到了孩子们中间，他发现孩子们学习不好功课的原因有三：一是不虚心，自作聪明，不懂装懂，一知半解，不肯虚心问老师和同学。二是没恒心，畏难怕苦，半途而废，不肯勤学苦练。三是无巧心，死记硬背，不肯多思考，不能随机应变。因此；读书没有目的，平时不烧香，急来抱佛脚，为了分数偷看作弊，学不到真本领。这与八戒的好吃懒做，不肯下苦功，没有真本领是有其共同之处。他想到愚昧无知就要挨打这句话，想到猪八戒没本事遇到妖怪就是处处挨打。

他在构思《学本领》的故事时，是先想结局，就是如何惩罚八戒，给他一点教训，主要要体现“摔痛了自己的屁股，笑掉了别人的门牙”这两句话，在最后让八戒从青云里摔下来得到教训。根据以上几条线，顺理成章，故事也就编成了。

故事是说有一回，猪八戒去化斋饭半路上遇到妖精，被打得狼狈而逃，唐僧教育他要好好跟大师兄学本领，在取经路上就可以少吃妖魔的亏。猪八戒很贪心，要孙悟空教他“七十二变”、“拔毛变猴”、“筋斗云”三项绝招，悟空摸出三本天书要他熟读，并要他用虚心、恒心、巧心的读书方法，功到自然成。他当面点头称道，背后却抱着书在睡大觉了。次日见了师父，他谎称已熟读了天书。悟空为了试探他是否真学了，便在八戒巡山的半路上变了个和他一模一样猪头大耳的和尚。口称是他大哥猪大戒，请他入洞赴宴，八戒馋涎欲滴，正待举杯时，猪大戒突然提出要比试比试，八戒为了能及早美餐一顿，一口答应了，在比变化时，由于他没有熟读天书，只偷看到半句咒语，变老虎时，却变了个虎头猪屁股，拔毛变猴时，却变成小猪崽将桌上美酒丰肴吃得杯盘狼藉，最后要八戒比筋斗云，他忘了咒语，大戒乘机助他一臂之力，将他抛上云端，八戒还以为自己学会了筋斗云呐，可是，一个倒栽葱跌在干草堆上，虽跌痛了屁股，却未受伤，悟空最后告诫道：“八戒，八戒，学问之道，切忌虚夸，骗得了自己，骗不了人家，到头来摔痛自己的屁股，笑掉了别人的门牙，何苦来呀！”八戒只得承应，诺诺连声。

包蕾感到在艺术处理上，用孙悟空变成了八戒的大哥猪大戒来考验八戒，教训他，使他有自知之明，比较合情合理，猪大戒此人虽然《西游记》上并没有，但读者都读来可信。我认为这篇作品既符合儿童心理，构思也比较巧妙。

在讲下面两个构思中的故事时，我想用童话大师安徒生几句话作一个承上启下的桥梁。

安徒生在给一个朋友的信中写过这样的话：“当我写一个讲给孩子们听的故事的时候。我永远记住他们的父亲和母亲也会在旁边听，因此我也得给他们写一点东西，让他们想想。”这也就是说,他写童话不仅是为了教育孩子,而且为了教育他们的父母,教育成年人。

的确,《猪八戒吃西瓜》和《猪八戒学本领》主要是从儿童生活出发,适合儿童心理,有儿童情趣。当然成年人看了,也会有他们自己的体会,收到应有的教益。但《探出》和《回家》两则故事就寓意较深,儿童看了会觉得好玩、有趣,但更能够理解其中深刻涵意的还是成年人。

《探山》是作者在1958年大跃进,下放奉贤农村时有感而写的。当时,农村干部瞎指挥,硬性规定要深翻三尺,由于生土,菜籽入土后不出芽来。同时,又为了“以粮为纲”,就强迫社员将茁壮的蚕豆砍倒,垩到田里作青肥。当时在农业生产上的主观主义,做了许多蠢事,对科学种田毫无认识。当时,连小孩也受到影响,也跳上台去打擂台,要种出卫星田,亩产万斤粮。这样,既助长了干部的主观盲目,也贻害了下一代。

写《探山》就是要教育人们要有辩证唯物主义,不要有主观唯心主义,要调查研究,不要盲目自信,于是编个故事让盲目自信、遇事糊涂的猪八戒去碰碰壁,得个教训,使大人小孩受到教诲。

故事是这么安排的,先让八戒去探找“古奇洞”,找到了“古奇洞”,就可以穿洞而过,不消半日,便能走到山那边。要不然,挡在他们面前的大山,要走七八个年头才得绕过去。八戒一心想找到“古奇洞”以显显才能,可是四寻无着,他主观认为,想当年他在福陵山为怪,那洞洞就在山岙间,于是他直奔山岙,果然找到一个洞。他怯生生地在洞口大叫一声“里面可有人?”山洞里的回声是“有人有人……”他进洞问道:“这里可是古奇洞?”回音又是“古奇洞……”他把山洞的回音当作有人回答他。他兴奋地走进黑黝黝的洞里,一不小心跌进深水潭。亏得沙僧找来,将他救起。八戒与沙僧后来虽然找到了“古奇洞”,可是打不开门锁。他们在悟空的启发下,大家去找那识货之人,他们先去找一位广智祖师爷,但他只知翻书查典,不会开锁。经他指点又去问了那些手勤脚快的山里人,一路问来,遇到一位樵夫告诉他们关于“古奇洞”的一首儿歌,八戒和悟空按着儿歌的线索去巡访,从一群戏耍的小孩们口中才得知“古奇洞”的钥匙所在,他们顺利地打开了石锁,师徒四人穿过山洞,行不多时就走出洞外。

故事结尾,作者又说了几句点题的话。行者道:“……若不是仙师指点,樵哥相助,小娃们唱歌,老孙有天大本事,也找不到这把钥匙。可见凡事向人请教,多查,多问,多思,多想,总有好处。”这实质上是教人深入群众,调查研究。包蕾说,当猪八戒听到洞中发回自己的回声时,就认为自己估计对了,这就像有些主观主义、官僚主义者,往往把自己的回声,当作群众的同意和拥护,他们往往希望得到这样的回声,并用他自己的回声来证明自己的正确,这往往会被献媚者所利用,误了大事,害了群众。包蕾的这番话,真是发人深思。这些深远的哲理,是孩子们较难理解的。

他在艺术表现上,则用了民间故事的手法,通过详析一首诗,一则儿歌或谜语的意思,找到了宝贝,或解决了疑难问题。在语言上则有相声的俏皮和幽默感。这样也弥补了故事的不足之处,使人看了饶有兴趣。

第四个故事《猪八戒回家》,从故事内容来看是较简单,能一目了然,小朋友能看懂,但成年人看了就感到有深一层的涵意。故事是说唐僧、行者、八戒、沙僧西天取经,历尽千辛万苦,终于来到西天灵山脚下,猪八戒认为:“受尽辛苦,为的是来天堂享福的……”可是他看见天堂的五百罗汉,伐木砍树,做小工盖玉楼，而仙女们又在纺纱织布。八戒满心疑惑地和师傅去参拜了如来佛，谁知佛爷笑眯眯地拿出一袋桃核，让悟空领去种蟠桃，叫沙僧也领一钵盂鱼种去养鱼。接着，佛爷又拿出一袋谷种，命八戒好好去开荒种地。八戒懊恼地感到："早知天堂也要干活，倒不如留在高家庄种田，还图个自在。"当他使起钉耙翻了四五垄地，就去呼呼大睡了。悟空弄醒了八戒，八戒拎起钉耙，驾起狂风径自回高老庄去了。悟空叫声："不好，这瘟猪越发不是，竟然迷了心窍，走回头路了……"便摇身一变，变成个青面獠牙的妖怪，在半路上挡住八戒，口称杀猪大仙，他们打了没几个回合，那妖怪就将八戒捆绑起来。说是去宰了，带回去红烧清蒸美美地吃他一顿。八戒连忙求饶，悟空这时不禁扑哧一笑，露出那雷公毛脸，妖怪被八戒认出来了。悟空教训八戒道："若说天堂寒酸，也不少你吃穿，要嫌干活劳累，这天堂靠谁造来，像你这般只知有己，不知有人，早晚要堕入魔道。"八戒听了，十分惭愧，表示今后决不再犯。

小朋友看了这个故事，根据他们年龄的大小，会有深浅不同的理解，而成年人则不同，他们理解得更深更广。故事中的天堂就意味着共产主义社会了，按照八戒的想法，他九九八十一难都闯过来了，应该坐享其成了，拿现代语言来说，可以躺在功劳簿上睡大觉了，革命到顶了。殊不知到了共产主义还是要各尽所能，继续进行物质生产，物质极大地丰富才能按需分配。同时，精神文明更需极大的提高才行。故事中的天堂，男耕女织，各尽其才，人人有责。在那里罗汉们哼着号子，唱着山歌在伐木锯树，仙女们听着布机奏乐在织布，他们"摩天玉楼盏成，大家都可住得"。"云锦虽是好看，可并不卖钱，除了那吃饭不管事的，谁也能穿得"。因此劳动是极其自觉愉快的。

包蕾说，他写《回家》其实是受刘少奇同志的"我为人人，人人为我”这两句话启发的，细心的读者就会看到这两句话在天堂门口的一副对联上写着呢！

> 八戒随后走来，抬头一望，见那牌坊两柱上刻着斗大几个字……
>
> 八戒端详了半天道：“这下边的，仿佛是我字。”行者道：“亏你认得不错，那上边的呢？”八戒摇头道：“那就认不得了。”沙僧道：“这个人字笔画不多，为何你倒忘得干净。”行者道：“呆子，看来你是知有我，不知有人也！”八戒嚷道：“胡说，胡说。这人字笔画虽少，可就是难记。”

书中八戒认的是第一条对联，所说下边是“我”字，上边是“人”字，作者示意第一句是“人人为我”，而第二句不言而喻的是“我为人人”了。《回家》这个故事我读过数遍，并未能看出其中奥妙，这次经作者指点后，才看到他的匠心所在。

以上所写的内容只能说是介绍，谈不上分析。这次通过和包蕾的交谈，使我对发表出版了二十多年的《猪八戒新传》有了进一步的体会，更是一次极好的学习。

我和包蕾从革命时期到建设时期，交往近四十年，特别在创作上照说是非常了解，尤其对《猪八戒新传》，其中四篇故事在发表前，我都能先睹为快，《新传》出版后我是爱不释手，为了要将《吃西瓜》和《学本领》改成木偶剧，我反复阅读过。可是通过这次了解到《新传》创作的前因后果之后，我感到包蕾为创作这部著作付出了不少心血。从而使我进一步理解了他的甘辛，从而更深地了解了他对世界、对人生的革命观点和进步思想。同时，也感到他对艺术严谨和精益求精的态度。他作为儿童文学家有他特有的敏感和责任感。数十年他历尽艰辛地用革命思想，共产主义思想，用寓教育于娱乐的艺术手法陶冶、教育、培养我们的接班人。我衷心地为孩子们感谢他，并向他学习，希望他能为孩子们酿造更多的更鲜美的蜜汁给孩子们以精神上的营养。

1984年“六一”前夕

真心实意为孩子

鲁　兵

初识包蕾其人，在一九四八年《大公报》假青年会为其副刊《现代儿童》举行的茶话会上。

初读包蕾之文，亦在该年，我协助贺宜同志编辑《童话连丛》，读到他的来稿，《愚笨的裁缝》。

《愚笨的裁缝》是一首童话诗，讽刺当时的国民党反动统治。这无疑是个重大主题，却写得十分活泼，十分风趣，这该是包蕾同志的作品的风格，“文如其人”吧。

我们第二次握手，已是六年之后。在这六年中，我西南东北兜了个大圈子，最后回到江南，在上饶工作。解放后第一次到我本来就不甚熟悉的上海，由西站向东步行到静安寺，再沿着延安路向西步行到西法华，这才找到了少年儿童出版社，为的是看望包蕾同志、陈伯吹同志。久别重逢，已换了人间，真有说不出的高兴。次年——一九五五年，我转业到少年儿童出版社，就跟着他们学习和工作了。

那两年，儿童文学的创作和出版，有一个很好的环境，后来常被人称为“黄金时代”。那时，人们似乎单纯得多，拿出版社来说，上上下下一心在搞事业，是一种创业的气象。包蕾同志主持编辑部工作，他的指导思想是很活泼的。鼓励改革，提倡创

新;坚持兼容不同风格的作品,开展不同意见的讨论。他为《儿童文学研究》(当时内部发行)写的发刊词说:

> 只要持之有故,言之成理,虽一得之见,也可发表,即大块文章,也尽量容纳。

可惜的是,好景不长,风云突变,改革、创新之事,齐放、争鸣之举,一概成为错误,甚至是罪过。这些事,众所周知,不必细说了。批判与"自焚"(自我检查,谓之"自焚",一焚不死:乃再焚之,七焚,八焚,有十数焚者)之后,大批编辑人员先后下放劳动,投笔从农,其中有我,也有包蕾同志。在我尚属锻炼,在他则是惩罚。知识分子岂止无用,恐怕是有点危险,"软刀子杀人",不得了呀!于是来个大换班。当时留在出版社的编辑,纷纷"脱鞋下田",到工厂去,到农村去,组织工人农民作文作画,"人人当诗人","人人当画家"。由于要在实际上做到"一天等于二十年"的跃进,非得快速创作、快速出书不可,编、排、校、印"一条龙"。其结果当然只能是快速消亡。这样大鼓干劲地大干了一番之后,大概觉得没有知识分子也不好办,还得派他们一点用场。这样,包蕾同志又回到出版社来,一九六〇年,就是那个吃饭要"两两计较"的艰难的日子,我们一起在上海师范学院编写"儿童文学概论",写了个草稿,未能成书。后来,包蕾同志到上海美术电影制片厂去当编剧了。

人在两处,交往反而密切起来。我们是旧习改也难,碰在一起,还是三句不离儿童文学。有时我有幸做他的第一读者,有时我听他讲正在酝酿的童话。《猪八戒新传》中有几篇,我就是先听故事后读作品的。他讲怎样起意,怎样构思,对我大有启发,当然可供众多作者借鉴。于是请他写了一篇《养"猪"杂谈》,刊于《儿童文学研究》一九六二年七月号。

我也常常拿自己的作品向他请教，不用说，他是乐于指点的。一九六二年，我拿当年写的一部寓言初稿给他看，他骤然皱起眉毛来了。他一向很乐观，嘻嘻哈哈，这回，他很久默不作声，我想，他是想起自己的痛苦经验，同时深深地为我担忧。最后问我，这样的东西拿出去发表好不好？当时我未及不惑之年，所以迷迷沌沌，自忖寓言所言，正是党中央在总结的前几年工作中的教训，当言即言，何所忌讳？这真个是“憨直未防文字狱，率真偏遇奈何桥”了。后来我们谈及此事，他笑着说是“在劫难逃”。我深以为是。在当时的路线、方针、政策之下，知识分子的那种遭遇是注定了的，逃不脱，躲不开。

一九六九年秋冬之交，大家下干校去“斗、批、改”。包蕾同志所在的电影系统干校，和我所在的新闻出版系统干校，只有一河之隔。我却只在小店（两个干校共同的小卖部）门口见到他一次。他给晒得墨黑，真的成了“老包”，五分钱买了一只硬邦邦的饼，半只塞在嘴里，说不出话来，我也只是颔首而已。想当年，洋洋洒洒写《养“猪”杂谈》；看今朝，抖抖索索在猪棚里喂食扫粪，这在他可以说是“如愿以偿”吧。

粉碎了“四人帮”，在党的十一届三中全会之后，全国人民精神大振，包蕾同志也是这样，一股劲头，不知从何而来。虽然年长力衰，几年来写的作品，恐怕不会少于过去的那个十七年。遗憾的是，我坏了眼睛，无力拜读了，只有他编剧的美术影片，尚能模模糊糊观其大概。

包蕾同志的创作，一个明显的也是十分重要的特点是切合一定年龄阶段孩子的兴趣和爱好，这就是说，他从酝酿到下笔，一直注意到这个作品是为多大的孩子写的。这是他赢得众小读者、小观众、小听众的秘密。他的儿童剧《小熊请客》是中央人民广播电台“小喇叭”的保留节目，孩子们真是百听不厌，一批批孩子长大了，又有一批批孩子接着在听。从一九五七年一月三十日开始广播以来，跳过动乱的十年，至今久播不衰，其他节目怕极少能与之并驾齐驱。“造反”之初，据说“小喇叭”的其他节目的录音都消磁，独留《小熊请客》，为的是作为“典型”来批判，找来找去找不出什么罪名来，于是以“大吃大喝”问罪，这可以说是大洪流中的小浪花，可以收入《笑林广记》。

近几年，儿童文学创作有很大的成绩，但是有些作品，就其本身而言是成立的，可惜和小读者有不小的距离，因此他们不仅难于欣赏，而且难于理解，比如写托儿所、幼儿园孩子生活的作品，这些孩子无法接受；写少年生活的作品，这些孩子还没有接触到作者所提出的问题。这些作品的作者，似乎只想到表现自己的思想、情感，这也未尝不可，只是这些作品，说是反映孩子生活较为贴切，称之为儿童文学就显得勉强了。因为写孩子不等于为孩子写。我想，我们真心实意为孩子写作，是该向包蕾同志学习的。

《儿童文学研究》组织一辑研究评论包蕾同志创作的文章，将刊于一九八四年的总第十八辑，嘱书数语，以此应之，恐于研究评论无补。

一九八四年三月四日

美术电影·包蕾和我

詹　同

一提起包蕾同志，人们就要想起动画影片《三个和尚》。说真的，就凭这部影片在国内外多次获奖，以及观众在观看影片时笑得前仰后合的盛况看，谁都会承认包蕾同志在美术电影创作上确有"绝招"。

"因老猪结缘"

在我从事美术电影艺术创作过程中，第一次与包蕾同志合作是从拍摄中国第一部剪纸影片——《猪八戒吃西瓜》开始的。不过那时候，我是才从美术学院毕业出来，对电影事业仅止一知半解刚开始担任美术设计任务的毛头小伙子，而他则是已经从事儿童文学创作以及有着丰富的电影剧本写作经验的大作家。因此，当时最有几次会面，但我几乎连话也不敢和他多说一句。不过毕竟由此而相识，此后，经过多年的交往，尤其在"史无前例"的浩劫，共同的"牛棚"生涯中，我与他却彼此无所不谈。记得有一次，当他看完一大批铺天盖地以批判他为主要内容的大字报之后对我说："他们画我的那些漫画像一点也不像，还没有我自己画得好。"我甚为他的乐观、开朗、幽默的性格所感染，对他钦佩不止了。

一九八〇年我的儿童画册《猪八戒吃西瓜》获奖,包蕾同志说:"这是你和老猪的缘分。"而如果说我和包蕾同志在美术电影创作以及儿童文学创作上的友谊是"因老猪而结缘"这话也是不错的。

"我本来就画得不错"

粉碎"四人帮"以后不久,有人提议在美术电影银幕上揭露"四人帮"的丑态是最恰当的了,大家认为这个主意不错,于是包蕾即约鲁兵同志和我合作编写起剧本来。先是我们以"除四害"形式以老鼠、苍蝇等四害形象模拟揭示"四人帮"的罪行,但写了一个开头就再也进行不下去了,连我们自己也感到生硬、概念。这时包蕾同志便建议通过"四人帮"的所谓"批黑画"这一典型事件进行写作为好,于是大家即按计行事,在不长的时间内写出了动画片《画廊一夜》剧本。事后,我问包蕾同志。"你怎么想起了'批黑画'这个'点子'呢?"他笑着说,"我会画画,你不信么?"他不等我回答又接着说:"我本来就画得不错。"我说:"我怎么没见到过你的作品?"他说:"因为我根本没有画过。"这里他又开了个玩笑。但如果你能发现他多年来所创作的美术电影剧本富有极强的形象性这一点,你则会认为他这句话说得也并不错。

一夜之间再加一个午睡

《像不像》是我和包蕾同志合作编写的第二个动画片剧本。记不清当时我是怎样想起在幼儿绘画中常常出现的那些由于孩子们的观察及理解能力条件限制所造成的奇特画面效果，而这一特点如果能在美术电影银幕上表现，则是颇为有趣的。我把这一想法向包蕾同志说了，他当时似乎并未以为意，也未加表态，岂知第二天一大早，他即拿了一篇东西给我看，原来是由于我随口说了那些话，引起了他的兴趣，进行了艺术构思，创作了一篇童话。我随即按它画了一套连续漫画，以《不像像》为题发表。这篇童话的创作是包蕾同志于一夜之间写成的。说来容易，似乎是灵机一动，得来全不费工夫，其实如果包蕾同志没有对儿童生活的长期积累，对幼儿心理的充分掌握以及数十年的写作经验，无论如何是达不到如此完美效果的。而当决定将这篇童话搬上美术电影银幕需要改编为剧本时，则又是我和包蕾同志利用别人午睡时间拟定了提纲，接着写好的。有人曾说："真怪，包蕾也不下生活，可他还能写剧本。"我说，重要的是平时的观察与积累，包蕾的特点恰在于此，如果以"临上花轿再扎耳朵眼"的方式进行创作，怕是搞不出什么出色的作品来。

"我是科盲，但我没瞎编"

当有人称包蕾同志也是"科幻作家"时，他笑呵呵地对我说，"我哪里算科幻作家，我从来也没写过科幻小说，我是'科盲'，但是我那些国际讽刺题材童话都是有根据的，我没瞎编。"当时我正准备将他那篇童话《奇怪的球赛》改编为木偶影片，和他一道在北京观看"北京国际冰球邀请赛"。

这些年来包蕾同志确实写了不少篇国际讽刺题材童话，题材来源于国际间真实电讯，稍加幻想、夸张，差不多每一篇又都有各自独特形式，但几乎又都具备一个特点，即与现代科学似乎有关，于是难免会形成上述错觉。

我本来有个打算，继《奇怪的球赛》之后，将包蕾同志的其他国际讽刺题材童话，继续改编为木偶影片，拍成系列剧，包蕾同志也有此愿望，可惜因故一直未能实现。

如今包蕾同志的此类题材童话仍在继续构思、创作。我仍盼望上述愿望能尽早实现。

“假如我是包蕾……”

一九八〇年和一九八一年，我接连将包蕾同志的《真假李逵》、《假如我是武松》拍成木偶影片。这两个剧本的写作风格与形式，是以中国民族传统的评话、地方戏曲为主的，语言极有特色，有人说美术电影艺术水平高下以影片中语言多寡而评定，这是一种偏见。虽然包蕾同志的《三个和尚》一字对白也没有，但不能因此说包蕾同志创作的其他颇具语言特色的剧本没有存在价值。这一点，大约谁也不能否认，题材范围广泛，风格、样式多变，恰是包蕾同志在美术电影剧本创作上的特点之一，也为其“绝招”之一。在这一点上，我是甚为拜服的。

《假如我是武松》剧中宋武说：“假如我也是武松，我也能打死老虎。”我想可能有人也会说：“假如我也是包蕾，我也能写出那些作品。”果真如此，我奉劝你还是应首先虚心学习包蕾同志的创作态度与创作方法为好，不然……

看见石狮子就摸它肚子

一九七九年我和包蕾同志在北京写作时住团中央招待所，其地处北京城北，附近一些清代王府旧址仍保留着原有的大致建筑规模。而最令包蕾同志感兴趣的则是这些王府、宅院门口的石狮子。北方的石狮子和南方的无论从形象上、体态上皆有区别，一般地说北方石狮子以雄健、威武为主，南方的石狮子则以秀丽、灵巧见长。每当我们工作间隙于街头漫步，见到那些蹲在大门两旁高大的石狮子时，包蕾同志总要跑过去用手摸摸雄狮的肚皮，再看看雌狮子的脸，并对我说："你看，雄狮子肚皮上有没有个大洞？"根据过去的经验，我知道他又在构思着什么新的作品，观察、收集可供参考、启发的形象资料。几年以后他的中篇童话《石狮子的梦》发表，其中写着石狮子经历了自"庚子事件"直至三中全会以后的八十年来的时代变化，雄狮子肚皮下的一个枪洞和雌狮子脸上的伤痕恰是外国侵略者残害中国人民的见证。包蕾同志说："让少年儿童、青年多懂一点中国人民过去的苦难史有好处，可惜我精力差了，没能按原来设想把这篇童话写得更长一些、丰富一些。"尽管如此，这篇童话仍然受到广大少年儿童读者欢迎，我目前正与他合作将它改编为连续多集的木偶影片。工作正在进行当中，由于创作需要，我也和包蕾同志一样，每当见到石狮子，也要去用手摸摸雄狮子的肚皮，再看看雌狮子的脸，一见我如此，他就站在一旁嘿嘿嘿地笑了起来。

一九八四年五月五日

时代感·戏眼与童心
——谈包蕾的儿童剧

郑　马

一

重读包蕾的儿童剧，剧中的人物和时间地点，立刻把我带回到过去的年代里。

现在在我眼前出现的，是一九四七年三月二十三日的上海幼稚师范学校的礼堂，舞台上正公演着包蕾的三幕剧《胡子和驼子》。——一个阴险毒辣的魔术师，他知道沙漠里藏着黄金，自己没有力量去取，便欺骗胡子和驼子两兄弟一同去挖。黄金到手后，他丧尽天良想要害死他们，结果反而害了自己。戏是用童话的手法，来隐喻国民党夺取了抗日的胜利果实，倒过来还要消灭为抗日出力流血牺牲的人民，把生活在水深火热之中的国统区人民对国民党的失望、不满和愤怒，深刻地表达出来了。所以剧场里被观众挤得水泄不通，为了尽量多容纳人，大小观众们情愿侧着身体、一个紧挨着一个地坐着和站着，都在聚精会神地看戏。当时上海地下党领导的《新少年报》的大朋友，曾经在报上写道：

当我坐在小朋友中间看戏的时候，看到小朋友们紧张的脸，欢笑的脸，有时还静默地屏息住气，这种严肃的态度和热忱的情绪，就足以表示出这个戏，是如何深刻的给小朋友们留下的印象呀！……

我又随着包蕾最早写的另一部多幕儿童剧《雪夜梦》，回到了比《胡子和驼子》更早一些的年代——抗日战争时期的上海。在剧场里，孩子们从《雪夜梦》中，看到自己的兄弟姐妹因为国难而家破人亡、流浪街头的悲惨遭遇，泣不成声；看到影射日本侵略者的强盗到处抢劫杀人放火，更是愤怒填膺。演出结束时，台上的演员和台下的观众们，共唱起《雪夜梦》组曲里的预祝抗日战争胜利的《胜利进行曲》：

少年们！
少年们！
向前进，
向前进，
庆祝胜利大游行，
合着脚步向前进。
要把敌人都赶净，
世界才能有光明。
少年们！
我们团结一条心，
合着脚步向前进。
创造一个新国家，
自由平等真光明。

歌声震撼着剧场，震撼着千万个小观众和他们家长的心。这不是一般的歌，而是千百万少年儿童“对抗战前途满怀热忱与希望的天真的童音”①。这戏，这歌声，使敌人胆战心惊，碍于演戏和出版剧本的地方都在英租界、法租界里，一时下不得毒手，而在太平洋战争爆发后，日本宪兵就迫不急待地到处查封销毁《雪夜梦》和所有的抗日书籍。四马路的一家书店查到了一本《雪夜梦》，老板被抓去了，出版社的负责人家被抄了，为《雪夜梦》谱曲的音乐家陈歌辛被捕了；幸亏《雪夜梦》的剧作者包蕾接到紧急通知，及时转移了。

看包蕾新中国成立前所写的儿童剧，我的心始终是激荡的，眼睛里不是含着热泪，就是充满怒火。我甚至感到我呼吸的空气里仿佛有一股浓烈的硝烟烽火味，耳边响着的是当年人民的痛苦呻吟和愤怒的呐喊。这不管是看他在抗日战争时期写的十个活报剧集——《祖国的女儿》、《雪夜梦》，还是看他在解放战争时期写的《巨人的花园》、《胡子和驼子》、《玻璃门》、《瓶里的魔鬼》、《寒衣曲》等剧，都有这样的感觉。尽管事隔多年了，当年舞台上的戏剧感染力，仍旧揪住我的心，使我的血液沸腾不已。我总觉得，包蕾的儿童剧时代感特别强，这正如当时聂耳，冼星海的战斗歌曲一样，强烈地反映了全国广大人民的意愿和心声，这怎么能不使观众激动，叫一切敌人颤抖呢！当年日本宪兵这样惧怕、痛恨《雪夜梦》，不正是因为这个儿童剧，像利剑一样，狠狠地刺中他们的心头么！

新中国成立后，时代不同了，孩子们在党的阳光下生活，有学校、少先队的教育，有社会各方面的关怀。他们有了正式的儿童剧院公演儿童剧，有大量优秀的电影看，有少年宫、少年之家、

---

① 见《我和儿童文学》181 页包蕾写的《我的创作历程》。

图书馆，有众多的、各种各样的优秀书刊阅读……孩子们的大方向有了可靠的保障，剧作家用不着再像过去那样为儿童争人权、反奴役而大声疾呼了。因此包蕾把主要的创作精力，转移到童话写作和美术电影剧本上了。可是尽管如此，他还是经常为孩子们写一些短戏。他特别感到低幼儿童更需要直感的文学作品，偏偏给他们看和供给他们排练活动的儿童剧又是太少了，他有责任拿起笔来。于是他连续为娃娃们写了一些可以在课堂里排演的小歌舞剧，如《小熊请客》、《小懒猫》、《一只大西瓜》等等，还和老战友孙毅一起把自己的童话《猪八戒学本领》改编成木偶剧给娃娃们看。这些戏，都是对小观众们进行品德教育，教育他们好好学习、天天向上，为做好建设祖国的接班人而努力的，时代感不也是很强的吗！

任何一位优秀的剧作家，他的脉搏的跳动，总是和时代的脉搏跳动一致的。否则，他的戏就不会有激动人心的魅力。愤怒出诗人，同样愤怒也能出剧作家，包蕾在新中国成立前所写的儿童剧，正是他愤怒以后向敌人喷射出来的一发发灼热无比的炮弹。

二

时代感不是抽象的东西，它通过具体作品来表达，如果戏剧本身平平淡淡没有“戏”，即使派上才华出众的专家导演，配上第一流演员参加演出，无论舞台设计怎样精巧绝伦，也照样拖不住观众。巧妇难为无米之炊，时代感又何从体现呢！

这就要求剧作家炼就一副戏眼，用它来摄取现实生活中最本质，最集中，最能激动人心，最使观众们感兴趣的东西，通过人和事的矛盾冲突表现出来。而包蕾正是一位有着戏眼的儿童剧作家。

他的戏构思新颖奇特，常常把人云亦云的题材，处理成很不一般。如《雪夜梦》是写抗日战争时期城市儿童受到日本侵略者迫害后的悲惨遭遇，这样的故事观众们能一下子举出许多，如实写来谁也不要看。经过他的“戏眼”选择和妙手的加工，用抒情、幻想、夸张手法将人物化入梦境，戏的天地就舒展开来了，情节丰富了，戏热闹了，《雪夜梦》中的两位小主人的善良、勇敢的性格也出来了，并得到了发展，孩子们的爱国心得到了充分的表达。整个戏诗意很浓，感染力很强，一点似曾相识的影子都没有。同样，写国民党压迫人民的戏，孩子们也见得多了，单在连环画里就看到不少，舞台上要现出新意来还真有点儿不简单。但包蕾没有墨守成规，他深知孩子们喜欢新、奇、怪，他就把受国民党压迫的人民，浓塑成两个不同性格、半带童话色彩的人物——“驼子”和“胡子”，将国民党概括成一个会吹牛皮骗人、阴险毒辣的“魔术师”，将这三个人物的矛盾冲突，拴在一个找金子、谋财害命、带有民间传说色彩的故事里展开，小观众们看来就津津有味了。既是童话，又是现实生活，真真假假，假假真真，取得了很好的艺术效果。

包蕾还写了许多小戏。这些小戏节奏明快。故事集中、短小精悍，内容虽小而有戏，很能吸引观众。包蕾善于抓住生活海洋中的闪光浪花，予以尽情渲染发挥，让人从中联想到海洋的风貌。像《玻璃门》就是一出比较突出的小戏，剧中情节很简单，围绕一扇饭店的玻璃门展开，但这不是一扇简单的门，门内门外却是两个不同的世界，请听听剧中一位冷得发抖的看门孩子小良和报童大根的一段对话吧：

小良：我想这个世界真奇怪，譬如我自己吧，一天到晚站在这儿，只不过是为了替人家拉开这扇门，好让人家进去，这扇门就好像把世界分成了两个，门里头多暖和，有吃、有喝、有玩、有乐，门外头多冷，风吹雨打、下霜、下雪，就隔开这么一扇薄薄的玻璃门，什么都大不相同了！

大根：真是的！

小良：玻璃是透明的，里面可以看得出外面，外面可以看得到面，为什么这些人都不睁开眼睛看一看，难道他们眼睛瞎了吗？

大根：他们没有瞎，他们不愿意看。

小良：对了，他们不愿意看，他们心里都明白，可是不愿意说出来！

多么锐利有力的对话，门外的这两个穷孩子对当时这不合理的社会，提的问题和回答得多么深刻！这小小的一扇门不正是整个旧社会的一扇大玻璃门吗？包蕾的戏眼落在这扇玻璃门上，瞅得准，落得好！

包蕾的戏眼又是和他的童心紧紧地结合在一起的。正因为他有着一颗童心，热爱孩子，对孩子感兴趣，习惯和善于观察孩子，他比较能够知道孩子们爱什么，恨什么，想什么，喜欢什么，理解什么，所以他的戏眼倍加敏锐，写起儿童来特别亲切有感情，也处处能为小观众们的兴趣爱好和接受能力着想。

包蕾深知儿童观众的屁股不大容易坐得住，更明白儿童文学作品要寓教育于趣味之中的道理，他的戏往往写得很幽默风趣，有时甚至很滑稽。像三幕剧《胡子和驼子》开幕之前，他就让许多小朋友合唱起一首生动的拗口令：

一个胡子，骑着驴子。一个驼子，挑着螺丝。胡子的驴子，碰翻了驼子的螺丝。驼子的螺丝，撞倒了胡子的驴子……

随着拗口令唱完，“在音乐还没有停止的时候，突然在紧闭的幕缝中伸出一个头来，戴着一顶高帽子，脸上涂着粉，戴上圆边大眼镜……”①戏就从这个人的自我介绍和他的变戏法开始了。这样的开场，真称得上是“噱头”了，难怪当年的小观众入了迷，就连现在我这个大观众读来，也颇有兴趣啰。

正是童心常在，包蕾写的幼儿戏很出色。他对幼儿很喜欢。我上他家时，常常看见有幼儿在他写字台旁边转，我知道有些娃娃偷吃了他留作晚上写作时充饥的点心，他不但不动怒，反而觉得很有趣。这些娃娃们恐怕都成了他笔下的人物了，所不同的是他们在剧本里、童话中已成了小熊、小鹅、小猫；有的则改名为其他可爱的小动物，有的还成了他的名牌产品“猪八戒”呢！

当年写过大量儿童剧的青年包蕾现在已经老了，但他为孩子们写作之心是永远不会老的，童心将与他永存。包蕾的戏眼并没有花，更无须戴老花眼镜。祝愿包蕾继续用他独到的戏剧慧眼，为孩子们再写些剧本，再写它个二三十年，一直写下去。

1984 年 5 月 28 日写于上海

---

① 引自包蕾的三幕儿童剧《胡子和驼子》第 3 页。

运用多种手法　驾驭不同材料

方仁工

一提起包蕾的名字，人们立即会想起他创作的美术电影《金色的海螺》、《猪八戒吃西瓜》、《像不像》、《奇怪的球赛》和《三个和尚》等。这些作品，有的是动画，有的是剪纸，有的是木偶，表现的内容也各有特点。是的，包蕾是活跃在美术电影创作岗位为少年儿童服务的著名作家。他的作品，运用的题材广泛多样，表现的手法灵活多变，用他自己的话来说，那就是努力做到"精通十八般武艺"。只有"学会多种手法，才能驾驭各种不同材料，得心应手地表现出来"。包蕾正是在这方面作出了大胆尝试，并且取得了显著成就。他的美术电影是如此，他的童话也这样。且不说不少美术电影本身就是童话，就以童话原作本身来说，题材——有的取自古代，如《猪八戒新传》，有的取自国外，如《国王登上飞碟》，有的取自民间故事，如《鲛人与夜明珠》，表现手法——有的运用拟人体，有的运用常人体，有的以抒情取胜，有的以记叙见长，有的甚至将"机器人"引进作品，让它与真人同时"表演"。至于作品的主题，有的旨在进行爱国主义教育，有的揭露帝国主义、侵略者的丑恶面貌，有的是对少年儿童进行道德品质、思想方法的教育培养，同样丰富多姿，绝不满足于"单一化"。

《车马炮》和《石狮子的梦》,这两篇童话都写到了"梦"。

用梦幻的手法展现童话的故事情节,为不少作家所常用。但就是写"梦",这两篇作品也个个不同,很有值得人们研究学习的地方。

一

梦境,常常是变幻莫测、荒诞离奇的。不同的空间、时间和人物,在梦境中可以汇成一体,交织成缥缈的"童话世界"。正因为童话与梦境在这一点上有相通之处,梦境就成了童话常用的表现手法。但是,梦境毕竟是一个人思维活动在睡眠或半睡眠状态时的一种特殊的表现形式,而且是一种不一定能够反映一个人正常思维的特殊形式。"日有所思,夜有所梦",是一种习惯说法。梦中的所作所为,不一定能反映这个人在白天也一定会有这样的作为。而童话作为文学的一种样式,同样得借助人物合乎逻辑的性格发展,去说明问题、解决问题、表现主题思想。因此,童话用梦境来表现,决不能违背生活的逻辑。童话的教育意义,决不能借助梦境本身,随心所欲地"搬"给读者。有些童话,由于"想象不够",就靠"梦境来凑",这并不是创作的成功而是失败。

《车马炮》的主题并不新鲜,主要揭示了"骄傲使人落后"这一真理。采用的题材,是一次象棋比赛,也并无什么特别新鲜的"细节"可言。如果写成一般的作品,写下棋时"大意失荆州",可能就会流于平庸,无法构成"童话"。但是,这一主题和题材,靠"梦境"又怎样才能写好呢?

作品的开头,写童话的主角王大光——这位全校闻名的象棋大王,由于不愿意与四年级的女同学张小娟比赛,觉得"她是鸡蛋去碰我这块石头”，赢了她也没什么光彩，于是老大不愿意地，磨蹭着向学校走去。一路上，又是去踢球，又是去逛公园骑电马；后来，玩累了，买了根冰棍在凉爽的大槐树下边吃边看小人书《穆桂英挂帅》，便做起了梦来。——这些内容，占全篇童话的四分之一篇幅，并没有什么童话色彩。但是，统观全篇，离开了这些内容，所谓“童话色彩”也就会变成“空中楼阁”。

维克多·雨果曾经说过：“诗人可以有翅膀飞上天空，可是他也要有一双脚留在地上。”在高空隆隆前进的飞机，没有机场上长度足够的“跑道”也就很难如愿。如果说《车马炮》中出现的“梦境”是童话作家“飞上天空”的“翅膀”，是体现童话特色的神来之笔，那么，这前面一段记叙，恰恰正是童话作家“留在地上”的一双“脚”，是飞机借以高飞的“跑道”。从生理角度说，没有前面的玩得“累”，也就不可能使王大光“睡”，当然也就无法产生“梦”。此是一。其次，“梦境”中出现的人和事，无论如何荒诞，又总是人们日常或白天接触或思考、想象过的东西在大脑皮层上留下了“兴奋点”，然后由这些“兴奋点”联结而成的“产物”。由下棋产生了梦境中的“战场”，由踢球产生了梦境中的“战斗”，由电马产生了梦境中的“真马”，由穆桂英、张小娟产生了梦境中的“女将”，由小猴、二胖产生了梦境中的“仕”……这一切，多么自然！其三，由于王大光的骄傲情绪，因此对于参加比赛十分勉强；一路上又是踢球又是骑电马等等，正好反映了他的这种自以为是因而懒散、拖沓的表现。也正因为如此，当他走到学校时，由于时间已过，他未能参加比赛已经败北。这些内容，恰恰正是为了说明骄傲的后果。——由此可见，在《车马炮》中，“梦境”的出现，既符合生理特点，又符合人物的性格特点。这样处理，毫无生硬、牵强之感。

再看一看《车马炮》中的“梦境”本身吧，其中贯穿始终的一条线索，是王大光的骄傲自满情绪。正因为如此，他看不起女将，看不起小兵，希望出奇制胜；当被打得一败涂地时，则又显得惊慌失措，“顿时感到天动地转昏倒在地”。这些都是性格化了的描写。但它又毕竟是“梦”。于是，童话又巧妙地运用了虚实结合的方法，将棋盘、穆桂英、电马、棋子和真实的车、马、炮融化在一起，将生活中的“赛棋”与战场上的“战斗”融化在一起，将现实生活中的人物与古代的战斗装束融化在一起；由于毕竟是“梦”，因此，当中又出现了“像电影里海盗用的好长好长的单筒望远镜”，和电马居然会自己“回电马场去”等等看来不可思议但饶有儿童情趣的东西。

可能有人会问：一个骄傲的人，难道在梦境中会觉得自己“失败”的吗？这样写是否“合理”呢？需要说明的是，作者指出王大光的“失败”，并不在于指出他输给了张小娟，而是通过他因骄傲轻敌耽误时间未战即败这一事实，来为骄傲者敲起了“警钟”，这是合乎逻辑的。其次，《穆桂英挂帅》这小人书，同样可能使王小光轻视“女将”的思想有所触动，因此“梦境”中讲他败北也显得真实可信。第三，骄傲轻敌者，往往过高估计自己而对别人估计过低，这是合乎生活规律的，“梦境”所写，与生活规律相符，因而给读者的印象同样是真实可信的。何况，作品的教育对象，并不是王大光本人而是广大读者；读者从这一“梦境”中悟到了“骄傲必败”的道理，作品的写作意图也就可以圆满地达到了。这样处理“梦境”，与下棋等事件结合得非常密切，是主角的性格合情合理的发展，因此，这样的“梦境”，就构成了一篇内容与形式辩证地统一在一起的童话。“象棋比赛”这种普通的事情，“骄傲必败”这种普通的道理，也就借助童话的特殊表现手段，生动地、深刻地印进了读者的心田。

二

《石狮子的梦》，从形式上看，开头写实，主体写梦，结尾又回到现实，似与《车马炮》并无多大差别，但无论立意、构思还是表现手法，二者并无雷同之处。

《石狮子的梦》，是一篇以真实的历史为题材的童话。这篇童话写了义和团与八国联军的斗争，八路军与日寇的斗争、解放军与国民党反动派的斗争，又写了新中国诞生后的情况和“文化大革命”，一直写到粉碎“四人帮”之后的一九八一年，时间的跨度很大，有一百几十年，牵涉的人物和历史事件也纷纭复杂。用一百几十年来我国人民的革命斗争历史教育儿童，使少儿读者从作品中认识祖国的昨天，培养并激发爱国主义精神，进而抓紧今天，为明天献身于祖国的四化建设作好全面的准备，是这篇童话的立意所在。这样的主题和题材是十分严肃的，用童话加以表现，可供借鉴的成功之作并不多见，《石狮子的梦》从别的文学样式如多幕剧本的表现方法中寻得借鉴，从不同的时代中截取几个横断面，又将不同的横断面集中于一座宫殿式的大房子这个“点”上，这样，“舞台”的“布景”就可以集中；波澜壮阔的活剧，就可以在这一“点”上“演出”。同时，作品又塑造了“铁牛”这个人物形象，让一百多年来祖孙几代的“铁牛”都与这“点”发生关系，这样，虽然时代不同，情况不同，“铁牛”却一以贯之，使故事情节连贯起来。再加上作品运用了倒叙手法，作品也就并不见得松散，大有一气呵成之感，所有这一切，都是这篇作品与众不同的地方。

但是，仅仅凭借以上的处理，这篇作品还不能称之为童话。于是，作者就让“石狮子”出来“说话”，用石狮子“做梦”的方式，使作品展示了童话特有的色彩。在作品中，石狮子是我国一百多年来社会发展变化的见证，石狮子经历了屈辱、苦难、斗争直至胜利，又是中华民族不屈不挠，坚韧、顽强斗争精神的象征。石狮子，神态、情状引人，民间有关于它的许多传说。在《石狮子的梦》中，作者并不只是一般地将石子作拟人化的处理，而是在拟人化的过程中，穿插了许多经过选择、加工，改造的民间传说，并根据石狮子的传统形体特征，作了巧妙的想象。如雄狮肚子上的小洞，石狮胸口的爪痕，眼中出血是世道要变，彩球的转动，神龙下凡……作者运用这些材料，有时让石狮与敌人“搏斗”，有时让石脚扔出彩球，有时又写石狮流泪；在欢庆胜利时，则还让石狮穿红戴绿，从石墩上下来跳舞，这样，石狮子就不是单纯作为时代见证来处理，它们同样富有鲜明的个性，童话的幻想色彩，就因作者合理地运用了民间传说而奇丽多姿，引人入胜；一百几十年的历史，由这一对“砸不烂”的石狮来“回忆”，也就再好也没有了。因此，如果说《车马炮》中的“梦”，为的是展现做梦者王大光的性格和揭示骄傲必败的哲理，《石狮子的梦》中的“梦”，则是通过“梦境”再现了历史的真实。作者借石狮子之口这样说道：“这哪是做梦呀？这是真实的故事！”“可现在有人把真实的故事也看成梦了。”这样写，为的就是提醒读者不要忘记过去，不要把难忘的历史，当作为虚无缥缈的梦境等闲视之。

有人可能会说：人做梦，说得过去；石狮子“做梦”，合乎逻辑吗？其实，所谓拟人，本身就是幻想的产物，石狮子做梦当然也是纯属幻想。但这幻想并不是没有生活基础。由于石狮子的神态传神，它们常常会引起人们特别是孩子们天真的遐想；既然允许星星“眨眼睛”，当然也允许石狮子说话、做梦。而作者在叙述时，又常常用上“石狮子只有在没有人的时候才肯说话”，

“狮子的笑容，你可不容易看到”，“你们不信，遇到石狮子时，不妨去摸摸它们的肚子下边看，有时还可摸到一个小洞……”

这样，生活的真实，民间的传说，作者的想象，就熔于一炉；孩子们读着这样的作品，虽然明知石狮子做梦一类是“假的”，但毫不会因其假而不屑卒读，相反，他们会乐意地从这“假”中，获得“真”，理解“真”，进而为“真”而奋斗不息。

真与假，实与虚，形与神，大与小，在优秀的童话中，都能够做到合理的统一。如果离开了石狮子的梦，用铁牛的家史来展现一百多年的变迁，当然未始不可，但作为童话，怎及得上让石狮子做梦这种方式，将漫长的时间，广漠的空间，众多的人物，“聚集”于短短的一天一夜之中，“聚集”于旧王府门前一个小“点”上，“聚集”于带有传奇色彩的梦境之中，来得生动、形象、引人呢？作者从一对普通的石狮子身上，铺衍出这样一篇表现严肃的主题、容量又相当博大的童话来，如若不善于运用多种手法对材料进行驾驭，恐怕就会难以如愿，甚至还会弄巧反拙。

包蕾，由于对剧本创作有着坚实的基础，他的作品，场面的转换，常常能给人以立体感的印象；人物的性格，又多让人物用自己的行为“现身说法”，富有鲜明的动作性和视觉形象；人物的对话，诙谐风趣，既符合性格化，又有儿童的情趣。这，我们从《车马炮》和《石狮子的梦》中，都可以找出许多例证。再读一读他其他的童话作品和他创作的美术电影，这样的体会一定更多、更深。而在这些固有的风格之中，我们看到的，又是一个个个性各别的人物形象，构思各异的故事情节，针对性鲜明的主题思想。所有这一切，又无不都是包蕾努力地运用“十八般武艺”的成果。

包蕾和《鹰和他的儿子》

查志华

包蕾在一九三九年至一九四八年间，根据当时斗争形势和需要，主要从事以活报剧形式为主的儿童剧创作，也写了《富人与厨子》等三篇童话。新中国成立以后，他怀着饱满的政治热情和热爱儿童的深厚感情，专为不同年龄的少年儿童就创作了一百多篇童话作品，并为繁荣美术片剧本创作，作出一定的贡献。他的《猪八戒新传》深受孩子们的欢迎，作品《三个和尚》被拍摄成美术片后在国内外多次获奖。

包蕾的童话，富于儿童情趣，他擅长在生动的故事、有趣的情节、充满形象和动作的画面中，让孩子们潜移默化地接受教育，帮助他们摒弃不良的习惯和缺点，从而受到思想上的启迪，又得到感情上的熏陶。

包蕾的作品《鹰和他的儿子》也是他的创作风格的一个例证。由于包蕾对儿童剧和美术片创作的功底较深，因此，这篇童话自始至终充满着可视性，具体、生动的画面一个接一个出现，使孩子们在阅读时能充分施展自己丰富的想象力，将故事感受补充得更为完整。正因为引起了小读者的兴趣，故事要表达的思想在他们的心目中也会留得更久一些，而这一切是那些抽象说教的童话所无法做到的。《鹰和他的儿子》这篇童话，在赞扬鹰和大根的顽强勇敢的同时,还对兔和小根的胆小懦弱进行了善意的批评,在互相对比映照下使形象更加鲜明,让孩子们自己去体察、思索,明辨是非,受到启发。

快乐的歌

——浅谈包蕾的童话

盛如梅

人们提到包蕾的名字，马上会和他的儿童戏剧、儿童美术片联系在一起，说他是儿童剧作家。是的，包蕾从“一二九”运动后，就写了不少深受儿童喜爱的儿童剧和美术电影剧本。他又是个童话作家，在他漫长的创作历程中，写了几十篇孩子们喜爱的童话。

包蕾的童话领域宽广，天文地理，鸟兽虫鱼，古今中外，用他的话说，是小至蚊子苍蝇，大至宇宙星空，样样都能进入他的童话世界。

我喜欢他的童话，是因为他的童话给人快乐。他的童话，不论是反映儿童生活、动物、古人或者国际题材……不论是歌颂的、讽刺的、抒情的，都是调子明快，情趣盎然。他的童话有中国气派。不管是写何种题材，不管是用何种形式，都散发出浓重的民族味。读他的童话就像炎热暑天喝了一杯冰水，清凉舒心，就像听到一支快乐的歌，轻松愉悦。

高尔基说，儿童文学是快乐的文学。包蕾的童话就是这种快乐的文学，他的童话中有一种“味道”，就是“噱”，或者说幽默，或者说乐趣，能使读者得到满足，能把人逗乐。他本人达观风趣，一副哈哈大王的样子，他的头脑装满了乐趣；他的笔是一支快乐的笛子，吹出来总是欢乐悦耳的音符。他的这些优美的童话里的妙趣，不是作者哗众取宠，制造的“噱头”，也不是作者随便加的调味品，而是作者从生活矿藏中提炼出来的“金子”运用他自己的艺术绝招，制作的精美食品。

包蕾寓教于乐的思想是他创作儿童文学的基本思想。在他小时候，几乎看不到儿童读物。一天他被一个人关在家里，他父亲给他买了两本小书，是改写过的“哪吒闹海”，他高兴得一遍遍看，这使他第一次感到，即使家里没有人，只要有一本好看的书，也就不那么寂寞了。就是这种自身的深切感受，他长大后为孩子写作，要给孩子制造精神食粮，给孩子们快乐，让他们在快乐中成长，在快乐中接受教育，让儿童热爱真善美，讨厌假恶丑。

包蕾童话的绝招之一是：构思奇巧，虚实相生。

童话本身不能像小说那样如实地反映生活，反映在童话中的生活是一种折光返影。列宁谈到关于童话时曾说过：“任何童话中都有它的现实成分，如果你给孩子讲的童话，其中的公鸡和猫不是说人的话，那儿童就不会对他发生兴趣。”也就是说童话中的幻想必须有现实作基础，否则，儿童不会发生兴趣，也无教益。

包蕾为学龄前幼儿和小学生创作的童话《小熊请客》、《小兔子“我知道”》、《小咪和毛线球》、《小汪汪》、《假如我是武松……》、《马和鲫鱼赛跑的故事》、《火萤与金鱼》、《猪八戒吃西瓜》等等，都是以儿童生活的现实和社会的现实为基础的，同时这些童话的故事情节、气氛、意境又浸透在幻想中。

《小熊请客》就是写小熊请了猫咪、小花狗、小公鸡作客，狐狸要求他们带他去，他们因为狐狸不劳动，不愿带他去，后来狐狸自己跑去,把门敲得咚咚响。小熊他们怎么办呢?把门打开,每个扔他一块石头,边扔边喊:“给你!给你!”这是给幼儿看的童话,童话中人物是拟人化的,构思巧,前面三次反复,最后一个高潮,一气呵成。

童话的真实要求反映本质的真实,它可以忽略甚至变更事物的表面形态,而直接把握“事物的真髓”。就像车尔尼雪夫斯基说的:“事物的真髓通常并不和事物本身一样:茶素——不是茶,酒精——不是酒……”小熊请花猫、小狗、公鸡作客是虚幻的,现实生活中不会有。但现实生活中请客吃饭是常有的事,在现实生活中尊重劳动,讨厌不爱劳动的人这种思想是存在的,这个童谣就揭示了现实生活中的本质。这样就做到虚实结合,自然和谐。

《假如我是武松……》是写一个爱说大话、逞英雄的孩子,在听武松打虎的故事时,进入幻境,自己遇到老虎,发生了和老虎做游戏、赛跑的趣事。想象奇特,情节曲折,把一个好胜、爱吹牛的孩子想当武松,又当不成武松写得活灵活现,整个儿是个虚幻的故事,孩子和老虎做游戏、赛跑,现实生活里不可能发生;但生活里这样的孩子是存在的,做游戏、解数学题、赛跑又是孩子熟悉的事。作者就是善于把梦境幻想与生活现实巧妙地糅合在一起,使虚实关系融合无间。

从这些童话中也看出作者构思奇巧,能勾起人的好奇,引起人的联想。如一个好队员徽章的失落,竟挂在老鼠脖子上了,以后徽章的小主人又获得它,这失而复得,十分引人。猪八戒大热天去找水,得到了一个大西瓜,他怎么处理这个大西瓜呢?老狼叫小鹿拔牙,老狼为什么要小鹿拔牙呢?谁都愿意而且急着想知道是怎么回事。

奇巧的构思在于构成故事的情节奇幻,而故事中人物性格、奇遇、情节和细节，又须符合儿童的生活、思想感情，想象和愿望，能使孩子发生浓烈兴趣。这就是说情节是奇幻的，但想象要能使人相信。想象不能使人相信，就变成无意义的万花筒了。

正因为作者把握了本质的真实，并进入幻想境界，实与虚，真与幻，在童话作品中不是相互排斥的关系，是互相依存互相丰富的关系，虚中见实，虚实相生，如花叶辉映一般，闪现出艺术上惊人的美。

包蕾童话的绝招之二是：抓住心理，极度夸张。

夸张，是童话的一个艺术要素，也是不可缺少的因素之一。

童话中奇特的幻想往往是通过出奇的夸张表现出来的。包蕾运用他大胆的夸张，真是到了无以复加的程度。夸张是多种多样，可说是无奇不有，夸大、夸小、夸美、夸丑、夸善与恶、夸勤与懒、夸智与愚……正是作者充分运用夸张手段，使作品中人物形象突出，同时也使情节更加新奇，增加了幽默感和趣味性。

这种夸张，又不给人荒谬的感觉。因为作者的这种夸张，是建立在生活的现实的基础上。情趣，来自生活，作者必须深入到生活中去，深入到儿童的内心世界里，去观察，了解，提炼出来。

作者能根据不同年龄儿童的特点，抓住儿童的心理特征，进行夸张。

儿童由于生活经验和知识经验贫乏，判断识别能力较差，特别是幼小的孩子，难以理解复杂的社会生活现象，不能接受抽象的政治概念和潜德理论。童话的夸张就必须考虑儿童的想象和趣味这些心理因素，才能使小读者感到兴味。

作者在《好宝上学记》中有这样的描写。好宝被坏人哄骗他抽烟，他不知抽烟是什么滋味，想试试看，就猛抽了几口。不得了！好宝的鼻子、眼睛、耳朵，连头发尖上都冒起烟了。原来好宝身子里安的是机器，烟窜进机器里，有洞的地方就朝外冒。

难怪好宝的小伙伴看了要大叫:爱好宝着火了!用喷水枪把他喷得满头满脑水淋淋。又如描写好宝一连吃了九根棒冰,肚子痛了。它的伙伴说是肚子结了冰,他就躺在太阳底下晒肚子,让冰化掉。

作者在《车马炮》中描写几个爱下象棋的孩子,为赶着参加全校象棋决赛,竟骑上电马,这电马飞得真快,耳朵边只听得风呼呼地吹过,眼前只看见白云一朵朵地掠过,底下却是棋盘。这样的夸张,在成年人看来,不会感到什么趣味,甚至会觉得是荒诞的。但在儿童天真的头脑里,却认为是合理可信的,棒冰是冰吃多了是会在肚子里结冰,冰给太阳一晒不就化了吗?他们在坐电马玩时,曾多次幻想过:"这电马要能在空中飞,多好!"这些夸张的描写,都是孩子们的幻想,符合儿童想象的心理特点。

《猪八戒吃西瓜》中,作者写猪八戒一口气吃完一只大西瓜,猪八戒嘴馋是个缺点,但他又是善良的。开始他并不想把大西瓜一个人独吞,分成四份。他先吃了自己应得的一份,后又吃了孙悟空一份。又是沙僧一份,吃一块瓜,有一次心理活动,当八戒捧起最后一块西瓜来,说道:"师父、师父,不是老猪不留给你吃,一则老猪实在口渴,二则一块西瓜也交不了账,让老猪代你吃了吧!"这里,作者抓住心理描写,极力夸张,突出了猪八戒这个形象,也深化了主题。猪八戒在这儿,是一个儿童的形象。儿童往往有这样的事,开始想得很好,但由于缺乏自制力,把事情弄糟了。猪八戒的心理,和儿童的思想活动、心理状态是何等贴切,自然引起小读者强烈共鸣。

学龄前儿童和低年级儿童,他们的感觉还不够完善,知觉也只是在他与周围对象的实践中逐步发展,注意力不稳定,无意注意还占着优势,辨认识别的能力还很薄弱,思维活动也是凭直觉的具体的形象进行的,逻辑思维,记忆和比较复杂的感觉和知觉都还正在开始形成。给他们写童话是既重要又难写。包蓉为这个年龄的幼童写了不少童话，是难能可贵的。

作者在《小胖变皮球》中把一个懒孩子夸张到了极点，耳朵不愿听鸟叫，缩进头里了；穿衣不肯动手，手缩进身体里了；不高兴走路去学校，脚缩进身体里了；后来干脆连脖子和脑袋都缩进身体里了，懒成了个皮球。

在《理发的故事》中描写一个不肯理发的孩子，头发长得长极了，小兔子们把他当作名贵的萝卜，决定把他分了吃。

这种夸张真是够异想天开的，但幼小的孩子会认为可能的，能接受的，他们知道懒不好，是丑的，身上任何器官，要是一直不用，就会退化，而不理发是不好的。

没有对儿童纯真的爱、体察和了解他们，熟悉掌握儿童的心理特征，是写不出来的。

包蕾童话的绝招之三是：语言幽默，形象鲜明。

每个作家都用语言把思想感情表达出来，但各人有各人的风格。包蕾在作品中的语言特色是风趣，有幽默感，形象化，生活化，没有大人腔，也没有娃娃腔。

如《小熊请客》的开头："有一只狐狸，又懒又馋，整天吃饱了睡，睡够了就去偷东西吃，谁见了他都讨厌。"这么几句，就把一个懒惰的狐狸跃然纸上了。

后来，小猫、小狗、公鸡都不带他去作客，狐狸发急了，心里说："好哇，你们不带我去，我偏要去，把好东西全吃光！"当狐狸到小熊家时又大喊："快开门，我是大狐狸！"

多生动的儿童语言，把人物形象、性格活脱脱勾画出来了。尽管狐狸在作品中是讨厌人物，作者在描写时也不乏谐趣。

《小咪和毛线球》中写小咪私拿了毛线织的毛衣，"穿了新毛衣，又重又不方便，老鼠没捉到，累得直喘气"。老鼠们嘲笑小咪:“嘻嘻,不是自己的。”“嘻嘻,没人看见拿来的。”“嘻嘻,小咪是个老面皮。”

《假如我是武松……》中有这样的语言:“老虎哈哈大笑说;‘看来,你爱吹牛,我最爱吃喜欢吹牛的孩子,因为他们皮厚,不塞牙。’”

《徽章遗失了》中小花猫不肯抓老鼠,小珍问他,小花猫说:“昨天家里人多,我可以露露脸,今天就你一个人,我就偷偷懒。”

作品中这类富有情趣的语言不少,增添了作品的幽默色彩。

包蕾的童话有着丰富的思想内涵,这些思想包含在幽默中,使孩子们在笑声中自然接受教育。读者从作品里享受艺术的快乐,也获得道德的教训。

作者写给幼儿看的童话《小熊请客》构思奇巧、夸张极力、语言风趣,同时内含着热爱劳动的好思想。这个童话曾由中央人民广播电台《小喇叭》演播,难怪它从五十年代到八十年代,一直受到孩子们的欢迎。

好的童话都能引起儿童的联想;他们会觉得童话世界里出现的人物和发生的事情,似乎跟他们自己在哪些方面有某种联系,从而引起思考,受到启发,获得教益。

《火萤和金鱼》塑造了火萤和金鱼两个形象,歌颂关心他人比关心自己为重的共产主义思想,让读者感受到精神的美,内心的美,崇高的思想像花的芳香一样沁人心脾,引起无限的联想。《猪八戒学本领》、《小咪和毛线球》、《徽章遗失了》等又是用循循善诱的方法,对孩子的缺点善意地讽刺,耐心地诱导,帮助他们明辨是非,提高认识能力。如要告诉孩子学习要有三心:虚心、恒心、巧心。这三心是在猪八戒学本领过程中具体形象化出来的，使读者不会感到作者在说教，只觉得是孙悟空给猪八戒讲学习诀窍。

作者还用童话巧妙反映祖国飞跃发展的新面貌，如《马和鲫鱼赛跑的故事》抓住儿童好胜的心理特征，在一场快乐的比赛中看到大兴水利和大修公路的新貌，也是饶有兴味的。

就是作者写的政治性很强的童话，新中国成立前写的《石头人的故事》是讽刺国民党政府封建腐朽的，揭露霸权主义的《国王登上了飞碟》，揭露“四人帮”的《能说会道的狐狸》等等，同样是把政治内涵寓于幽默之中。

我国的白话小说，有个明显的特点，有引人入胜的情节。包蕾的童话，有民族味，或者说是具有中国传统。

包蕾的童话大多是情节曲折，环环相扣，有一个个悬念，能像磁石吸铁那样吸引人读下去。作者在描述故事，塑造人物时，不用大段大段的环境描写和心理描写，也没有无关紧要的铺垫。如《猪八戒学本领》，故事有好几个层次。读者像被牵着心一样，急切要知道猪八戒是怎么学本领的？到底学到了没有？关心人物的命运，关心故事的发展，这就是情节引人入胜的妙处。

其次，从故事发展中塑造人物形象。包蕾的童话，随着故事的发展，人物一步步带出来了，故事愈往高潮推进，人物也愈鲜明。在《猪八戒吃西瓜》中，通过猪八戒找瓜吃瓜，突出了他性格的“馋”、“善”，以后又通过孙悟空对他的捉弄，让他在西瓜皮上摔了四跤，表现猪八戒性格的“憨”，也表现了孙悟空的“精”。故事结束，猪八戒形象鲜明地站起来了，使人感到可笑又可爱。

在《假如我是武松……》中作者也是把一个实际胆小但又好说大话的孩子，通过与老虎几番相遇的情节发展表现得淋漓尽致。

《火萤和金鱼》也是在故事情节发展中两个助人为乐的形象闪现了惊人之美。当情节发展到别人问他们有什么愿望时，他们却出人意外地提出了要解决自己朋友的痛苦。情节发展使人物形象升华。

包蕾童话的语言明快,简洁,句式短,三言两语就能传神。没有冗长的,割不断的句子。

包蕾有一颗童心,有一颗挚爱孩子的心,他能对孩子生活中细微的声音引起共鸣。相信他手中那支像欢乐笛子似的笔,会继续不断为孩子们吹奏出一曲曲快乐的歌。

可贵的探索　可喜的收获

——读包蕾的国际题材童话近作

薛才康

在儿童文学创作的道路上，包蕾是一位不畏艰辛的跋涉者。四十多年来，他为孩子们勤奋写作，收获颇丰。一组《猪八戒新传》令人拍案叫绝，一时佳评蠢起，一部《三个和尚》使人为之倾倒，各方推崇备至。近年来，年逾花甲的包蕾更是老当益壮，宝刀未老，新作源源不断。特别难能可贵的是，他没有满足于过去的成绩，而是以一颗对艺术执著追求的赤子之心，不断进行着新的探索。他近年来发表的几篇国际题材的童话，就是这种探索的可贵尝试。

国际题材的童话，我们过去也略有所见。但粗粗回顾一下；就会发现其主题大都是揭露、控诉资本主义社会中富人压迫穷人、穷人吃不饱穿不暖等等不合理现象的。这个主题当然是无可非议的，揭露资本主义的黑暗，从而使我们的小读者更加热爱社会主义祖国，这是每个儿童文学作者义不容辞的职责。问题是如何去揭露，如何给小读者以教育？是以某件具体的事件或人物来做蓝图，就事论事地去说明某种思想，还是从大量的具体事件中概括出形象，从整体上去认识事物的本质？也就是说，是从抽象的政治概念出发，去编织故事，图解政治概念，还是从生活出发，从形象出发，去反映生活的本质？

恩格斯在谈到文学作品的思想倾向时，曾经有过一个极为深刻的见解："我认为倾向应当从场面和情节中自然而然地流露出来"，"作者的见解愈隐蔽，对艺术作品来说就愈好"。（《马克思、恩格斯选集》第 4 卷，第 454 页）童话作为文学的一个类别，自然也不例外。可惜的是，我们曾经在一段相当长的时间里，对于恩格斯的这一精辟见解未予充分重视，致使图解政治概念，思想大于形象，成了一些国际题材童话创作中的缺憾。一些作者创造形象时的思想意图，往往直露地表现于作品表面，而不注意把深沉的思考，独特的认识，隐蔽于无限丰富、无限生动的感性形象之中。

我们欣喜地看到，包蕾的国际题材童话近作在这方面作了可贵的探索。他不以某国某事作蓝图，而是从大量的具体事件中概括出形象；提炼出主题；他不追求那种急功近利式的教育效果，而是以意蕴含蓄的艺术形象自然而然地表达出自己的思想倾向。因而，他的这些作品可以反复品味，而不是像以往有的作品那样一览无余。主题的含蓄、隐蔽是他这些作品的显著特色。

《国王登上了飞碟》讲的是辛萨国国王应邀登上了宇宙人驾驶的飞碟，好战成性的国王竟想利用飞碟和宇宙人先进的科技去发动核战争，以实现其征服世界的野心。于是在飞碟上发生了一场短兵相接的战斗；愚蠢的国王和随从自然不是宇宙人的对手，结果只能以失败而告终。有人说这是讽刺，鞭挞霸权主义的。可是它凸现在读者面前的只是一个饶有趣味的故事，是神奇的飞碟、美妙的环形电影屏幕、威力无穷的消核粉末，是国王、大臣、宇宙人的音容笑貌。讽刺、鞭挞的含义只是隐约出现其间，而没有直接诉诸，更没有生硬的说教。我们很难说国王是影射谁，宇宙人又是代表谁，正如作者所说的，他"不是针对某国某事件而发”的，但从作品的艺术形象中，我们还是可以端倪到其主题。可惜的是作品最后宇宙人女孩对国王的一段教训有失含蓄，成了直露的点题，有未成点睛之笔之憾。

《白与黑》是一个趣味横生的故事。讲一个白人总督以“现代世界上绝无仅有的”歧视态度对待黑人：黑人不准到有白人的公共场所去，黑人在路上行走时得距离白人五十步以外，更有甚者，黑人连白色的衣服都不能穿，还得交黑皮肤税。可是这位总督万万没有想到，有一天他自己竟也突然变成了黑人。这可把他急坏了，他匆匆忙忙地化装去求医，可是在公众面前，他已是个黑人。于是，他原来制订的种种歧视黑人的法令条例到头来都变成了对他本人的歧视和虐待，他自食其果，尝够了苦头，最后求医未成，却遭了暗害，结束可耻的一生。我以为《白与黑》对《国王登上了飞碟》来，说，在主题的表现方面显然是深化和发展了。《白与黑》的主题何在？反对种族歧视吗？是的，作品中是有这个含义，可又不完全如此。我以为我们可不必拘泥于作者表面的追求，而不妨从作者精心刻画的形象中去辨别，咀嚼它的多层含义。作品正是通过一个离奇的故事，描摹了我们在现实生活中似曾见过的社会场景，褒贬人物，评价生活，从而让读者悟出其中若干人生的哲理，并进而思索更广阔、更深刻的社会课题。

《克雷博士和熊的传说汇编》中那个崇尚“强权控制一切”的克雷博士竟异想天开地认为人的祖先是熊，而熊“易于驯服”，“力大无穷”，“可以按人的意志行动”，于是他试验把人返祖到熊，从而实现其统一世界的美梦。这个美梦当然只得以彻底破产而告终。这个童话的主题是什么呢？有人把它概括为反对强权政治，反对霸权主义。作品确有这样的含义。但是若把这个作品的主题简单地抽象出这么一条，那么它的主题意义就被大大缩小了,形象内容的多义性也被大大简化了。我以为探讨作品主题不妨宏观一些。《克雷博士和熊的传说汇编》在刻画克雷博士这个艺术形象的同时,揭示了五光十色的社会生活相,给我们展现了一幅栩栩如生的社会生活画面。这里有拳击场的惨闻,有动物园的拐骗,有忧郁凄凉的家庭,有戒备森严的医院,有统一世界的狂想,有惨无人道的实验。因此与其说作者在嘲讽,批判那崇尚强权的丑恶灵魂,毋宁说作者是在鞭挞、揭露孳生那丑恶灵魂的社会环境。作品把严肃的思想融合在艺术形象之中,使作品的倾向性从场面和情节中自然而然地流露出来。主题是隐蔽的,然而却是丰富的、深刻的。

也许有人会说,这样写小读者能理解吗？的确,要让小读者理解这样的作品,非平庸之笔所能胜任。包蕾以其娴熟的技巧,得心应手地写来,把这些内涵丰富、主题含蓄的作品写得波澜起伏,引人入胜,而又通俗明了、浅显易懂,从而得到了小读者的首肯,赢得了他们的喜爱。那么,包蕾在艺术上究竟运用了哪些手法呢?

首先,作者赋予每篇作品一个引人入胜的开头。

作者谙知小读者的阅读习惯;看一本书往往先看个开头,开头平淡无味的,马上就会被他们一扔了之,只有那些开头引人入胜的,才能引起他们的阅读兴趣。因此,作者十分注意作品的开头,巧妙设计了一个个引人入胜的开头。

请看《国王登上了飞碟》是如何开头的:

> 深夜,天上飘着鹅毛大雪。
>
> 辛萨国国王曼达可夫第十三世还在皇宫办公室里不安地踱来踱去。他正焦急地等待着一个重要的情报。

短短的两段，开门见山，把故事的时间、地点、人物、事件作了交代，并设下了悬念：一个重要的情报。这个悬念对于小读者是有吸引力的，什么重要情报呢？他们自然急于想知道，于是，在不知不觉中，他们就被作者的妙笔带进了作品的故事中。

《白与黑》的开头尽管也是开门见山，不过语调却是幽默的：

> 孟特福尔城，距离格利佛船长曾经到过的劳不鲁格鲁吊约二千五百公里，而且是在火山的那一边；因此，他不曾去游历过，甚至也没有听说过。不然怎么在他那本著名的游记中，没见他提到这个名字呢！

这幽默、诙谐的语调是吸引人的，更重要的是，这个故事是发生在格利佛船长没有到过的地方。关于格利佛船长的故事，小读者们是熟知的，那位船长游历过的小人国、大人国、飞岛、马国早已深深地吸引过他们，而现在这个故事是发生在那位交游甚广的船长都没有到过的地方，不用说，那一定会更精彩、更有趣了。于是，好奇心促使他们亟待知道下面的故事了。

《克雷博士和熊的传说汇编》的开头更是扑朔迷离。作者先道出了事件的结果，接着以“众说纷纭，莫衷一是”的各界评论把矛盾抖了出来，一下子就吊起了小读者的胃口。然后作者闪烁其词，欲言又止，似乎是漫不经心地把一座复阁重楼的迷宫推到了小读者面前。早已眼巴巴望着的小读者哪还来得及细辨，一步就跨进了迷宫，迫不及待地玩味探索起其中的奥妙了。

可是，我们有些作者似乎也懂得作品开头的重要，也注意开头的技巧，但他们往往只注意到了开头的引人入胜，而忽略了开头和整篇风格的协调，因而作品中的开头给人一种硬加上去的感觉。陶明濬在其《传说杂记》中曾说过："若起不得法，则杂乱浮沉。一篇之中既不得机势，虽善于承接亦难生色。"确实，作品开头好比定调子，基调把握不准，全篇作品就有可能走调。包蕾的国际题材童话近作的开头不仅引人入胜，而且为作品的展开定准了基调，同全篇的风格是协调的。《国王登上了飞碟》的开头开门见山，简洁明了，这同全篇情节发展的明快、单纯是一致的。《白与黑》开头的幽默，正同全篇诙谐的风格是协调的，可以说是为全文的展开定了一个基调。如果把《克雷博士和熊的传说汇编》的全文比作一座复阁重楼的迷宫，那么它的开头就是一座若隐若现的宫门，开头同全文的风格浑然天成。

其次，作者善于精心选择和组织情节。

小读者们爱听故事，他们不喜欢冗长、松散的叙述，也不喜欢过长的心理和景物描写，而喜欢情节性强的故事。因此，在童话中，情节是很重要的。但是，又因为小读者的思考、接受能力毕竟还比较单纯，复杂的情节往往会使他们堕入云雾之中，不易为他们所理解。所以，只有那些单纯明了而又生动有趣的情节才是我们,的小读者所欢迎的情节。

富有经验的包蕾是深知此道的。他的国际题材童话近作中对于情节进行了精心的选择，使之生动有趣，而又单纯明了，为小读者所喜闻乐见。

在《国王登上了飞碟》中，作者选用了如下四个情节，

一、国王已得到了重要的情报的情节；

二、宇宙人出现的情节；

三、国王召开御前紧急会议的情节；

四、飞碟也发生战斗的情节。

这些情节都是经过作者精心选择的。其中第一和第三个情节，夸张色彩鲜明，喜剧效果强烈，常常令人忍俊不禁；第二和第

四个情节,幻想奇丽,动作性强烈,往往使人着迷而不忍释卷。而所有这一切,都是十分符合小读者的欣赏趣味的。

又如《白与黑》中的主要情节是白人总督由白人变成了黑人,死了以后又由黑人恢复为白人。不用说,这个情节是十分离奇的。我们都有这样的体会:小时候是十分喜欢看魔术表演的,那变幻无穷的魔术常常会使入如醉如痴。作者正是根据小读者的这个特点,精心构思了这个总督肤色变化的新魔术,从而把作品严肃的主题隐蔽在一个变幻无穷的新魔术中。

再如《克雷博士和熊的传说汇编》有一个重要情节,即拳击场的搏斗。作者深知体育比赛的吸引力,因此他把童话中矛盾发展的高潮构思在拳击赛上的搏斗中,以引起小读者浓厚的兴趣。

但是,情节选择得再好,如果没有很好地组织,也是枉然。作者在情节的组织安排上是颇有功力的。

试以《国王登上了飞碟》为例。作者为什么要把四个情节作现在这样的安排呢?不这样安排,假如说把其中的第二、第三情节对调一下,行不行?答案是否定的,不行。这不仅因为事情的发展有前因后果的逻辑关系,也因为这样对调不符合情节结构的张弛之道,而作者在情节安排上是很注意张弛相间的。请看,不明飞行物出现在辛萨国上空,致使辛萨国全国的电话、电视、电报以及所有的通讯设备停顿了三分钟。国王惊恐万分,却又无可奈何。情节从弛渐张,呈流风回云之势,扣人心弦。宇宙人的突然出现,使情节如大江飞泻,沧浪排空,令人出一把汗。接着,宇宙人同国王达成协议,严实的情节门扉中透射出一丝光亮,情节由张入弛略呈跌宕平静之态。国王召开御前会议,决定利用宇宙人实现其统一全球的“伟大计划”,又使刚“弛”下来的情节外覆翳着“张”的气氛。国王登上了飞碟,情节急遽入

“张”。国王掏出手枪命令宇宙人按他的指令行动时，情节大“张”，双方剑拔弩张，杀声夺纸而出，情节在这里被推到了万丈深渊的边缘，双方的矛盾激化到极点。而最后国王计划的彻底破产，情节又彻底“弛”了下来，似烟消云散，池水如故。作者就是这样张弛相间，忽而瀑布飞泻，忽而林泉叮咚，冷热场前后搭配，文武戏交替出现，以其强烈的戏剧性抓住了小读者的心。

又如《克雷博士和熊的传说汇编》情节本身是离奇的，而作者扑朔迷离的安排，使其更加变化多姿。作者打破了一般预先交代前因后果的平铺直叙的写法，巧妙地布置了一座复阁重楼的迷宫，构造了一个接一个的悬念，诱导小读者去探索，克雷博士的论文说了些什么？莱塞可夫的政治演讲又说了些什么？莱塞可失为什么要召见克雷博士？克雷博士参观动物园的目的何在？克雷博士与尤林院长的争论说明了什么？辛萨王国为何如此重视世界拳击赛？克雷博士借去动物园的黑熊要干什么？斯坦纳金的失踪究竟是怎么回事？古堡魔影又预示了什么……小读者愈是急于知道底细，作者愈是不让他猜到。小读者必须在回廊迷宫里亲自探索，随着一连串悬念的逐步解决，情节渐渐进入高潮，人物性格、人物之间的关系日益鲜明，于是整篇作品豁然开朗，以其全部光彩和魅力呈现于小读者面前。

另外最重要的一点，是作者努力塑造了鲜明生动的人物形象。

童话是现实生活的折射，夸张和幻想仍然是立足于现实社会的土地上，因此它也需要塑造人物形象。童话的基本思想是通过童话形象来表达的，如果没有栩栩如生的童话形象，就无法把作品的基本思想生动有力地传达给小读者。因此，包蕾在其国际题材童话近作中，十分注意刻画人物形象。

《国王登上了飞碟》中的国王是作者着力加以刻画的人物。

这是一个贪婪、狂妄、野心勃勃，而又自负、色厉内荏的国王。他贪婪、狂妄，好战成性，整天做着统一全球的美梦。当宇宙人驾着飞碟飞临他的王国时，他又想利用飞碟和宇宙人先进的科技去实现他的美梦。御前会议是他狂妄野心的大暴露，当他宣读了旨在统一全球的“金钱豹方案”后，作者有一段生动的描写：“国王不禁笑容满面：‘那时候，只有我们是核大国，当然可以征服世界……’”寥寥数语，活现出一个战争狂人妄想统治世界的野心。他又很自负，自以为是。当他得知飞碟上的宇宙人只是三个孩子时，立刻“眼光一闪”，诡计顿生，企图以参观为名，劫持飞碟。在御前会议上，当有的大臣提醒他“盗取和劫持这两个字眼不好听，应该换个好听点的”时，他又很自负地“白了”那大臣一眼，说：“管他呢，我们说好听就是好听。”但是他又是色厉内荏的。当他发现自己秘密制定的“金钱豹方案”已为宇宙人所知时，他“吓得几乎跳起来”，连说话都口吃了。当他发现自己赖以壮胆的手枪枪管已经变形时，更是手忙脚乱，“惊慌四顾”，活现出一副色厉内荏的纸老虎本相。很清楚，这个贪婪、狂妄，野心勃勃而又自负、色厉内荏的国王形象正是一切战争狂人、霸权主义者的真实写照。这个形象的意义是深刻的，对于小读者认识世界是有益的。

同是反动统治者，《白与黑》中的白人总督除了同国王一样贪婪外，还有其鲜明的个性：他是一个疯狂的种族主义者，虐待黑人犯，他以“现代世界上绝无仅有”的歧视态度对待黑人，制订了种种歧视、凌辱黑人的法令条例。作者在着力刻画白人总督性格的主要特征的同时，还进一步写出了这位白人总督性格的另一易为人所忽略的侧面：当他变成黑人后，因触犯了刑法，被警察抓住，又被黑人救出，这时，他“一下子觉得自己真是个黑人了，他和黑人有着共同的喜怒哀乐”。尔后的一段时间里，他和黑人友好相处，“几乎忘却了自己是个白人总督”。这些描写在作品中虽然只是寥寥数笔，但已把白人总督性格的复杂性、两重性展示了出来，其意义是深刻的，耐人寻味的。我以为作者刻画人物的高明之处也正在这里：这是一个活生生的白人总督，而不是一个抽象的概念化的种族主义者。当然，白人总督之所以会出现这尽管是一刹那、然而却是富有人情味的转变，并不是“人性的复归”，而是因为环境的影响。这就说明人不是一成不变的，社会存在决定社会意识，存在变了，意识也会变。相信小读者们一定会从这个形象中得到哲理的启迪。

作者在这些作品中还精心刻画了不少动人的艺术形象。《国王登上了飞碟》中那个宇宙人女孩，《白与黑》中那些富有正义感、同情心的黑人，特别是那位黑人医生诺亚等等，都给人留下了深刻的印象。小读者们从这些形象中感受到的是正义、勇敢，不畏强暴、助人为乐的人间美德。

包蕾在其国际题材童话近作的创作中，正是由于巧妙地设计了作品开头，精心地选择、组织了情节，努力地塑造了鲜明生动的形象，从而使其内涵丰富、主题隐蔽的作品得到了小读者的首肯，赢得了他们的喜爱。他的创作实践和所取得的成绩，有力地说明了我们应该相信小读者的思考能力，多给他们些生动的形象，多给他们些有趣的故事，让他们在故事中细细地欣赏、思考，根据他们的生活经验，得出自己的结论。更多地培养他们的独立思考能力，寓教育于娱乐之中。别林斯基的话是值得每一个儿童文学作家记取的：“写吧，为孩子们写吧，……最主要的，是尽量少写点箴言、训诫，议论……孩子们希望把你们当成朋友，要求你给他快乐而不是沉闷，给他故事而不是说教……”

一九八四年四月于上海

包蕾：从经典出发，抵达经典

方卫平

20世纪50年代，当包蕾决定拈起从《西游记》中取来的灵感，开始创作他的《猪八戒新传》时，他面临的是一次带有冒险性的创作尝试，因为他所面对的前文本是一部如此著名的中国古典白话文学作品，也因为包蕾选择这一传统题材的目的并不是为了对它进行任何方式的改写，而是一种"续写"和"仿写"。它的难度在于，既要隔着时空的距离使作品在情节设计、性格表现、语体风格等方面达到与原著"神似"的效果，又要在模仿的同时写出有别于被仿文本的新意。因此，这样一个写作计划的制订，为包蕾的创作设定了相当的难度。

而我们看到的是，从猪八戒的新传故事第一次与大小读者见面开始，包蕾就以几乎完美的创作姿态应对和消解了上述难度。他在故事里延续了《西游记》的基本人物关系和情节模式，将发生在猪八戒身上的各个故事仍然放到唐僧师徒西天取经的基本框架中，并将它们处理成取经途中的一段段小波折。这样一来，这些故事就不是游离于原著之外的，而更像是原著的一个自然的旁枝。更为重要的是，包蕾在熟读《西游记》的基础上，将明代古白话的语体风格娴熟地运用到自己的文字中，从而使这些故事愈发蒙上了一层几可"乱真"的阅读感觉。

在很长一段时间里，一部《西游记》的接受史是以同时结合了神性与魔性、既桀骜不驯而又重情重义的孙悟空为中心的。包蕾却敏锐地发现了蕴藏在“猪八戒”这个角色身上的童趣。八戒的贪吃、贪便宜、好面子等性格特征，为整个西游记故事增添了许多幽默滑稽的情趣，也成了包蕾写作他的故事的基本生发点。《猪八戒吃西瓜》是其中最为人称道的一篇作品。作者既紧紧抓住八戒“吃西瓜”的中心事件来表现八戒的基本性格，又在许多小细节处巧加点染（比如八戒自告奋勇前去化斋时心里怀着的小九九，以及不堪行路劳顿的他望见树荫时心中打起的小算盘），从而使角色性格的展开有了合适的铺垫。同时，故事既突出八戒的贪吃偷懒，又合情合理地写出了他可爱的善处（比如他在一个人“吃西瓜”时，起先还不忘给师父师兄师弟们各留一块），从而使这一形象具有了较为丰富、幽默的性格内涵。可以说，包蕾把猪八戒这一形象身上所包含的童趣，淋漓尽致地发掘和表现了出来。值得一提的是，在整个过程中，孙行者的形象虽着墨不多，其性格却同样得到了鲜明地呈现。

包蕾当初创作猪八戒的故事，除了让小读者觉得好玩之外，还怀着另一个十分明确的意图，即希望故事对孩子们有所教益。在《猪八戒学本领》中，这教益甚至直接透过行者的话“说”了出来。然而，在一个童话作品的现实教益内容不再显得那么重要和必要的今天，包蕾笔下的猪八戒故事仍然以其清新幽默的童趣和韵味天成的语言，吸引着孩子们的阅读兴趣。我想，包蕾最早写下《猪八戒新传》的时候，或许没有想到，他从《西游记》这部传统经典中取来的灵感，会成就20世纪中期中国儿童文学的另一个经典。

永葆儿童文学的虔敬之心

——谈包蕾的创作

李学斌

了解包蕾是从他的童话《猪八戒吃西瓜》开始的。这是一个让人过目难忘的经典故事。故事里的猪八戒偷奸耍滑、好吃懒做，却也不失憨直可爱、愚笨拙朴的本色。炎炎烈日下，面对美味的西瓜，这个呆子虽有心顾念师父、兄弟之情，无奈抵不住自私嘴馋、夯笨褊狭的本性，最终将四份西瓜如数独吞，最终招致了大师兄孙悟空的戏弄、惩罚，由此上演了一幕可气、可笑、可鄙、可叹的生活喜剧。通观整个故事，应该说，除却情节的趣味，以及人物之间的反差对比，故事里的猪八戒完全是一副贪嘴孩童的形象。作家忠实于古典名著《西游记》原作的人物逻辑，没有将猪八戒这个在民间家喻户晓的反面形象简单化、脸谱化，而是通过一系列情节和细节的合乎逻辑的推演，赋予猪八戒更加丰富的个性内涵。同时运用合理的想象改造，强化并发展了原作的游戏精神，从而让这个愚不可及而又憨态可掬的人物形象迸发出更加夺目的艺术光辉。

也正是基于《猪八戒吃西瓜》以及更多的"猪八戒新传"的故事段落。我深切地感受到了包蕾作为老一辈优秀儿童文学作家的文学才情与创造力。

我们知道，《西游记》作为古典文学名著，在中国妇孺皆知、家喻户晓，里面的人物形象也已经充分经典化、民间化了，这种情况下，选择这样一部煌煌巨作为蓝本写续编不仅需要勇气、胆识，更需要才情和创造力。因为稍不留心，就有可能弄巧成拙，招致画蛇添足、狗尾续貂的结局。

然而，包蕾的《猪八戒新传》却完全打消了人们的这种顾虑。这是一部堪与原作相媲美的经典作品。故事深入把握《西游记》的神韵，完全依托原作《西游记》人物个性的原型展开，不随意添加，任意变形，但也不局限于原作的故事脉络和情节框架，而是忠实中有发展，虚拟中有创造，既体现了对原作的充分尊重和理解，也展示出作家在把握儿童阅读审美特点之后的独特的艺术发挥。作家这种真诚、严肃的创作态度充分体现了老一辈儿童文学作家深厚的文学功力，以及他们对儿童文学事业的责任感与虔敬之心。

这不由得令我想到了时下我们的文艺创作中盛极一时的戏说、戏仿、颠覆、简化的风尚。这种浮泛、喧闹的习气已经蔓延到了儿童文学界。表现之一就是，近年来，我们的儿童文学中也出现了一些以戏仿、颠覆名著制造噱头、买点的作品。这些故事以求新、猎奇为目的，动辄让诸葛亮坐飞机，让周瑜玩电脑，让贾宝玉穿西装，让林妹妹发伊妹儿……通过一系列关公战秦琼的场景嫁接和时空错位，营造所谓的幽默趣味，表面上热闹非凡，悬念迭出，实质上肤浅无聊，品质粗劣，极大地误导了儿童读者对经典文学的理解、接受。这种将经典文学快餐化、扭曲化的倾向同时也在很大程度上消解了经典文学的思想、文学价值，让厚重的中华文化价值理念和精神底蕴淹没在一片插科打诨、嬉笑逗趣的声浪里。

同样是依托古典名作的“文学再创造”，这类作品和《猪八戒新编》两相比较，孰高孰低，一目了然。这其中，我觉得最关键的，还是较之前人，我们面对经典文学的“再创作”，一定程度上已经失落了严谨的作风和高度的责任感，失落了对儿童文学的虔敬之心。从这个意义上说，作为儿童文学后来人，我们应该好好向前辈作家学习。

包蕾作品给我的第二个深刻印象是无所不在的教育性。稍具儿童文学常识的人都知道，教育性乃至教育主题，是儿童文学绕不开的艺术渊数。处理得好，可以增强作品的思想含量、社会价值，处理不好则会降低儿童文学的艺术品位，造成审美结构形式和内容的分离。在这点上，包蕾先生做出了有益的探索。通览包蕾先生为数不算很多的童话作品，我们发现，作家总是于新奇夸张，悬念迭出，趣味横生之外，饱含着丰富深邃的思想内涵，而且极具针对性，读之让人久久难以忘怀。

细加分析，他的诸多童话作品都包蕴着教育性的主题，作品中流溢着作家对幼小生命以及成长无所不在的关心和温情。在他的作品中，包蕾先生从来不避讳孩子的弱点和短处，但同时又侧重刻画其善良和天真，不断发展的生命形态。他的作品现实性很强。或以生动的故事引导孩子日常生活的言行；或以善意的嘲讽揭露现实生活的缺陷；或以鲜明的对比刻画童年人生的弱点；或以优美的意境感染懵懂孩童的心襟……总之，无论哪一种作品形态，都渗透着作家对童年的深切之情，仁爱之心。

比如在《小金鱼拔牙齿》中，作家通过小金鱼不爱洗澡，又贪吃糖块的生动故事，告诫孩子，养成良好的生活、饮食习惯对身心健康该多么重要。

还比如在《理发的故事》中，小弟弟不爱理发，结果头发又乱又长，最终被一群小兔子当成大萝卜，差点吃掉……作家让这个故事告诉孩子们，要养成勤洗头，常理发的好习惯。

类似的故事在包蕾的作品中还有很多。

应该说，这是典型的"寓教于乐"的写法。我总觉得，在中国儿童文学特定的发展时期，"寓教于乐"有其十分重要的意义。就在于，虽然它们都秉承"教育本位"的写作立场，但是，就"教育"的指向性来说，它和纯粹的"教育主义"、"教训主义"还有所不同，它是以文学参与孩子精神建构的形式，赋予教育趣味、游戏的外观，以求达到润物无声，春风化雨的美育效果。如果抛却先入为主的成见，世界文学史上，"寓教于乐"的经典作品也是不少的。比如《尼尔斯骑鹅旅行记》，比如《木偶奇遇记》《比比扬奇遇记》，还比如《马列耶夫在学校和家里》等等。

所以，对待"寓教于乐"的儿童文学，我们还需具体分析。要从客观的、历史的角度看待它们；要用辩证的、宽容的目光去评判它们。这样，我们就不会得出简单的、否定性的结论。我们应该认识到，"寓教于乐"，乃至"教育主义"都是中国，乃至世界儿童文学发展中一种特定的形态。它是儿童文学从"教育的自觉"，走向"文学的自觉"的必由之路。我们站在儿童文学完全本体化、本位化的今天，如果说认识到"寓教于乐"是文学审美的一种局限的话，这种局限也不是陈伯吹、包蕾、洪汛涛这些老一辈作家个人的，而是他们那个时代儿童观、教育观、文学观的局限。每个人都不可能超越自己所处的时代，每个人的所言所行，所思所想更不可能凌驾于时代的思想文化之上。从这个意义上说，包蕾等老一代儿童文学作家的局限，也是时代的局限，它呈现的是儿童文学童年时期的一种艺术稚态。在这点上，正如我们今天不能以自己成年后的社会化标准指责、嘲笑幼年的天真拙朴一样，我们在儿童文学已经升起的坐标轴上，同样不能轻视前辈作家的艺术努力和艺术实践。毕竟，我们今天所拥有的高度是由前人铺垫起来的。我们是站在巨人的肩膀上，才触摸到了儿童文学的夜空和星星。

包蕾先生给予我的第三重启示是他对儿童文学孜孜以求的执著精神。

阅读包蕾先生的作品,我们会发现,他是一个有多方面才能和艺术涉猎的作家,一生中,演过戏,写过剧本,在电影文学创作方面,也卓有成就;这就决定了他在不同儿童文学题材的处理上,能以不同的手法,表现出不同的风格。这在当代儿童文学作家中,是极为少见的。

比如在《三个和尚》中,对待高矮胖瘦不同的三个人物,他采取了全白描的无声处理的艺术手法,让人物在行动中裸露个性、心理,而作家作为旁观者,只客观纪录这一切,而在《车马跑》,男孩王大光在梦里和女孩张小娟对弈,双方你来我往、弓拔弩张,那架势、那服装、那氛围,又全然是京剧舞台上咫尺之内运筹帷幄,方寸之间决胜千里的表演程式。

至于中篇童话《火萤和金鱼》、《鲛人和夜明珠》则是作家才情的另一种表现。如诗如画、静谧祥和的自然环境;扑朔迷离、幽雅清丽的故事氛围,让人在对自然美的深切回味中,得到心灵的沐浴和润泽。这些作品和他的气质、个性,以及丰富的阅历和渊博的学问融合在一起,形成了包蕾儿童文学的独特风格。

实践都充分说明,包蕾先生是有个性,有追求的儿童文学作家,他善于融各种艺术所长,丰富儿童文学童话、故事的表现形式。究其因,就在于这些故事,这些形式的背后,所蕴涵的还是包蕾先生对读者的高度责任感,以及对儿童文学的拳拳之心。

所有这些,如今,正如同他的作品一样,已经成为中国儿童文学继往开来的财富,辉映前人,泽被后人,激励更多的儿童文学写作者审视自己在市场映照下的文学道路,从而校正自己的写作罗盘,找准自己的文学圆心,开始新一轮儿童文学的远行。

推陈出新寓意深刻

——包蕾童话论评

徐晓芳

包蕾的儿童文学创作始于1938年,他创作了大量的儿童剧,从抗战到新中国成立前夕,包蕾始终以一颗热诚的爱国心为儿童创作。解放后,他担任了新中国第一个专门出版儿童读物的出版机构——少年儿童出版社的编辑部主任。从五十年代开始,他先后出版了童话集《小咪和毛线球》、《小金鱼拔牙》、《火萤与金鱼》、《猪八戒新传》、《包蕾童话近作选》、《包蕾国际童话选》、《斩龙少年传奇》等。包蕾的童话善于从民间文化、传统文学中汲取养分,并注入新鲜血液,巧妙地推陈出新,在轻松幽默中完成启导儿童思想,陶冶儿童性情、增长儿童知识、丰富儿童生活的功用。并且,他的童话努力吸收儿童剧的创作手法,使童话创作与影剧艺术成功的结合。虽然有些作品过于强调童话的教育功利性,但这与当时的特定历史环境有关,这一点,下文还会详细阐述。

一、推陈出新

写于六十年代的故事新编型的系列童话《猪八戒新传》,包括《猪八戒吃西瓜》、《猪八戒学本领》、《猪八戒探山》和《猪八戒回家》等,使包蕾名震遐迩。特别是《猪八戒吃西瓜》,更是受到小朋友的钟爱。该作品是根据吴承恩的小说《西游记》中的猪八戒形象创作的。《西游记》是中国家喻户晓的故事，其中的人物，如唐僧、孙悟空、猪八戒、沙僧等也都是少年儿童耳熟能详的。借用古典名著，历史上的人物、环境来表现今天的生活，在文学创作中早已有之。三十年代鲁迅的《故事新编》和四十年代郭沫若的《屈原》等历史剧都曾运用过，对于童话创作则属首次。虽然这种借用能很快博得读者的好感，但如若作者对原著中的人物、语言等理解得不透彻，没有和现实生活巧妙地融合在一起，反倒弄巧成拙。这类不成功的借用在童话创作中也是不少的。

《猪八戒吃西瓜》完全将猪八戒写活了，达到了几乎可以与原著乱真的程度。猪八戒的形象之所以成功，是因为这篇作品中，儿童的某些性格和原著中的人物性格产生契合点，从而将人物塑造得真实可信。猪八戒贪吃、粗心、好逸恶劳等思想行为大大激发了读者的兴趣，又能在轻松的情况下对少年儿童有所教益。更为可贵的是，作者还将孙悟空也塑造得有声有色。作者写猪八戒因踩了自己扔的西瓜皮四次摔倒，都不忘让孙悟空说上一句。每次摔跤孙悟空都是又机智又俏皮又带点刻薄的话算是跟师父、沙僧、行者行礼，正好反衬出猪八戒的心虚，使我们似乎看到了一个做错事的孩子试图掩饰却又欲盖弥彰的滑稽样，让人既忍俊不禁又略带点同情。

如果说包蕾的《猪八戒外传》，“为童话创作开辟了一条新路，并取得了成功的经验”①，那么他在美术片文学剧本《三个和尚》、《三个臭皮匠变成一个诸葛亮》等童话中，不但将民间文化引入童话，而且将影剧艺术与童话结合起来，既丰富了民间故事的内涵，弘扬了民族文化，又使童话带有明显的现代性品格，与

① 洪汛涛. 童话学[M]. 安徽少年儿童出版社，1986，合肥。

时代合拍。《三个和尚》取材于民谚“一个和尚挑水吃，两个和尚抬水吃，三个和尚没水吃”，这句颇具哲理性的话语经过包蕾的精心改编，顿时活灵活现，并且在民谚基础上又进了一步，表现出一种向上进取的精神，更适合少年儿童阅读。文章的开始部分，沿用了民谚中的意思，由于三个和尚都“不肯劳动，单等别人施舍”[①]，所以没水吃。而后笔锋一转，写火烧屋顶，“三个和尚，同心协力，山上山下奔忙，你挑、我接，他浇，只见他们浑身是汗只顾救火，别的事都丢在脑后了。”[③]这已是在原来的民谚上进了一层，表明团结就是力量。然而，作者并未就此罢休，别出心裁地继续写道：“三个和尚认识到团结的好处，丢弃了自私自利的思想，一起想办法，装起一只辘轳，引水上山，不用奔跑费力。三人皆大欢喜。”[④]这么一说，就更进一层，含蓄地赞美人类的智慧，也隐隐地启示小朋友们要开动脑筋，将科学知识应用到实践中去。文章最后一句总结：“一个和尚挑水吃，两个和尚抬水吃，三个和尚吊水吃”。[⑤]一个是“没水吃”，一个是“吊水吃”，两者的意义截然相反，我们却可以从中看取包蕾对民族文化的继承和发展。我们国家历史悠久，有许多富有民族特色的文化，但如何在继承中其焕发新意，却须花费一番工夫。

值得称道的是包蕾将影剧艺术融进童话创作中，如《三个和尚》中的每个和尚的出场都非常有特色，小和尚一出场就摔了一跤，踩在了一只乌龟背上，高个儿和尚身上藏着一朵鲜花，招来了蝴蝶，胖和尚的鞋里有鱼在动，每个人物都不一样，让读者过目不忘。

在《三个臭皮匠变成一个诸葛亮》中，包蕾充分发挥了他的

---

①②③④　包蕾童话[M].重庆出版社，1996，重庆。

想象力，把“三个臭皮匠，合成一个诸葛亮”这一成语点染成一篇形象生动的童话。文章先是借三国时代诸葛亮曾“七擒孟获”的故事生发出一个孟愚，又塑造出县太爷、将军、师爷等形象，更为叫绝的是对三个性格各异的臭皮匠的塑造。在如何“合成一个诸葛亮”这一关键性问题上，作者借《三国演义》中的“道具”——诸葛亮摆空城计吓退司马氏，为我们上演了一场好戏。作为儿童文学的最主要特征——丰富的幻想力，在这里又得到了次充分的展示。“民间文学对儿童哺养的意义是重大而深远的”，它为“儿童文学提供了取之不尽用之不竭的改写和再创作的材料”。① 包蕾在民间文化和传统文学中汲取精华，用现实生活去丰富它，让其血肉丰满，并加入新鲜的内容，是他童话创作的一大特色。

二、寓意深刻

“儿童文学是教育儿童的文学”是鲁兵在1962年提出来的，但实际上却是30年代以后整个革命儿童文学一直遵循的基本观念。② 由于历史的原因，中国的儿童文学从它诞生起，就与现实紧密相连。二十年代叶圣陶《稻草人》首先奠定了中国儿童文学的现实主义基础。三十年代，由于国难当头，张天翼等作家深化了儿童文学的现实主义道路。四十年代，在解放区，儿童文学更是与政治、教育密切相关，这种思想一直延伸到新中国成立以后三十年。正是在这样一种前提下，儿童文学作家创作的童话多是从教育儿童的观念出发，这与当时成人文学要求为政治服务是一样的。然而，即使在那样的时代背景下，却依然不排

---

① 周晓波. 当代儿童文学面面观［M］. 湖南少年儿童出版社，1999，长沙。

② 吴其南. 中国童话史［M］. 河北少年儿童出版社，1992，石家庄。

除出现不少优秀作品的情况。在成人文学中,不乏艺术上乘的作品,在儿童文学中,也有不少佳作涌现。可见,作家只要在表现手段上充分的文学化、审美化,就未必不能产生好作品。包蕾的童话创作就较好地将童话的教育性充分的艺术化,使他创作的童话即寓意深刻又有较高的审美价值。

从今天的眼光看,大多数人认为"儿童文学是教育儿童的文学"这一观点并不妥当,甚至,在实际操作中,因为对解放后三十年的童话理论过分强调教育性有一种逆反心理,人们往往不把教育作为儿童文学的一种功用,这就有点过犹不及了。八十年代曾有人提倡什么"朦胧童话","模糊童话",是借鉴了成人文学中的有些观念、手法。"童话是要开放的,但开放不等于就是向成人文学开放,更不是把成人文学当中的种种观念、手法全搬到童话里来"。[①] 儿童的心灵就像一张洁白的纸,简单又纯洁,如果不去告诉他们人世间的真善美与假丑恶,他们又怎么能健康地成长! 所以说,教育不但是儿童文学的一种功能,而且是一种很重要功能。从这个意义上说,重新审视包蕾等老一辈作家的童话作品,对于我们当前儿童文学的发展是很有益的。

例如包蕾写于1980年的《车马炮》揭示了一个并不新鲜的主题——"骄傲使人落后"。题材也很普通,是一次象棋比赛。但这一简单的主题,普通的题材,包蕾却用"梦境"将它串在一起,飞腾他那想象的翅膀,将棋比赛化成战场,并且将对手张小娟幻化成如穆桂英般的女将,两阵对垒,一场惊天动地的战役就此展开,这一切毫无拼凑做作之感,既自然又贴切,王大光骄傲自满的形象跃然纸上,对儿童的教育意义也自然而然地流露

① 洪汛涛.中国儿童文学十年[M].海燕出版社,1988。

出来。

《大侠霍元乙》是针对当时少年儿童过于迷恋《霍元甲》等电视剧而作，虽然颇有时代性，今天读来，依然使人感到趣味无穷。特别是当霍元乙将两个枕头套套在身上，装作一个邮包立在邮筒前，要把自己寄到少林寺，更是令人情不自禁地笑起来，但同时也可体会出作者的良苦用心。

包蕾的有些童话不但对于少年儿童来说具有教育意义，就是对于成人来说，也能从此童话中感悟到一些哲理。如《鹦哥学人话》，写一只骄傲的鹦哥学了几句人话，就迫不及待地要展示自己的才能，却不懂得如何运用这些话，反而用错了地方。这则故事写到这里，是为了告诉孩子们应该多动脑筋，可写到最后，作者却用他那点睛之笔再写上一段：

> 对不起，我要打断白头翁的说教了；因为我看见了许多比鹦哥聪明一亿倍的人，他们成天哗啦哗啦，可是他们就不喜欢用脑子去思想……①

既然是比“鹦哥聪明一亿倍”，当然是指那些聪明人，而且“成天哗啦哗啦”，说明聪明人不但聪明，还很会说话。是最后一句道出了作者的深刻寓意：“可是他们就不喜欢用脑子去思想……”②这最后的点题是颇有讽喻意义的。这在50年代，是需要很大勇气的。

值得我们关注的是包蕾的国际题材童话。在这些作品中，趣味性和哲理性并存，让人爱不释手。例如《白与黑》，写一个

---

① 包蕾文集[M].少年儿童出版社，1992，上海。

② 包蕾文集[M].少年儿童出版社，1992，上海。

白人总督迫害黑人，但终于自尝恶果，被人殴打致死。作品的主题是“反对霸权主义，反对种族歧视，反对阴谋诡计”，这种主题容易写得充满说教味，但包蕾却写得充满情趣。特别是白人总督变成黑人后，走到街上，受林顿夫人控诉，被警察抓住，这本是大快人心，让人感到痛快的事，作者却在作品中安排几个黑人救下总督，并为总督治病，总督惭愧悔悟之余，还勇敢地做了一件好事——揭穿了蝙蝠秘书、魔鬼大使的阴谋。并且，总督还准备在回去之后，取消限制黑人的种种法令，虽然这一切因为他的被杀没有实现，但至少，一个活生生的野猪总督站起来了，不再是一个纯粹的穷凶极恶的大坏蛋，大坏蛋也有令人同情的一面，使简单的“扁平人物”转化成“圆形人物”，人物更加真实，趣味也更加浓厚。

当然，包蕾并不是只有一幅笔墨，特别是新时期以来，他的有些作品更加偏重趣味性，如《喷嚏灵》等。还有一篇作品值得一说，那就是《鲛人和夜明珠》。在《包蕾童话》（重庆出版社出版）里，作品到“把珠子送到有关机关去化验”处就结束，而在《包蕾文集》（少年儿童出版社出版）中，却多加了三句。在这里，我无法考证哪一篇是包蕾的原著。要是按《包蕾童话》中的话，那么包蕾的这篇童话就写得很有特色了。开始是现实中的海猴和“我”叙述一个神奇的传说故事，第二天在岩石顶上看见一个美丽的少女，似乎是传说中的鲛人，并且她给“我”一颗夜明珠，当“我”问她时，她却不见了，最后，我把珠子含在嘴里游了回来，整篇童话意境优美，又不乏想象力，给人一种美的享受，特别是适合年纪稍大的少年儿童阅读。

包蕾的童话再次向我们展示了如何将深刻的寓意和文学的、艺术的转化结合起来，创作出既具有思想，又富于趣味的童话。这一点，是值得我们今天的童话作家借鉴的。

后　记

任哥舒

我很有幸参与编选这本包蕾先生的纪念文集。包蕾先生的童话，和他编剧的美术片，是早已融入我们这一代读者生命之中的，是我们曾经的课余的阅读热爱之一，记得那时若能读到包蕾先生的作品，若能拿到一本包蕾先生的书，心就立刻安定下来，或者你争我夺，翻看不够，还边看边讲，很是兴奋，平淡的少儿时代有了这样的遇见，就有假日里到游乐场玩乐一般的愉悦。

在包蕾先生诞辰一百周年之际，我们共商编纂先生的纪念文集，并策划举行先生的研讨会，这定是儿童文学界和广大热爱儿童文学的读者期盼的一件大事情。

不断流逝的时光，让曾经的一切都渐渐变得遥远，变得陌生，并且被遮挡，被淹没，但是这些远去的一切只要能发出光芒，有异彩，就一定会持久地让我们感受到温度和存在，吸引我们去寻访，为那光芒和异彩而兴奋，由衷地赞叹不已。包蕾先生和他的童话、他编剧的美术片就是有光芒、有异彩的。我为得到这个编选包蕾先生纪念文集的机会而骄傲，把中国卓越的儿童文学家包蕾先生，以及他的作品，展现在当代小读者面前，让这一切给新一代小读者依然带来温暖和快乐，是多么有意义。

从文集里的包蕾先生照片可以看到，先生有很亲切的笑容。

有这样的亲切笑容的包蕾先生，让我们欢乐地长久聚会在他的日常而平凡的童话世界里。说这个世界日常而平凡，因为每个孩子都可以跑进这里随心地触碰一下文学和幻想。包蕾先生的亲切笑容更是营造了令人激动不已的儿童文学灿烂的天地，让我们在这个天地充满敬意和幸福。儿童文学家包蕾先生的笑容就是如此有魅力。

《小金鱼拔牙》、《理发的故事》、《小熊请客》、《猪八戒吃西瓜》……包蕾先生的作品大都取材于孩子们的生活，故事明快活泼，语言充满童趣，读着看着往往书也翻烂。作品中洋溢着孩子们自己的气息，包蕾先生是我们和蔼可亲的“忘年交”玩伴，仿佛是小朋友中的普通一员。

包蕾先生小时候家境富裕，但他有许多的孤独感，他希望以后的孩子们不再有他的那些孤独感，而有更多的快乐。他热情地为孩子们写作儿童文学，他的作品和少年宫的草地、阳光、彩灯、焰火、兴趣小组……一起组成了少年儿童的快乐岁月，有活力十足的气息。包蕾先生的写作从童话、儿童活报剧、木偶剧到美术电影。他的童话作品注重内容的有的放矢，是较典型的寓教于乐风格，实践着陈伯吹先生的名言，乐为孩子而奉献，把最好的一切教导给孩子们。包蕾先生的创作形成了写作者和阅读者的良好互动，赢得了大家的喜爱和信任，成为他那一辈儿童文学先行者中的重要一员。相比不少儿童文学作家的深刻、严谨，包蕾先生有更多的轻松随意，和与孩子亲切为友的热情，把生命的本真归还给了孩子们。

明媚的阳光下青翠的延安西路1538号大花园，当年是我们这些小读者快乐的天堂。这里出版的每一本薄薄的小书和分送给我们的仅两、三指宽的一张张书签，却是小读者们广阔无垠的精神世界。这些都是一直会珍藏的宝物，如今谁如果拿出这样的珍藏品,便立即会赢来一片羡慕的喝彩!

这座大花园里有一位儿童文学的前辈叫包蕾。“芝麻开门!”大家这么叫上一声,神奇的童书童刊宝库——少年儿童出版社就出现了,1952年她的成立是我国童书童刊出版历史上一座重要的里程碑。

1953年包蕾领命策划创办《少年文艺》,带领更年轻的李楚城、钱景文、任大星等,把新中国这本儿童文学第一刊办得风生水起,从此引领我国少儿文学几十载,《少年文艺》被誉为中国儿童文学的“摇篮”。

1957年,包蕾先生有感于我国儿童文学研究力量的薄弱,希冀进一步推动创作、编辑质量的发展提高,主持创办《儿童文学研究》,并且撰写了那篇著名的《发刊词》。

我们有很多关于那个大花园和那幢小洋楼的回忆,那个地方就是上海市延安西路1538号。活跃的生机勃勃的少年儿童出版社的编辑和作家,积极投身于我国儿童文学事业,热情的从业者和美好的新时代相遇,他们承担着新中国的殷切期望,感觉无上荣光。现在我们高兴地把这个地方命名为“1538读写乐园”,在今天的人们眼中,这里已成为经典的童书童刊百花园。

这里有一群卓越的儿童文学家——包蕾和他的一批志同道合的同仁,和富于才华的部下,陈伯吹,张乐平,李楚城,黄衣青,方轶群,任溶溶,施雁冰,钱景文,任大星,鲁兵,任大霖,圣野,洪汛涛,朱彦,朱延龄……从那时到现在,一代代读者对上海少儿出版社的感受是如此深刻,《三毛流浪记》、《少年文艺》、《十万个为什么》、《365夜故事》、《上下五千年》等书刊已成为大家携手同行的挚友和导师。包蕾先生的引领和功绩就是这样焕发着光芒和异彩,如今这也成为了我国全体儿童文学工作者的荣光。

广大的小读者及其家长铭记着过去的这段历史,在今天保持着阅读上少社书刊的热情，欣喜地在这些书刊中展望明天、憧憬未来。我们忘不了几代小读者的最爱《猪八戒新传》，读者的要求是少年儿童书刊出版人最重要的追求，包蕾先生牵着“小金鱼”（《小金鱼拔牙》）的手、“小熊”（《小熊请客》）的手、“八戒”（《猪八戒新传》）的手走进读者中，送给小朋友们许许多多的快乐。可是他自己却遭遇很多不公正对待，艰难度过坎坷的人生，令人心痛。然而先生乐观的生活态度铸就先生韧性的人格力量，命运把先生抛入人生的最低谷时，被他的老友特伟先生接纳去美术电影厂，有机会担任美术片的编剧，以自己的才华编写出许多美术片剧本，《金色的海螺》、《画廊一夜》、《像不像》、《三个和尚》等等，这些卓越的美术片让包蕾先生就此完成了自己另一个重要的抱负。

正值包蕾先生百年诞辰，八方来贺，令人感奋。上海市作家协会策划支持，上海市儿童文学研究推广学会承担重任，我们努力编选了这本纪念文集。本文集主编张锦江教授在多年的研究、教学中展示了对童话美学很高的造诣，他对包蕾先生怀有很深的感情，对编选这本文集做了很多的工作，调动了心中热诚的思绪。

我们深入上少社等各处资料室、图书馆的藏书室，在书籍的海洋中寻找到许多尘封已久的书籍版本，兴奋地开启后，怀着对儿童文学大家包蕾先生的崇敬，久久地沉迷在先生的著作中。

包蕾先生对秉承他的精神而发展至今的儿童文学盛世美景一定会感到十分欣慰，我们后辈对当年的“少年儿童出版社编辑部主任”包蕾先生代表着的延安西路1538号的童刊童书编辑精神肃然起敬，这些都是我们在这个“百花园”工作的从业人员从包蕾等前辈们这里得到的宝贵遗产。我们十分幸运地站在前辈打下的儿童文学基础上，缅怀包蕾先生的一言一行、真诚教导，我和我的同仁们都一定会学习不止，努力奔向儿童文学壮丽的前景。

根据本文集主编张锦江老师的想法，这次编选包蕾先生纪念文集的原则是，以包蕾先生本人的著述为主，尽可能展现先生创作和理论的真实风貌，让先生自己的文字说话。我们都愿意静静地做聆听者，泛舟在先生的心海，感受着排排波浪激荡起伏，我们细细地感受着包蕾先生永远的心跳，他的作品具有不息的生命力，能永远传递给我们昂扬向上的精神。

图书在版编目（CIP）数据

对包蕾先生的念想与敬意/张锦江主编.
-上海：上海文艺出版社.2019.3
ISBN 978-7-5321-7014-2
Ⅰ.①对… Ⅱ.①张… Ⅲ.①包蕾（1918－1989）－纪念文集
Ⅳ.①K825.6
中国版本图书馆CIP数据核字（2019)第018681号

本书由上海市作家协会资助出版

策　　划：杨斌华
责任编辑：徐如麒
特约编辑：胡　笛 郭　浏 杨绣丽
封面设计：徐　徐

书　　名：对包蕾先生的念想与敬意
主　　编：张锦江
出　　版：上海世纪出版集团　上海文艺出版社
地　　址：上海绍兴路7号 200020
发　　行：上海文艺出版社发行中心发行
上海市绍兴路50号 200020 www.ewen.co
印　　刷：上海文艺大一印刷有限公司
开　　本：850×1168 1/32
印　　张：10
插　　页：5
字　　数：224,000
印　　次：2019年3月第1版 2019年3月第1次印刷
I S B N：978-7-5321-7014-2/I·5608
定　　价：45.00元
告 读 者：如发现本书有质量问题请与印刷厂质量科联系　T：021-57780459